New Monetary
Principles for
a More Prosperous
Society

货币的本质

繁荣、危机和资本新论

Patrick Bolton

[美] 帕特里克·博尔顿
黄海洲 ◎著

余江　周钰◎译

中信出版集团 | 北京

图书在版编目（CIP）数据

货币的本质/（美）帕特里克·博尔顿，黄海洲著；
余江，周钰译. -- 北京：中信出版社，2024.7.（2024.12重印）
ISBN 978-7-5217-6705-6

Ⅰ. F820

中国国家版本馆 CIP 数据核字第 2024J4M228 号

货币的本质

著者： [美]帕特里克·博尔顿　黄海洲

译者： 余江　周钰

出版发行：中信出版集团股份有限公司

（北京市朝阳区东三环北路 27 号嘉铭中心　邮编　100020）

承印者： 北京通州皇家印刷厂

开本：787mm×1092mm　1/16　　印张：20.25　　　　字数：245 千字
版次：2024 年 7 月第 1 版　　　印次：2024 年 12 月第 2 次印刷
书号：ISBN 978-7-5217-6705-6　　京权图字：01-2024-3612
定价：88.00 元

目录

中文版序

本书的写作始于 11 年前作者之一在国家外汇管理局的一次学术演讲后，我们两位就货币本质、货币理论和货币政策的讨论。写作持续了十年，英文书稿完成于 2023 年秋天，普林斯顿大学出版社 2024 年 5 月正式出版。

我们两位作者相识于 30 年前的伦敦经济学院（LSE）。在伦敦经济学院，我们都曾有幸与查尔斯·古德哈特（Charles Goodhart）、默文·金（Mervyn King，后来曾任英格兰银行行长）、马赛厄斯·德瓦特里庞（Mathias Dewatripont，后来曾任比利时中央银行副行长）、奥利弗·哈特（Oliver Hart，2016 年诺奖得主）、马丁·黑尔维格（Martin Hellwig）、清泷信宏（Nobuhiro Kiyotaki）、约翰·穆尔（John Moore）、申铉松（Hyun-Song Shin）等就货币理论、国际金融和政策实践有过深入的交流、讨论与合作。伦敦经济学院当时是全球主要的合约理论（Contract Theory）研究中心，也是全球主要的中央银行理论和政策研究中心。

我们的合作始于 20 年前在国际货币基金组织（IMF）工作期

间。国际货币基金组织是全球主要的宏观经济和货币政策协调和研究中心。在国际货币基金组织，我们又曾与斯特凡·英韦斯（Stefen Ingves，后来曾任瑞典中央银行行长）、拉古拉迈·拉詹（Raghuram Rajan，后来曾任印度中央银行行长）、卡门·莱因哈特（Carmen Reinhart）、肯尼斯·罗高夫（Kenneth Rogoff）等就国际金融理论和政策实践有过深入的交流和讨论。

过去30年，合约理论、金融理论、金融危机理论等领域都取得了长足发展，我们也有幸参与其中。通过与世界多国宏观和货币政策管理层的交流与讨论，从资本市场的角度近距离观察市场对宏观和货币政策的反应，同时分析中国与一些新兴市场国家的快速发展、1997年亚洲金融危机、2008年全球金融危机和2020年全球新冠疫情危机，进而做出相应判断。这些努力和经历，促使我们完成了呈现在读者面前的这本探寻货币本质的著作。

本书探寻货币本质，为货币理论和国际金融构建了一个新的、基于公司金融的共同微观基础，以提出新的货币理论，探讨货币政策和财政政策之间的协调，分析国家发展和货币政策之间的关系，探究最优货币供给、最优外汇储备管理、最优货币区设计、全球货币体系重构以及数字货币等前沿课题，并且应用新理论分析了中国、美国、欧元区、瑞士、日本等主要国家和地区的政策实践与经验教训。

我们构建的这个新的共同微观基础就是货币即国家股权，分析工具为合约理论。从公司资本结构的微观基础出发，我们发现了国家资本结构层面的莫迪利亚尼—米勒定理（MM定理，1958），即货币理论中的货币数量论（弗里德曼的货币中性论）；我们在国际层面也发现了莫迪利亚尼—米勒定理，即国际金融理论中的国家货币中性论。莫迪利亚尼—米勒定理虽然发端于公司金融，却也贯穿于货币理论和国际金融理论！

有意思的是，从莫迪利亚尼—米勒定理的框架来观察，货币主义大师弗里德曼在20世纪60年代阐述货币理论时，采用的是莫迪利亚尼—米勒定理的框架，而在70年代与哈耶克论战货币发行是否应该由国家垄断时，又跳出了此框架。无论是弗里德曼还是哈耶克都没有分析莫迪利亚尼—米勒定理的框架。

基于我们提出的新微观基础，宏观经济学中的最优货币供给问题变成了公司金融中的最优投资问题，由此我们更全面地分析了最优货币供给问题，从中得出了全新的认知，并回答了中国如何在改革开放后的40多年里通过创造性货币供给解决高速发展的融资问题，实现经济繁荣。

与传统的货币经济学往往关注货币需求分析而忽视货币供给分析不同，本书重点关注货币供给分析。一个国家的最优货币供应量应该是多少？一个国家如果面临有良好回报的新投资机会，但因没有发行足够的货币提供融资而错过了新投资机会带来的经济增长，那将错失经济繁荣，非常可惜；但如果利用新发行货币投资的项目不能产生正回报，则会导致通胀上升、货币贬值。

由此可见，我们的货币供给分析不同于现代货币理论（Modern Monetary Theory，MMT）。现代货币理论认为只要增加国家负债就增加了居民和企业的资产，并没有考虑国家负债的投资收益问题。

在我们的新货币理论中，货币如何进入经济成了重要问题，银行体系和资本市场从传统宏观经济学中的配角（甚至是可有可无的角色），变成了宏观经济舞台中的主角（甚至是明星），这也呼应了海曼·明斯基（Hyman Minsky）的深刻洞见。

基于新的微观基础，货币、银行和中央银行可以完美地融于一体，中央银行学的微观基础得以建立，中央银行学也破茧而出。按照传统的中央银行在危机时期的最后贷款人（Lender of the Last Resort，LOLR）救助法则（白芝浩规则，Bagehot rule），中央银行只对有流动性风险而非破产性风险的金融机构提供救助，要求其提供优质抵押品，并收取较高利率。考虑到中央银行可以在危机时增发货币作为股权资本，本书推演了中央银行在危机时更科学的最后救助人（Rescuer of the Last Resort，ROLR）救助规则，即中央银行在考虑对金融机构提供救助时，不必要求其提供优质抵押品，也不必收取较高利率，而是要求被救机构有较好的公司治理，以利于按合适的价格对这些机构进行股权重组。

白芝浩规则是基于债权，中央银行扮演最后贷款人角色，因此强调抵押品的重要性。而我们提出的新规则是基于股权，中央银行扮演最后救助人角色，在危机救助时注入新股权，因此强调公司治理的重要性，如美联储在救助2008—2009年全球金融危机的政策实践。传统的中央银行在危机时强调模糊性，即所谓的建设模糊性（constructive ambiguity），而我们的新规则更强调科学性，使得中央银行学有了更坚实的科学基础。

货币、银行和中央银行更完美地融于一体也是本书的一个特点和贡献。2022年道格拉斯·戴蒙德（Douglas Diamond）和菲利普·迪布维格（Philip Dybvig）因其合作的戴蒙德—迪布维格模型对理解银行危机的贡献而获得诺贝尔经济学奖，只是这一模型和之后的一系列理论探索尚未把货币、银行和中央银行融于一体，也无法推导出中央银行的最优救助规则。

我们的新共同微观基础也可以帮助构建新的最优货币区理论。

1999 年诺贝尔经济学奖获得者罗伯特·蒙代尔（Robert Mundell）创立的最优货币区理论建立在交易成本学说之上，而在本书的框架中，我们可以基于合约理论来分析最优货币区问题，强调治理的重要性。因此，我们的新最优货币区理论与公司治理异曲同工，也可以理解为合约理论 2.0 版在国际金融中的应用。

* * *

从货币是国家股权资本的视角看，国家发行货币就像企业发行股票。货币如何进入经济的过程非常重要，就同企业如何使用发行股票的融资所得一样。国家发行的货币可以用来为投资和消费融资，同时发行货币的成本是通胀，也是对现有货币持有者的稀释成本。如果利用新发行的货币来为新的投资机会融资，而且这些投资机会能产生正回报，则有利于对冲现有货币持有者的稀释成本，未必会引发通胀；如果利用新发行货币投资的项目不能产生正回报，则会引发较高的稀释成本，导致通胀上升。这就像一个公司如果面临好的成长机会，发行的新股票可以提升其价值，促使股价上涨，而如果没有好的成长机会，发行新股票就会导致股价下跌。

我们看到，在资本市场上，有些公司通过不断增发股票，其市值和股价不断上升；而有些公司数次或者多次增发股票后，其市值和股价却不断下跌，甚至沦为仙股或退市（在美股和港股市场上有很多这样的案例）。与之类似的是，有些国家不断增发货币，其经济增长强劲，价格水平稳定，经济持续繁荣；而有些国家在不断增发货币后，其经济长期衰退，通胀不断上升，货币持续贬值，甚至经济彻底崩溃。

由上可见，一个国家永远需要关注其潜在的投资机会，并以此决定相应的货币供应量。当一个国家的潜在投资机会无法靠银行和市场的融资来满足时，它应该考虑增发货币，以便为潜在投资机会提供融资，实现更好的经济繁荣。中国改革开放之后40多年的发展经验和其他一些国家的增长经验，都表明了货币充足供给对经济繁荣的巨大贡献。现有的货币经济学和国际发展经济学对货币供应量的讨论都有不足，在这方面，罗伯特·卢卡斯（Robert Lucas）曾引导相关讨论关注发展中国家如何引入外国直接投资的问题。

足够的货币供应量对一个国家应对金融危机和国家安全尤为重要。在面临金融危机时，只有国家才能发行新的股权，并利用国家层面的股权增发为危机中的金融机构提供紧急资金和资本支持。例如，美国在第二次世界大战期间，在应对2008年全球金融危机期间，以及应对2020年新冠疫情危机期间，通过大幅增加货币供应量，使美国的经济实力大为增强。在金融危机时，如果没有国家层面的货币增发，并由中央银行作为最后救助人提供的及时救助，那么实体经济必将遭到金融危机的重创；在微观层面上许多企业和家庭面临债务重压，在宏观层面上则可能是长期的通货紧缩和经济衰退。日本经济20世纪90年代之后"失去的30年"的经历可见一斑。

考虑到中央银行可以在危机时增发货币作为股权资本，传统的白芝浩规则需要更新。中央银行在考虑是否增发货币作为股权资本时，需要权衡长期通缩成本（由微观层面许多企业和家庭面临债务重压所致）和潜在的通胀成本（由增发货币作为股权资本引致）。全球中央银行在应对 2008 年全球金融危机时的经验表明了新的中央银行最后救助人政策的重要性。

货币也是国家主权，本书提供了一个基于货币是国家主权的全新最优货币区理论。几个国家加入一个共同货币体系的好处是，每个加入的国家在新的货币联盟中能够避免竞争性货币贬值带来的国内通胀，而其成本则是每个加入的国家同时放弃了本国的货币主权，并把以本国货币发行的主权债（国家层面的股权）转换为以外币发行的主权债（国家层面的外债）。在面临金融危机时，这些国家无法靠增发本国货币（国家层面的股权增发）来偿付国家层面的内债（国内股权置换）。

欧元区国家 1999 年同时放弃本国货币，这就从国家层面实施了股转债。后来当其中一些国家（如希腊、意大利等）面临金融危机时，它们无法再靠发行本国货币来偿付国家债务（外债），由此导致了欧债危机的爆发。

* * *

如前所述，本书英文稿完成于 2023 年秋天。本书探寻货币的本质，试图为货币理论和国际金融构建一个新的基于公司金融的共同微观基础，并由此构建新的货币理论、财政理论和国际金融理论。在 10 年的写作过程中，我们得到了很多人的帮助。在本书的英文版序和致谢章节中，我们感谢了对我们提供帮助的前辈、同事、同行和朋友。由于篇幅所限，还有许多人未有提及并致谢，包括作者任教的五道口金融学院、上海高级金融学院、哥伦比亚大学、帝国理工学院的同学和同事们，在此一并感谢。

在中文版的出版过程中，我们也得到了许多帮助，尤其感谢本书的译者余江、译校者李志勇，中信出版集团本书责任主编吴素萍、编辑孟凡玲。

本书所有学术分析和观点与任何机构无关，包括作者过去、现在和将来的任职机构。书中的不足和错误，仅由作者承担。

帕特里克·博尔顿

黄海洲

2024 年 6 月

英文版序

坐在出租车上驶经拥堵的天安门广场,这对我们而言同样是开启货币经济学对话的好地方。此前,本书的两位作者刚刚到访了中国国家外汇管理局总部,其中一位还举办了关于应急可转债(contingent convertible bond securities,简称为 CoCos)的研讨会。应急可转债通常由银行发行,允许发行者在特定情况下把债券转换为股票。根据常规,当发行银行的股本比率下降到既定的标准线之下,该债券将按照事先设定的比率转换为银行的股票。这类工具的好处是,在危机时期,银行可以用它来扩充股本。但它对投资人来说有什么特殊的吸引力呢?由于应急可转债比普通债券的风险更高,它的收益率也就更高,以补偿在转换为股票时给投资人带来的比购买普通债券更大的损失。事实上,应急可转债与用来针对不利情形或金融危机的保险合同有类似之处。那场研讨会的要点是,国家外汇管理局之类的长期投资人正是此类保险的天然提供者。它们可以在危机时期忍受转换造成的损失,而在正常时期获得更高回报,所以是应急可转债的天然投资人。

我们在出租车上的交谈自然集中在研讨会上，以及我们其中一位提交的论文是如何被接纳的，但很快，讨论发生了意外的转折。当我们举办研讨会时，欧元区正在经历一场关系生死存亡的危机，新闻报道里充满了对希腊将脱离欧元区并发生债务违约的不祥预测。我们开始猜测：假如希腊的部分主权债务采取应急可转债的方式，事情会有哪些不同？可以想象，假如希腊能够通过转换应急可转债来削减债务负担，欧元危机将远没有当时那么严重。然而在我们继续沿着这条思路走得更远之前，一个显而易见的问题出现了：如果希腊发行了可以转换的应急可转债，这些债券能转换成什么呢？或者换个说法，对一个国家而言有没有类似股票的东西？对主权国家而言，什么最类似于银行的股票？

与经济学和其他研究领域常见的情形一样，通向新思想的道路始于提出正确的问题。我们的新观点是，法定货币可以被理解为一个国家的股票，因此主权国家发行的应急可转债可被视为能够转换成以本币计价且受本国法律管辖和以外币计价且受外国法律管辖的主权债券。

根据这一思路，我们发现把法定货币理解为国家的股票具有深刻的含义，并能够引导我们利用公司金融的视角来重新构筑货币经济学的一些基本原理。在经济学教科书经常介绍的货币的三种典型功能之外，我们可以再添加一种功能。

为什么会有货币的存在？货币的第一种功能是促进交易，在买方和卖方的需求并不恰好匹配时，让交易可以通过货币来发生。货币经济学中有很多内容围绕这一促进交易的功能，以及何种实物能最好地充当货币，例如谷物、金属、石头乃至一串代码等。常识表明，货币的任何实物形态都必须是统一的，以便它发挥记账单位的作用（货币的第二种功能）。另外，实物形态必须耐用且不易改变，使之能成为价值储存手段（货币的第三种功能），这也是克服交易需求不匹配的必要条件。显然，货币的上述三种功能是不可分割的，且对它发挥促进交易的作用来说均不可或缺。

在确定了某种恰当媒介可以充当货币后，随之而来的第一个经济学问题就是：保证市场经济的正常运转需要多少数量的货币？到目前为止，货币经济学对此还没能找到令人满意的答案。即便到今天，某些知名评论家依然认为，我们拥有的黄金储备能满足经济的需求，而在金本位制度废除后发行的所有纸币都是在破坏市场经济的稳定。另一个极端则是近年来日益流行的观点，认为既然印钱（或电子汇款）几乎不需要任何成本，那么应该发行的货币数量就没有限制。

沿着把法定货币类比为国家股票的思路，我们进一步发现，可以借鉴公司金融理论发展出新的原理，以回答上述货币数量的问题。任何公司都能通过拆分或反向拆分对股票重新赋值，或者通过增发来发行新的股票，类似操作基本上没有成本。然而这不会导致公司无限量地发行股票，理由很简单，因为发行新股或者拆分现有股票并不等于创造价值。而如果在发行新股的过程中没有创造价值——事实上还可能毁灭价值——那就会不可避免地导致单位股票的价值下降。公司当然非常清楚这个道理，因此从股东的利益出发，它们只有在能够创造价值的时候才会发行新股票。我们可以把公司金融的这个基本原理应用于货币经济学，以更好地理解货币创造的驱动因素。

尽管这些观点对我们来说令人激动且前景广阔，但我们并不知道其他经济学家、金融与货币经济学领域的学术界同行以及更广泛的企业界和金融界人士会如何看待这些观点。我们最早是在2016年1月的美国金融学会年会的主旨演讲中介绍了这一新理论框架，并得到了普遍正面的反馈，但这几乎是此类庆祝性场合的常态。虽然现场效果令人高兴，但我们不能从中得出更多的结论。

在笔者看来，2017年7月在北京参加的午餐会给出的反响要重要得多，其中有中国国家开发银行（以下简称国开行）高层决策者参与。那场午餐会的主题是开发性金融以及基础设施投资与城市化的重要性。当然，国开行对启动和支持中国（乃至世界其他地方）的基础设施投资与城市化发挥了关键作用。午餐会的讨论内容还转移到中国人民银行（以下简称人民银行）对国开行资产负债表大幅扩张给予的支持上，这又把我们带回到货币与货币创造的话题。在简短解释完把法定货币视为国家股票的主要观点，并指出增加货币供给的效果取决于货币进入金融系统的具体方式（用来购买什么）之后，我们接着说，该理论框架有助于解释人民银行和国开行创造货币以支持基础设施投资的效果。出乎意料的是，我们的这套思路得到了现场所有人的真诚回应，并引发了一场关于可能的政策影响的有趣讨论。

受到这个事件鼓舞之余，大约一个月之后的2017年8月3日，《经济学人》杂志在梧桐树专栏（Buttonwood）发表了针对我们的首篇工作论文（NBER Working Paper 23612）的评论，其中提到：

> 这篇论文最引人注目的观点是认为法定货币等同于国家的股票。各国政府能够发行货币，货币用于清偿债务、缴纳税收，这里采用的"法定"（fiat）一词来自拉丁语中的"令其完成"的意思。股票让持有者拥有对公司资产和利润的索

取权，货币则让持有者（国民）拥有对一个国家生产的产品和服务的索取权……通胀也可以用这种类比来解释。如果某家公司给新投资人的发行价格低于真实价值，现有股东持有的财富将被稀释。

这样的反馈激励我们继续沿着这一思路推进下去，并努力克服在试图发表研究成果时无疑会遇到的各种同行评议。本书汇集了我们的全部研究成果。

MONEY CAPITAL

第1章
货币主义的贫困

米尔顿·弗里德曼（Milton Friedman）与安娜·施瓦茨（Anna Schwartz）开创的货币主义既是一种关于货币的宏观经济学理论，又是一种货币政策学说。它的基本信条是货币供给量与价格水平之间存在同比例变化的关系。然而实证经验表明这并不太符合1965年之后的数据，无论是对美国还是其他国家。另外，货币主义也无法解释最近的某些进展。

本章将探讨货币主义的这些缺陷，尤其强调海曼·明斯基（1965）的批判。我们并不主张全盘否定货币主义，而是认为应该拓展这一框架，并将它置于新的基础之上。我们将展示，通过重新定义法定货币的概念，并区分内部货币与外部货币，可以如何丰富原来的理论框架。我们还将介绍如下三个相互关联的新观点：（1）货币即股票，（2）货币即国家主权，（3）货币即央行运作。

本章采用的题目"货币主义的贫困"带有挑衅意味。但我们为何以及如何想要挑衅呢？这一题目其实是借鉴了马克思的名著《哲学的贫困》。然而，除了标题，本章与马克思作品的内容并无关系，除非有人把货币理论也视为哲学的某个分支。另一个出处则是卡尔·波普尔的著作《历史主义的贫困》。但同样，本章与该书的主题无关，波普尔探讨的是完全不同的议题，是对社会科学主流研究方法的批评，即完全依靠历史分析来解释当前的社会、政治和经济状况。

我们并未对货币主义抱有类似的批评态度，而是强调它作为经济学理论的局限性及其无法解释宏观经济的某些基本趋势，特别是2008年全球金融危机之后的现象，我们称之为"谜题"。

1. 对货币主义理论的基本介绍

在详细探讨此类谜题及其应对办法之前，我们想简要介绍货币主义的内容。当然由于这个理论涵盖宏大的领域，有大量的文章和专著，不可能在一章的篇幅中全面总结如此丰富的研究文献。作为概述，一个简单直接的办法是回顾货币主义的奠基性文章，即弗里德曼与施瓦茨于 1965 年发表的《货币与商业周期》（Money and Business Cycles）。回看这篇文章的时候，我们会发现在某些方面，两位作者涉足了比现代货币主义理论更多的领域，这一点在后文中还会提到。

我们发现，需要回顾弗里德曼与施瓦茨奠基性文章的第二个理由是，明斯基对他们的批评意见也发表在同一卷期刊上。在有些不熟悉明斯基的人看来，他在 20 世纪 80 年代的早期著作探讨了把金融市场与信贷纳入宏观经济模型的重要性，以及金融危机的原因等，但似乎被主流宏观经济学长期忽视，直至 2008 年全球金融危机爆发，其先见之明才被重新发现和赞颂（可惜为时已晚）。他提出的一个关键概念，即"明斯基时刻"（Minsky moment），在此后成为大家耳熟能详的术语。其实在弗里德曼与施瓦茨于 1965 年发表奠基性货币主义研究成果的时候，明斯基就同时发表了批判性的评论。而且有意思的是，其中已经包含他后来出版（但如今才为人熟知）的关于金融危机的著作的若干主题。

在简要总结货币主义的关键思想后，我们将回过头来介绍若干重要的实证谜题。我们将提出三个观点，希望借此充实依然空虚的货币主义理论。这些观点之间存在相互关联：（1）货币即股票；（2）货币即国家主权，这一理念的重要性尽管不言而喻，许多经济学家却对此视而不见；（3）货币即央行运作，同样是不言而喻的现象，却经常没有得到全面理解。

在介绍完这三个观点之后，本章结尾处将简单探讨目前热议的关于稳定币和加密货币的话题，尤其是以脸书（现改名为 Meta）

公司为首的财团推出的稳定币，即"天秤币"（Libra）。从本质上说，我们认为天秤币并非真正的货币，因为它与前面提到的三个特征，即股票、主权和央行运作相去甚远。我们还会简要评论近期成为美国流行话题的现代货币理论，并指出其主要缺陷。

2. 弗里德曼与施瓦茨构建的货币主义理论

什么是货币主义？它既是一种关于货币的宏观经济学理论，又是一种货币政策学说。简单地说，货币主义是货币数量论的产物。标准的经济学教科书经常用如下略显古怪的画面来描述货币数量论：如果有一架直升机把一定数量的货币（例如相当于现有全部货币存量的10%）撒到一个封闭经济中，则总体价格水平就会同比例上升（在此情形下就是10%）。

弗里德曼与施瓦茨更具一般性地阐述："货币数量与货币收入和价格之间存在同比例变化的关系。"他们提出了两个主要观点来概括自己构建的宏观经济学货币理论。第一个观点是，"货币存量增长率的可察觉变化是货币收入增长率可察觉变化的必要且充分条件"（Friedman and Schwartz，1965，第53页）。请注意这里所用的"必要且充分"的说法，它排除了货币收入增长的其他来源。第二个观点对前者做了详细说明："这对于长期变化以及商业周期内的短期变化都是成立的。"其中隐含的意思是，货币主义本身就足以解释收入与价格的变化，无须借助或考虑技术变革或其他现实冲击等因素的影响。

那篇文章还不那么精确地表述了货币主义的政策学说，弗里德曼与施瓦茨（第53页）指出："我们推测，货币存量长期增速变化导致的货币收入长期变化，主要表现为不同的价格水平，而非不同的产出增长率；而货币存量增速的较短期变化则能够明显影响产出增长。"简而言之，短期的货币存量变化可能导致经济行为与价格水平两方面的变化，但从长期看，货币数量的变化只会导致价格的变化，对收入或经济增长并无影响。

值得强调的是，弗里德曼与施瓦茨在构建新理论时的出发点。那篇文章有一部分是对二战后占主导地位的宏观经济学理论，即对货币和货币政策缺乏关注的凯恩斯主义宏观经济学的批判。弗里德曼与施瓦茨非常正确地指出，"保罗·萨缪尔森（凯恩斯主义理论的主要倡导者之一）可能会自信地宣称，'所有现代经济学家都赞同，投资是导致收入和就业波动的一个重要因素'……这些理论隐含地认为，无论货币存量发生何种变化，投资的扩张都将导致收入的扩张"（第 32 页、第 45 页）。

接下来，弗里德曼与施瓦茨强调，恰恰相反，"货币存量的变化与收入的变化之间存在无可争议的密切联系"（第 43 页）。总之，他们对当时占主导地位的凯恩斯主义理论的批判意见是，如果完全不考虑货币因素，那就不可能弄清楚宏观经济的波动。

3. 明斯基的批判

明斯基的批判文章同弗里德曼与施瓦茨的论文在同一卷期刊上发表，它提出了精彩的见解，却不幸曾被人们完全遗忘，远未得到应有的重视。

明斯基的开场白是，"弗里德曼与施瓦茨把信贷市场当作配角，而非演出中的明星"（1965，第 64 页）。他接着指出，这种定位是错误的。无论如何，在解释宏观经济波动以及作为明斯基主要关注点的金融危机时，信贷市场都应该担任主角，或者说至少应该成为主角之一。这成为明斯基著作的一个核心话题，也是他对货币主义理论批判的精华所在。弗里德曼与施瓦茨由于在分析中完全忽略了金融市场和金融机构的作用，遗漏了宏观经济运行的一个基本层面。这是货币主义的贫困的一个重要表现，我们稍后还将对此展开讨论。

明斯基的第二个批评意见是，"人们观察到的货币收入与价格的变化路径被解释为名义货币数量或货币供给变化率的随机或系统性变化给本应稳定的增长过程带来冲击的结果"（第 66 页）。

货币主义理论的这一隐含假设是，市场经济运行本来是有效的，具有内在的稳定性。本书第 2 章将会指出，货币主义理论的一个关键隐含假设是市场经济基本上不存在摩擦，就像莫迪利亚尼与米勒（Modigliani and Miller，1958）在著名的无关性定理中假定的那样。明斯基进一步提出，由此意味着，"按照这种观点，采取正确的货币供给方式就能够消除导致企业体系运行严重紊乱的全部扰动，或至少其中的很大部分"（第 66 页）。

我们从中可以看到对货币主义政策学说基本内容的阐述。正如明斯基所言，从该理论的基本假设能得出货币主义者的政策处方，即只有货币冲击能导致经济动荡。于是，实现稳定的唯一政策就是维持货币存量的稳定增长。如果遵守这条规则，总体经济活动就会保持稳定。

20 世纪 70 年代早期，罗伯特·卢卡斯在提出理性预期理论的时候阐述了更加极端的观点，即只有在货币供给的变化未被预期的时候，也就是出乎经济行为主体的意料，货币政策才会影响经济活动。假设经济已经处于有效的均衡状态，被充分预期的货币供给变化带来的任何经济效应都会被价格与工资的调整完全抵消。因此，如果认为经济已经处于有效均衡状态，那么货币当局的最优策略只能是遵守可预期的、不变的货币数量增长规则。他们应该提前宣告自己的行动意图，以防止出现意外情况以及对有效均衡的不必要偏离。

当然，明斯基批评了这种假设，认为自由放任状态下的市场经济远远不能保证达到有效均衡状态，其中很大部分是源于信贷市场的运行方式。信贷市场可能把经济推向金融危机，此时能提供的信贷数量太少，或者把经济推向投机泡沫，此时信贷扩张过于随意。在明斯基看来，"可行假设应该采用如下的模型设计，即把更完整的货币和财政制度纳入收入—支出理论框架，特别是，需要把财务承诺（financial commitments）以及金融资产纳入各种行为方程"（第67页）。

这里的"财务承诺"就是债务的代名词。在明斯基看来，当体系中存在债务和债权时，经济运行的方式会比弗里德曼与施瓦茨描述的复杂得多。明斯基声称，宏观经济学家只有把信贷市场引入模型才能理解经济体系的运行。他阐述了"这种综合模型的一个目标是解释弗里德曼与施瓦茨忽略的部分……货币存量增长率发生变化的原因……换句话说，这种更完善的理论模型的一个目标是，不仅要解释货币收入，还要揭示货币和金融危机是如何产生的"（第67页）。

明斯基接下来强调了这些解释的意义，指出货币主义理论构建的一个关键错误在于，"弗里德曼与施瓦茨对商业周期的解释意味着，即便围绕金融体系中的非货币部分爆发金融危机，导致资产价格与净财富急剧下降，也不会发生严重的经济萧条"（第68页）。

的确，如果货币供给冲击才是导致货币收入变化的充分必要条件，那么对信贷市场而非货币供给的冲击就不会带来经济萧条。但如果我们能够从20世纪30年代大萧条以及2008年全球金融危机中吸取教训，就会明白经济萧条和严重衰退远不只是货币现象。

4. 宏观经济的若干谜题

我们现在来谈谈，在试图用货币主义视角去观察世界时，会遇到哪些宏观经济现象的谜题。如果货币主义宏观经济理论是正确的，那么我们会看到货币总量、经济活动与通胀之间的紧密联动。但下文将指出，自弗里德曼与施瓦茨的文章在1965年发表以来，这远非美国经历的实际情况，世界其他国家也同样，特别是中国。

当然，弗里德曼与施瓦茨的理论是以他们的文章发表之前的美国宏观经济时间序列数据作为基础的。图1.1显示，货币增长、GDP（国内生产总值）增速与通胀率在1930—1955年的变化大致符合他们的理论：GDP增速、CPI（消费者价格指数）变化以及M2（广义货币存量）增速看上去都在同向波动。尤其是在20世纪30年代的大萧条期间，美国的GDP、CPI和M2呈现紧密联动趋势，M2收缩时，经济活动也收缩，M2扩张时，价格水平与经济活动也扩张。

正是这段时期三个关键宏观变量的密切联动为弗里德曼与施瓦茨的两个核心观点的理论构建提供了实证依据。然而，许多货币主义者没有注意到，即便在这25年内，美国经济的运行也并不完全符

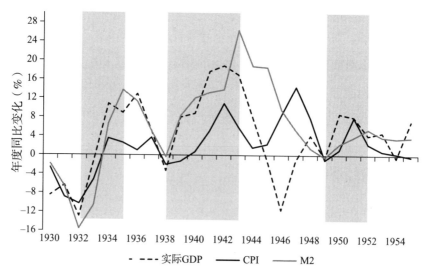

图 1.1　1930—1955 年美国 GDP、CPI 和 M2 保持联动
资料来源：Bloomberg。

合他们的理论，尤其是在二战期间。如图 1.1 所示，1938—1946 年 M2 大幅增加，并伴随着 GDP 的显著扩张，但价格水平的涨幅却较小。另外在二战结束时，GDP 显著收缩（1945 年为 –1%，1946 年达到了 –12%），而 M2 却在继续增加（1945 年为 19%，1946 年为 10%），同时 CPI 的增速要小得多（1945 年为 2%，1946 年为 9%）。

如果我们沿着时间轴继续推进，查看 20 世纪 50—70 年代发生的情形，如图 1.2 所示，将发现货币存量增加最终会导致价格水平抬高的预测在这一时期并不完全成立。在 60 年代，M2 的增速相当高，同时 GDP 也维持了高增长（以如今的标准来看），通胀率却意外地很低。更令人迷惑的是货币存量变化与 CPI 变化在 1965—1987 年呈现负相关（如图 1.3 所示）。此外，我们对 M2 变化同 GDP 和 CPI 变化所做的回归分析基本上没找到 M2 与 CPI 存在同比例变化关系的证据（如图 1.3 所示）。

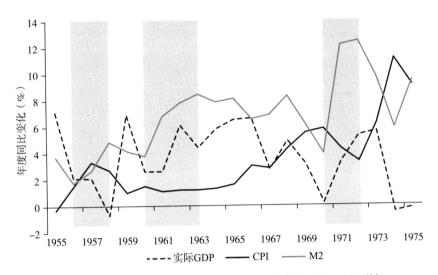

图 1.2　1955—1975 年美国 GDP 增长，CPI 保持平稳，M2 增加
资料来源：Bloomberg。

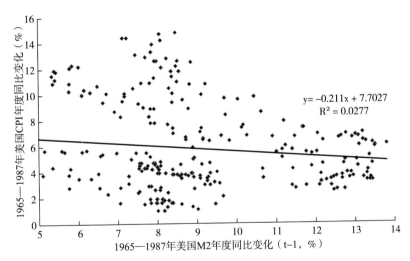

图 1.3　1965—1987 年美国 M2 与 CPI 的回归分析
注：回归方程为 $CPI_{t0} = -0.211 \times M2_{t-1} + 7.703$（$R^2 = 3\%$）。
资料来源：Bloomberg。

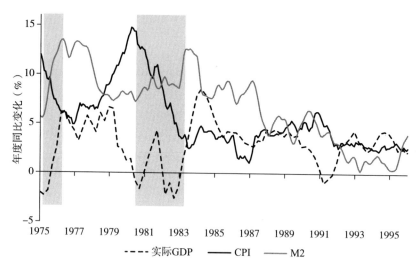

图 1.4 1975—1995 年美国 GDP 保持增长，但在 M2 加速
上升时，CPI 却在下降

资料来源：Bloomberg。

从 20 世纪 70 年代中期到 90 年代中期，对弗里德曼与施瓦茨的两个观点而言，情况变得甚至更加复杂。而讽刺的是，货币主义的影响力或许正是在这段时期达到了巅峰。图 1.4 表明，无论是在短期还是长期，这段时期的货币存量、货币收入与通胀增速之间都没有明确的关联。例如，当 M2 在 1980—1983 年以每年 8%~12% 的速度增长时，CPI 从 14% 下滑到 4% 以下，经济活动也萎靡不振。

正是在这段时期，保罗·沃尔克领导的美联储通过大幅提升利率水平抑制住了通胀。但需要指出，通胀（即 CPI 的增速）并不是像弗里德曼与施瓦茨预见的那样，靠降低 M2 的增速来驯服，而是通过提高利率。另外，即便 M2 在整个 20 世纪 80 年代持续以每年超过 5% 的速度增加，通胀也被控制在远低于 5% 的水平。

应该承认，货币理论在这段时期有所发展，某些宏观经济学家下调了货币总量的重要性，转而强调利率的作用，部分源于 M2 同 GDP 和 CPI 之间缺乏清晰的同比例变化关系。可是在 2008 年全球金融危机后，对货币总量的关注卷土重来。弗里德曼与施瓦茨理解的标准货币政策工具（即公开市场操作）以及本轮危机之前由于对利率的重视而一度被忽略的某些措施，借助量化宽松、非常规货币政策以及央行资产负债表扩张等新的术语而回归。当然，货币总量不可避免的重新崛起是利率水平达到零下限的后果。一旦利率政策失效，货币总量的变化便被当作新的政策工具。

弗里德曼与施瓦茨的理论预测在多大程度上符合本轮金融危机后关注点重新转向 M2 的实际结果？公平地讲，对货币主义者而言，这绝对是美国宏观经济史上最令人困惑的时期。如图 1.5 所示，自 2010 年 8 月以来，尽管 M2 的增速大幅提升（由于美联储大幅扩张资产负债表，M2 的增速高达每年 6%），GDP 与 CPI 的增速却维持在每年 2% 左右（甚至更低），令人不得不质疑弗里德曼

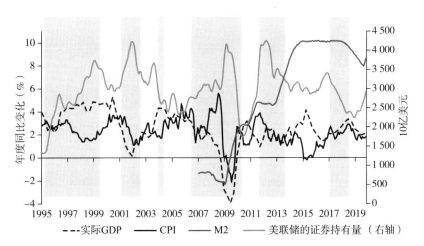

图 1.5　自 1995 年以来美国的 M2 快速增长，CPI 和 GDP 增速保持平稳
资料来源：Bloomberg。

与施瓦茨对货币存量、收入和价格水平之间关系的推测。此外，这种"异常"绝非短期现象，而是延续了十多年。

4.1　中国的情形

美国之外的其他国家也出现了类似的货币谜题，例如，中国在过去四分之一世纪的经济历程同样不支持弗里德曼与施瓦茨关于长期货币增长只会导致价格水平提高、对经济活动没有持续影响的预测。中国的宏观经济总量指标令人非常惊讶，尤其是在1996年之后。如图 1.6 所示，尽管 M2 保持每年 10%～20% 的高速增长，却没有出现通胀。同样，这并非短期现象，而是延续了几十年。

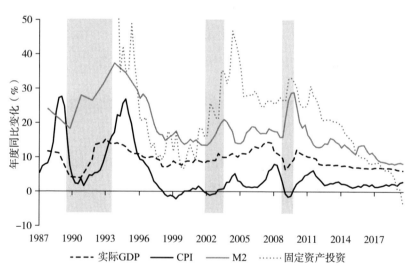

图 1.6　中国的 GDP 与 M2 同步增长，但 CPI 在 1996 年后
维持较低水平

资料来源：Bloomberg。

为什么中国有如此高增速的货币供给，却未出现通胀？答案在于伴随着 M2 的高增速有非常快的经济增长。产出与货币存量同比例增长，所以价格水平基本维持了稳定。至于产出的增长，则可以由中国非常巨大的固定资产投资来解释（见图 1.6）。高投资固然会对 GDP 增长做出直接贡献，但投资还至少具有提升经济生产能力的潜力。

因此，在把简单的货币数量论套用到中国时，我们或许会得出如下解释：货币存量增加并未提升价格水平，而是促进了投资，然后增加了产出。如果你既增大了货币存量，又扩大了产出，价格水平会如何变化就不再显而易见。中国的经验明确表明了这一点。

货币主义面临的另一个挑战是解释货币增速变化在一个开放经济里会如何影响货币收入与价格。弗里德曼与施瓦茨的分析基本是针对封闭经济，这种近似假设对 19 世纪末到 20 世纪初的美国经济而言或许是合理的简化，但今天的大多数经济体已变得开放了许多，对于大多数在自由贸易和资本流动条件下运作的发达经济体来说尤其如此。

4.2　日本与瑞士的情形

我们来看看日本的情况，它是一个非常开放的发达经济体。如图 1.7 所示，日本的 M2 在很长时间里维持增长，与此同时，积累的海外资产也呈同步增长趋势，包括持有的大量美国股票、政府债券和公司债券。日本在这个时期能够有效地通过私人投资与货币增长的结合，为积累海外资产提供资金，从而增加了日本居

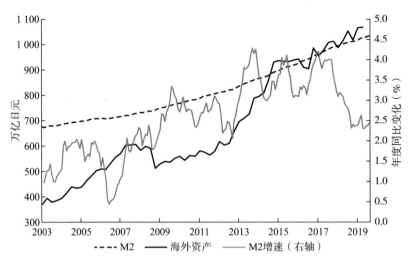

图 1.7　日本 M2 与海外资产增长呈正相关关系

资料来源：Bloomberg。

民家庭的财富。日本的货币增长没有带来通胀。如果说有什么不同的话，那就是一直通过增加日元供给来满足全球对安全资产的需求，以对抗通缩压力。

　　这一现象鲜明地揭示了弗里德曼与施瓦茨的货币主义观点在开放经济条件下可能土崩瓦解。日本并非唯一一个能够通过增加货币供给，同时避免通胀，并从世界其他地方积累大量资产的国家。发达、开放的小规模经济体瑞士在这方面甚至更胜一筹。如图 1.8 所示，瑞士 2019 年拥有的外汇资产与 GDP 的比值达到120% 左右，而且所有外汇资产几乎都是靠发行瑞士法郎——增加本国的货币供给——获得的。从图中可以看到，它的 M2 与外汇储备保持同步增长。瑞士几乎可以免费为自己购买相当于 GDP 120%的资产，因为 M2 的增加并没有导致瑞士的消费价格上涨。

　　对实证结果加以总结，会发现货币主义的基本信条，即"货币存量增速长期变化导致的货币收入长期变化，主要表现为不同的价格水平，而非不同的产出增长率"，对于 1965 年（弗里德曼与施瓦茨的奠基性论文发表那一年）之后的数据并不太适用。无论是从美国还是其他国家的历史经验来看，均是如此。

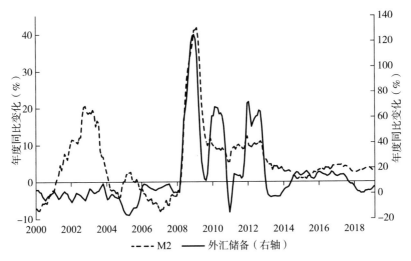

图 1.8　瑞士伴随着 M2 增加，外汇储备显著增加

资料来源：Bloomberg。

5. 丰富货币主义理论框架

接下来我们转向如何解决货币主义上述缺陷的问题，也就是如何丰富货币主义的基本理论，以便进行更细致的分析和更广泛的预测，使之更符合观察到的事实。我们并不主张完全抛弃货币主义的理论框架并从新的基础起步，而是将说明如何通过重新定义法定货币的概念以及区分内部货币（inside money）和外部货币（outside money）来丰富这一框架。我们将接纳明斯基对货币主义的很多批评意见，并以这种方式解释上述的许多谜题。另外，这一研究方法还能得出一些广泛的新见解。

5.1 货币即股票

首先介绍我们自己在 2018 年的文章《国家资本结构》（The Capital Structure of Nations）中提出的一个基本观点。文章的标题说明了与公司金融的联系。单个公司有资本结构的问题，它主要由债务和股票组成，这显然是众所周知的事情，但国家的资本结构又是什么呢？讨论国家的资本结构是否有意义？

在试图回答这些问题时，我们很快会遇到如下一些议题。我们很容易理解，国家和公司一样会通过债务来融资。对于国家发行的债务，我们称之为"主权债务"。但股票呢，国家的股票又是什么？我们对此提出的重要观点是：国家的股票就是它的法定货币。那么股票与法定货币有何相似之处？当一家公司发行股票的时候，它要为此付出多少成本？从公司金融的角度来讲，也就是说，在莫迪利亚尼与米勒（1958）构建的完美市场框架下，这样做没有任何成本。如果满足下面两个条件，发行股票将不会改变公司的价值：（1）公司价值没被高估；（2）投资人预期公司将把资金合理地投入生产性用途。在满足这两个条件时，一家公司可以直接宣布将发行更多股票，例如把流通股份从 100 万股增加到 200 万股；而只要市场相信该公司将在这笔投资上赚回其资本成本，它的股票价格就会维持不变。而对政府来说，只要投资人和国民相信这些新钱会得到很好的利用，印刷钞票（法定货币）就同样没有成本。

以上论述并不是说，发行更多股票对公司的现有股东来说总能创造价值。如果管理层在发行股票时相比内在价值打了折扣，就会造成所有权"稀释"的成本，把价值从现有股东转移给新股东。而如果新增投资的预期利润增长没有兑现，这样的投资最终也会损害股东的价值，但那不是发行股票本身的问题。

与公司发行股票造成的稀释成本类似，政府发行的货币如果没有得到好的利用会带来通胀的成本。如果增加货币供给没有相应地带来产出扩张，价格水平就会上涨。这就是通胀，意味着每单位货币的价值降低。通过法定货币与公司股票之间的类比，我们可以从不同的角度去思考货币理论与货币数量问题。与公司面临的情形一样，每个国家都该考虑这个问题：我们该如何为投资筹集资金，是通过发行货币还是债务？需要强调的是，我们完全是从投资的视角出发去思考最优货币供给与货币政策的议题。我们这里提出的疑问是：一个国家应该如何为投资筹集资金？是通过发行更多货币，还是发行债务？另外，我们这里说的"债务"是特指以外币计价的债务。

在解答上述疑问之前，还需要指出，法定货币的这一重要特征在介绍经典货币理论的教科书中普遍被忽略。这些教科书指出，货币有三大功能——记账单位、交易媒介和价值储存。在上述功能之外，我们补充说法定货币同时还是法定清偿手段，也就是说，货币拥有者可以据此分享一部分国家财富，好比一家公司的股票让持有者有权分享该公司的一部分利润。在我们的分析中，一个国家的股票就是中央银行发行的本国货币与财政部发行的本币债务的总和。法定货币拥有作为法定清偿手段的价值，可以在国境以内充当交易媒介，也是缴纳税收的唯一手段。请注意，目前把法定货币与本币债务累加起来是高度简化的处理办法，这在之后的分析中会逐渐放宽。

再回到关于一个国家该如何为投资筹集资金的问题上。在发行股票时，必须权衡由此带来的稀释成本与筹集更多资金的收益。如果收益高于成本，则发行更多股票就物有所值。这听上去很简单，却对货币经济学有深刻的启示。发行更多货币并不总是坏事，这完全取决于用这些货币去购买什么。如果是用更多货币去支持其他办法无能为力的、有价值的投资，那就应该发行货币。当然，新的股票和新的货币一样并不是从直升机上撒下来的。新发行的公司股票应该也通常是用于有前途的新项目，新发行的货币同样取决于它支持的新经济活动的质量。

另外与发行股票造成的所有权稀释类似，国家发行货币面临通胀的成本。通过这样的类比，公司金融学能够给我们一个深刻的启示，即股票发行并不必然导致所有权的稀释或者说现有股东价值的损失。

为此，让我们假设所有股东都只持有某家公司的 1 股，某一天，该公司宣布将发行新股，使流通股票的数量翻番。不过，该公司没有采取公开发行，而是决定利用配股的方式，即给予全体股东优先认购新股的权利，如果他们接受新股，则持有的股票数量可以直接翻番。假如该公司的股东都接受提议，购买第 2 股，结果会如何？每个股东将依然持有同样比例的公司股票，而且不管第 2 股的购买价格是多少，他们的所有权都没有被稀释。如果股东们以更低或更高的价格购买股票，他们只是改变了给自己支付的数额的多少，实际上只是把钱从左口袋换到右口袋而已。

这给我们带来的启示是，只有在公司价值被低估，并且导致新股东以优惠价格得到股票，损害原有股东利益，把部分价值从原有股东转移给新股东的情况下，才会带来稀释成本。同样的逻辑也适用于通胀，只有在导致收益和成本被重新分配的情况下，才会带来成本。如果在货币供给增加时，每个人的货币收入都有同比例的增长，则价格水平的抬升无关紧要。这是因为，每个人从总产出中获取的份额将保持不变。而如果我们担心通胀的成本，那真正担心的其实是通胀造成的再分配成本。

公司金融带来的另一个启示是：尽管涉及稀释成本，一家公司的最优选择仍可能是发行新的股票。通常来说，当企业宣布计划发行新股时，其股价就会下跌。也就是说，宣布发行新股的计划会降低金融市场对企业价值的评估。由此会很自然地面临一个问题：如果预见企业价值下跌，为什么还要发行新股呢？显而易见的回答是发行新股将让企业筹集到更多资金，用于能增加价值的投资。

但如果新筹集的资金物有所值，为什么金融市场的反应是压低股价呢？这个问题的答案就不那么明显了。简单来说，公司需要筹集新资金的消息通常不是什么好事。在许多（虽非大多数）情况下，公司是因为遭受了损失而选择筹集更多资金。另外，即便盈利的公司也更多是在认为股票价格被市场高估时选择用发行股票（而非债务）来筹集资金，由此可以解释，尽管筹集的资金将被用于能提升企业价值的业务，股票价格仍会做出负面反应。

当然上文已经提到，不能就此认为每当公司需要筹集新资金时，由于股票市值将受到负面影响，最好都不采取股权融资。通过股票发行来筹集新资金或许没有那么糟糕。很多公司经常发现，付出此类稀释和"信号"成本是值得的，因为筹集到的资金可以让企业经受住亏损考验，或者抓住宝贵的投资机遇。此类成本或许是必要的代价，以确保公司能够完成有正净现值（NPV）的投资项目（Fu and Smith，2021）。

我们把上述发现转化为如下货币理论：如果将公司股票发行

的启示应用于公共财政管理领域，意味着通胀的成本在某些时候可以是合理的，条件是用于购买有价值的物品。通过发行货币（而非增加国家债务负担）来支持有意义的公共支出或许是最优政策选项，即便这在某些情况下会导致通胀。其他的选择如不做此类投资，或者发行更多公共债务、加剧债务负担，其结果可能比通胀更为糟糕。所以，通胀并非要不惜一切代价去避免的东西。与新股发行可能带来稀释成本或负面股票价格反应类似，承受一定的通胀或许不算是太糟糕的选项。

我们对货币经济学的这一重新构建强调法定货币进入经济活动的过程。在我们的模型中，货币是通过政府购买资产或投资品而进入经济生活的。与之相比，在传统货币理论教科书中，货币是通过"直升机撒钱"的方式进入经济的。我们知道，货币并不真的是从直升机上撒下来的，一个理论如果不追踪货币进入经济体系的过程，它必然会缺失极其重要的部分。弄清楚新发行的货币用来交换什么，对我们理解经济体对货币供给变化的反应至关重要。如果货币被用于会增加产出的生产性投资，显而易见，货币的增加就不只会影响货币收入和价格水平。就像明斯基强调的那样，对于信贷市场不完善的经济体而言，这一点尤其突出，政府花在投资上的更多资金不能简单地视为对私人投资的替代。

这给我们提出了关于最优货币数量的重要问题。政府应该提供多少数量的法定货币？我们看到货币主义者对此没有完整的答案。他们通常给出的观点与弗里德曼规则（Friedman rule）有关：货币存量的最优增长率是负值。[①] 这一规则背后的逻辑源自对法定

---

① Friedman（1968）.

货币的两个观察：首先，由于不获取任何利息，它是一种特殊的价值储存手段；其次，它对交易极为重要，为保证高效的交易，必须鼓励买方持有足够多的货币余额。可是由于买方在边际上希望持有产生利息的资产而非货币，所以就必须给他们相应的激励。这样的激励可以来自逐渐减少经济中的货币数量，以形成通缩，从而使持有货币能获得正的实际回报。

以上就是弗里德曼规则的概要。但即便我们接受其基本逻辑，该规则依然没有解决现有货币存量来自哪里，以及是否处于最优水平的问题。它只是把现有货币存量作为给定条件，并假设这一存量不会影响最优货币增速的规则。

顺便说一下，有意思的地方是尽管弗里德曼规则对最优货币数量的问题没有给出完整的回答，它却影响了最近创造加密货币的思维。例如，比特币的设计就着眼于通过"采矿"来限制其增速，使其价值逐渐增加，从而给投资人制造了持有无息的比特币的激励。然而，比特币的数量是否能够满足交易服务的需要这一问题并没有得到真正的解决。

最优货币数量是多少？如果延续货币与股票的类比，我们会认为对此问题不可能有明确的答案。对于公司的股票融资来说，并没有明确界定的最优数量，同样也没有具体办法来确定一个经济体的最优货币数量。公司金融在解决股票发行问题时，考虑的是如何为某个投资机会筹集资金，并不限于固定的股票数量。假如有助于为生产性的新投资项目筹资，防止过度负债，或者弥补亏损，让公司能够继续生存，那么增加股票融资并无不妥。假如金融市场对公司估值过高，发行更多股票对现有股东来说将是可取的，其好处就是把财富从新股东转移给老股东。以同样的逻辑，如果公司价值被低估，股票回购也是可行的做法，这将把财富从出售股份的股东转移给保留股份的股东。

公司金融的这些理念能直接应用于开放经济的货币经济学理论。前文曾经提到，日本与瑞士在金融危机期间和过去的十年中积累了大量外汇储备和其他资产。就瑞士而言，外汇储备增加是源于瑞士国家银行在危机期间努力满足全球对较为安全的瑞士法郎资产的需求增加，同时避免了瑞士法郎的过度升值。事实上，瑞士国家银行的行动就像一家公司，在股票价值——这里表现为瑞士法郎相对于其他大多数货币的价值——被金融市场高估之后选择发行更多的股票。

针对各国应该如何管理外汇储备，货币主义以及经典货币理论没有给出实质性的指导意见。对于什么时候应该发行更多货币，买入更多外汇资产，什么时候又应该"回购"海外持有的本国法定货币，该理论没有提供建议。劳伦斯·萨默斯在担任美国财政部副部长时对此有过清晰的描述："在1993年出任财政部负责国际事务的副部长之后不久，我收到了关于外汇稳定基金（Exchange Stabilization Fund）的简报，那是财政部管辖的一个基金。我最先提出的问题包括，为什么这笔基金是现在这个规模。当时的美联储主席格林斯潘有些窘迫地回复说，根据某些难以确定的假设条件，最优的外汇储备规模是在200亿到2万亿美元之间。"通过将法定货币与股票作类比，可以从公司金融学中引入一些简单的原则，用以指导各国的外汇储备管理。

瑞士在2008年全球金融危机时期的货币政策，从另一个重要方面看也颇具借鉴意义。由于危机爆发，全球的流动性和安全储备资产突然出现短缺。美元不再能充分发挥全球储备资产的作用，此时世界各地的投资人到处寻找安全资产。他们转向的国家之一正是瑞士，这部分缘于瑞士在稳定和严格的金融管理方面的声誉，于是对瑞士法郎的需求大幅增加。瑞士国家银行提供了更多瑞士法郎来满足世界各地增加的需求，这不仅是出于本国利益的考虑，也有助于增强其他国家的稳定。[②]

5.2　货币即国家主权

下面我们将简单探讨如下问题：为什么说法定货币完全来自国家主权，以及为什么加入货币联盟总是意味着让渡部分国家主权？两个或更多国家在什么时候应该组成货币联盟？两个经济联系密切的国家，在什么时候最适合用单一的共同货币来替代各自的原有货币？尽管这些问题的讨论是基于货币联盟的成本和收益等具体内容，却有更广泛的意义，并且通过极其简单直接的方式，对国际货币体系的组织以及如何应对多种货币并存等重大问题有所启发。

关于最优货币区的经典理论是由罗伯特·蒙代尔于1961年提出的。蒙代尔将最优货币区的基本思想阐述为"货币是一种便利工具，由此限制了货币种类的最优数量"（1961，第662页）。就是说，货币的作用是降低交易成本，促进交易，而如果以降低交易成本为目标，那就应该限制其种类。蒙代尔继续解释，"如果世界能够划分为多个区域，每个区域内部具有要素流动性，区域之

---

② 如果安全资产（尤其是法定货币）的供给太少，对此类资产的需求就可能把利率推到负的区间。而当利率水平为负时，整个金融体系将更加脆弱。更多内容可参见我们的论文《国家资本结构》（中文版可参见《比较》第92辑）。

间则很少或几乎没有，那么每个区域都应该有一种单独的货币，相对于其他各种货币而波动"（第663页）。换句话说，蒙代尔认为如果两个国家之间存在要素流动，它们就应该采用同一种货币，因为交易成本在单一货币之下会更低且贸易会因此增加。

蒙代尔强调单一货币带来的贸易收益，与之相比，我们强调的是用共同货币来替代本国货币对国家主权的影响。一个国家加入货币联盟的成本是让渡主权。在加入货币联盟时，这个国家就放弃了在困难时期发行货币的选项，从而增加了未来发生严重危机的风险。因为在走投无路的情况下，可能需要通过发行货币来缓冲危机对经济和社会的影响，但如果置身于货币联盟，这就不再是一个国家能独立采取的行动了。

对欧元区成员国而言，放弃货币主权的全部影响直至2008年全球金融危机之后才充分显现。全球每个国家都受到了那场危机的冲击，但只有一个区域在后来又爆发了主权债务危机，这就是欧元区。因为加入了货币联盟，欧元区成员国不再能将债务货币化。货币联盟导致所有成员国的本币债务事实上都被转化成了外币债务，即实现了股转债，也就是说，国家债务无法继续用本国的法定货币偿付。每当一个国家积累下巨额外币债务，投资人自然会担忧该国可能无力履行偿债义务。这样的担忧有可能自我实现，就像欧债危机早期阶段的情形。所以，欧债危机凸显了加入货币联盟的成本，即国家货币主权的丧失。

然而，如果放弃货币主权会有如此高的成本，又为何要加入货币联盟呢？这样做的收益是什么？这个问题其实比弄清楚成本更为困难。收益不只是像蒙代尔所说的那样降低交易成本，促进贸易一体化。测算加入货币联盟对欧元区贸易一体化效应的相关研究发现，在引入欧元之后，贸易活动并无显著增加。常识也告诉我们，这方面的收益不可能有那么大。事实上，想想在当今时代改用单一货币能节约多少成本吧。如今，两国贸易的交易成本除货币兑换成本并无太多，大多数支付都已经电子化，外汇兑换费只是国家间商品和服务贸易成本的一小部分。

有人或许会指出，汇率风险是国际贸易的主要障碍之一，货币联盟的收益之一就是消除了这种风险。但同样，在今天的世界上，对冲汇率风险的成本并不大。尽管如此，我们也认为货币联盟的收益确实与汇率有关。更准确地说，货币联盟的好处与汇率变动如何反映各国货币供应量的变化有关。

我们首先要指出，如果汇率是以无摩擦和瞬时变动的方式对某个国家的货币供给变化做出响应，则这个国家的货币政策对其他国家将没有任何影响。由于汇率变化会有效地抵消其他国家的货币政策变化，所以每个国家都与其他国家的货币政策完美隔离。我们把这一结果称为"国际货币中性定理"（International Monetary Neutrality Proposition），并将它归功于哈耶克（Hayek，1976），尽管他的想法与此略有不同。有意思的是，哈耶克当时正在与弗里德曼争论货币竞争的优势。弗里德曼坚持认为，国家应该掌握法定货币的垄断权，作为对手的哈耶克则盛赞各种货币自由竞争的优势。他提出，如果货币市场处于完全竞争状态，汇率就会反映每种货币的相对价值，货币自由竞争将有利无害。实际上，弗里德曼认为汇率调整机制缺乏效率，并以此来支持国家垄断货币的主张，这不同于他在货币主义开创性论文（Friedman and Schwartz，1965）中所做的一般假设，即认为市场经济以无摩擦的竞争方式运行，并由此推导出货币主义的基本观点。或者说，在阐述货币主义理论时，弗里德曼采用的是莫迪利亚尼—米勒模型的框架，而在与哈耶克论战时，他又跳出了那套框架。有趣的是，哈耶克的某些思想如今正被重新利用，以宣传加密货币竞争带来的好处。

人们如何看待这场争论，原则上取决于他们对汇率会如何响应货币供给变化的看法。我们认为，如果汇率响应不够充分，使一个国家无法与其他国家的货币政策完全隔离，那么组成货币联盟就会带来收益。在汇率对货币政策变化的响应不够充分的情况下，会激励发行过多货币、人为提升本币在其他国家的购买力，形成过高通胀的风险。所以，货币联盟的好处之一就是消除这种超发货币和制造通胀的倾向。

如果回看欧洲在货币联盟出现之前的情形，我们会找到支持这一理论的证据。远在欧元引入之前，欧盟成员国之间的汇率就通过制度因素被限制在很窄的波动范围内（所谓蛇形区间），由此导致了欧盟成员国之间的汇率对各个国家的货币供给变化缺乏响应。实际结果则显示，某些国家发行了太多货币来刺激经济，人为提升其货币的购买力，同时由于货币不能贬值，就形成了不可持续的经常账户赤字。在汇率不能贬值的情况下，这些国家事实上得以寅吃卯粮，保持超出支付能力的支出水平。但最终，当汇率无法继续维持在蛇形区间的时候，就不得不突然做出调整。由于这样的汇率危机在欧盟成员国中造成了严重的不稳定，消除此类货币外部性就被视为建立货币联盟的一项重要收益。

总的来说，货币联盟的一个主要（或许是最大的）成本是货币主权的丧失，收益则是联盟内部更加稳定、更少通胀性质的货币政策。货币联盟可以有多种形式，其成本和收益在很大程度上跟具体设计有关。如果各个成员国在加入联盟的同时能继续控制自己的货币政策，则可以只是部分让渡货币主权。我们发现如果同时存在财政联盟，货币联盟总是成本较低而收益较高；在我们的模型中，如果联盟的货币当局在紧急时刻仍掌握发行货币的选项，则组建货币联盟将有利无害。欧元的创立给某些成员国带来了更大成本是源自其设计缺陷，尤其是缺乏财政转移支付机制以及对央行发行货币的限制。

我们关于货币联盟的分析对国际货币体系有着更广泛的启示。自布雷顿森林体系于1971年崩溃以来，国际货币秩序就没有什么管理可言。尽管国际货币基金组织在布雷顿森林体系崩溃后立刻试图推行固定汇率制度作为"名义锚"，但国际货币体系仍变成了一种完全自由的竞赛，主要国家的货币自1987年《卢浮宫协议》达成后便被允许自由浮动。这一无管理体系伴随着过度的不稳定，因为各国的货币政策给其他国家制造了显著的外部性，美国的货币政策和美元尤其如此。即便在浮动汇率制度下，一个国家的货币政策变化也不会立刻和充分地被汇率调整抵消，这是不稳定的主要根源之一。如果我们希望增强全球经济和金融体系的稳定，就需要走向更有管理的汇率体系和更好的货币政策协调。我们并非生活在哈耶克构想的理想世界，那里的货币政策制定完全从本国角度出发，并且可以指望用汇率变化去充分抵消对其他国家的不良影响。

5.3 货币即央行运作

我们最后来探讨丰富货币主义理论框架的第三个基本思路：关于内部货币与外部货币（这里借鉴了其他人的说法）并存的理

论。外部货币是指中央银行发行的法定货币，内部货币则是指商业银行创造的货币，即通过信贷创造的货币。通过这一区分，我们把信贷引入了标准的货币主义理论框架，也就是采纳了明斯基对弗里德曼与施瓦茨的部分批评意见。

借用明斯基的话来说，我们让信贷市场与中央银行一起出演"明星角色"。我们设计了一个包含信贷市场的货币经济学模型，法定货币与信贷并存，商业银行和中央银行发挥着不同的作用。从本质上说，商业银行掌握着本地信息，可以识别优质与劣质的贷款申请人，并向净存续价值为正的企业发放新贷款。中央银行则通过两个主要途径给银行体系提供支持：（1）给商业银行提供法定货币准备金，让它们能够以此为基础来放贷；（2）充当最后贷款人。

在我们的模型中，中央银行不直接给企业发放贷款，而只向银行体系提供流动性。为什么中央银行不直接给企业贷款？为什么中央银行只充当最后贷款人？因为相比中央银行，商业银行在贷款决策上有更好的信息和激励。这不是新的发现，事实上有大量的银行学研究文献都是基于这一前提的。还有，如果商业银行掌握的信息是实现有效信贷配置的必要条件，那么让中央银行与商业银行在贷款或存款市场上开展竞争反而不是好事。

把上述问题反过来，我们很自然地会思考：是否可以想象一个没有中央银行的银行体系？在我们的模型中，中央银行扮演着给商业银行提供外部货币以及充当最后贷款人的关键角色。在银行业与中央银行业的历史上，有大量证据说明了最后贷款人这个角色的重要性。实际上，世界上大多数中央银行正是为此目的而设立的。

然而，尽管银行学研究文献广泛分析了中央银行充当最后贷款人的作用，但除了极少数，所有其他的研究都是基于没有法定货币的实体经济模型。而本书的一个关键创新，就是从货币经济的外部货币创造的角度去分析最后贷款人。我们将指出这远不只是一个方法论问题，继而得出如下结论：中央银行应该如何作为最后贷款人实施干预，这在货币经济与实体经济之中有着根本的区别。

　　目前对最后贷款人的主流认识是怎样的？沃尔特·白芝浩（Walter Bagehot）于 19 世纪后期撰写的经典著作《伦巴第街》（*Lombard Street*）探讨了银行危机与英格兰银行的角色，他提出了一个简单规则来指引英格兰银行在金融危机中对商业银行的干预措施：中央银行"应该以优质抵押品和'高利率'为条件，无限度地给有偿付能力的机构提供贷款"。这就是著名的"白芝浩规则"，至今依然是发挥最后贷款人作用的核心理念。例如，欧元区的官方货币政策就将这一规则奉为圭臬，在如下的政策声明中宣称："各国中央银行可以给具有偿付能力但面临流动性问题的欧元区信贷机构提供临时紧急流动性援助。"

　　我们在美国《联邦储备法案》的第 13（3）条能找到类似的表述："在特殊和紧急情况下，美国联邦储备委员会……可以授权任何联邦储备银行……给任何个人、合伙企业或公司拥有的票据、汇票和银行汇票提供贴现，只要这些票据、汇票和银行汇票以美联储满意的方式获得背书或者其他方式的担保。"有意思的是，这条法规授予美联储的权力在 2008 年全球金融危机后受到了《多德—弗兰克法案》的进一步限制。尽管美联储只被授权在有优质抵押品的情况下给有偿付能力的机构提供贷款，有人依然认为这对最后贷款人的约束并不充分。美联储在 2008 年春援引了《联邦储备法案》第 13（3）条来支持救助贝尔斯登公司的行动，并特别强调该公司仍具有偿付能力且提供了充足的优质抵押品。在同年 9月，美联储再度援引该条款，但这次是为不干预和不救助雷曼兄弟公司的决定做辩护，理由是与贝尔斯登不同，雷曼兄弟已没有偿付能力，且不能提供充足的优质抵押品。

我们对最后贷款人的分析显示，白芝浩规则在系统性危机中存在缺陷。只向有偿付能力的机构提供贷款并要求优质抵押品，这样做会适得其反。归根到底，哪些算是优质抵押品呢？是否"优质"在很大程度上取决于旁观者的态度。专家们在危机期间可能对抵押品的估值产生重大分歧，事实也的确如此，因为流动性的总体短缺会让金融资产的账面价值和市场价值之间出现巨大差异。在危机期间给抵押品赋值的任意武断进一步凸显了美联储救助贝尔斯登却放弃雷曼兄弟的矛盾之处。

无论如何，我们之后将深入阐述，以问题银行在危机期间的抵押品估值来决定最后贷款人政策是非常混乱的想法，因为与破产法院要审理的案件不同，干预的目的并不是要决定各家公司的命运，然后只给有偿付能力的公司提供流动性；最后贷款人的作用其实是要避免整个金融体系的崩溃。

我们的分析主要聚焦于设计一个包含信贷（或银行）部门的货币经济模型，内部货币与外部货币在其中扮演着不同的角色。正如明斯基强调的，关键在于让这样的模型能够充分反映货币供给变化给投资、货币收入和价格水平带来的全面而又复杂的影响。

在此之前，还需要简短总结一下我们对之前那个问题的回答。首先，什么是内部货币？

从本质上说，内部货币是商业银行发行的一种债务，允许持有人随时将它们兑换为法定货币（银行持有的准备金）。内部货币的创造是以外部货币为基础的，当持有人将内部货币兑换为现金（外部货币）的时候，这部分内部货币即被消除。如果查看个人的银行账户或企业的财务报表，你会发现上面都是电子化的数据。但在这些数据背后，都存在将它们转化为实实在在的现金的可能性。这里请注意"法定"货币概念的重要性。银行创造的内部货币不能用任意储备资产来赎回，而只能采用商业银行开展经营所在国发行的法定货币。

其次，由于不能总是指望中央银行做出审慎的贷款决策，因此需要限制其权力。不应该允许中央银行向经济活动直接提供贷款——除非整个银行体系已崩溃——同时需要限制中央银行扩大商业银行准备金的自由度。全球几乎所有国家的中央银行都有此类权力限制。创造无限量外部货币的能力是如此强大的政策工具，因此需要对它施加限制，尤其当中央银行是由非选举产生的官员执掌的独立机构的时候。

话虽如此，中央银行发行货币的能力却不应该像金本位制度支持者主张的那样被完全取缔。那种主张会适得其反，关键理由之一是那样做会从根本上消除中央银行发挥最后贷款人的作用。那种主张与设立中央银行的目的——给商业银行提供支持，从而维护金融稳定——相抵触。

白芝浩规则可以理解为限制中央银行权力的一种办法，但仍允许它发挥最后贷款人的某些作用。当白芝浩提出这一规则的时候，英国还处于金本位制度之下，他坚持在有优质抵押品和高利率条件下提供贷款，这可以解读为对英格兰银行黄金储备数量有限的顾虑。而在当今世界，中央银行的货币创造已不再有此类顾虑。当中央银行作为最后贷款人拥有无限干预能力的时候，它应该在合理情况下将其充分发挥。根据我们的分析，中央银行的干预如果受白芝浩规则的限制将失去效力。如果整个金融体系的生存受到威胁，个体商业银行是否还具有偿付能力已经不再重要。

例如，我们设想某个国家受到严重的系统性危机冲击，整个银行体系处于丧失偿付能力的状态。再假设所有商业银行都毫无疑问缺乏偿付能力，而且都资不抵债。如果在这种情形下仍坚守白芝浩规则，则中央银行将无法作为最后贷款人实施干预，整个银行体系将崩溃，并殃及整个经济，导致普遍的经济萧条。事实上，白芝浩规则在 2008 年全球金融危机期间并没有被严格遵守，各国中央银行以危机期间难以对资产价值做出评估为由，把缺乏偿付能力解释为流动性短缺。

那么，在这种情形下，什么才是正确的行动规则？我们指出，正确的规则是不惜一切代价拯救银行体系，即便它们缺乏偿付能力，同时要求获得优质所有权而非优质抵押品。中央银行应该发行尽可能多的外部货币，让银行能够满足对内部货币的赎回要求，使其维持运转。中央银行不应该坚持要求优质抵押品，因为这会限制自己的干预行动。作为替代，中央银行应该要求获得有效的所有权，应该把获得商业银行的股权作为拯救银行的条件。对丧失偿付能力的银行重新注资是可取的，因为通过中央银行的干预，银行体系和整体经济将能够维持运转。

实际上，中央银行通过这种重新注资实现的结果就是消除金融学家所说的"债务积压"问题——杠杆率太高的企业无法筹集新的资金（部分原因是为了救助原有债权人）——这是导致银行偿付能力和经营能力不足的重要原因。注入外部货币以换取银行的所有权，类似于中央银行（或财政部）注入资本金，能够取得与破产重组相同的效果，把商业银行的内部货币债务用新创造的外部货币来替代，同时让银行得以继续经营。这样做能够让商业银行保留持续经营的价值，从而避免对整个经济进行彻底的清算。

设想中央银行会为了救助濒临崩溃的银行体系而不惜一切代价，无限量提供贷款，但这种干预的成本是什么？这是不是我们能想到的最糟糕的救助方式？纳税人和储户是否会为此付出高昂的代价？

我们将指出，以换取"优质所有权"的方式来救助银行体系实际上不会给中央银行带来任何成本，恰恰相反，它还会从中获利。在救助银行的过程中创造的所有外部货币将使商业银行恢复盈利，而全部利润都将归属中央银行。当储户们纷纷把内部货币债权转化为外部货币时，注入经济的外部货币可以被用于购买产品和服务，支持经济运转。外部货币的增加将支持货币收入，虽然也可能导致通胀，但这种通胀的成本比较低，因为把储户的内部货币债权按相同比例转化为外部货币造成的财富再分配效应很小。从本质上看，银行救助行动将像债务重组一样发挥作用，消除银行业的债务积压；但最重要的是，通过保持整个经济的持续运营，这样的救助和重组可以让所有人受益。

在上轮金融危机结束时，美联储和美国财政部对金融体系的救助确实得到了类似的结果。以 2008 年夏季对房利美和房地美的救助为例，美国政府向它们注入了 2 000 亿美元的资金，作为交换条件，将这两家政府支持机构置于自己的管理之下。通过救助措施，美国政府原则上让它们能够偿还全部债务，避免了破产的命运。

当然，交易结果是让美国政府成了房利美和房地美的所有者，以及它们未来全部利润的剩余索取者。从救助"两房"的投资中，美国政府目前已经获得了 683 亿美元的净利润。不仅是对"两房"，对所有金融机构的救助行动都取得了同样的成果，无论是美国国际集团（AIG）、花旗银行还是其他任何受救助的金融机构。

这一惊人结果与银行救助行动让美国纳税人损失惨重的说法形成了鲜明对比，却很少引发媒体议论或得到公众认可。仅将它简单归结为幸运似乎是不够的，它还需要一个理论解释。我们的分析就提供了一个严谨的解释，说明此类利润为什么既可以预见（符合预期），又是最优政策的表现。救助行动的利润反映了消除债务积压带来的整个经济的持续经营价值与清算价值之间的差额。

上述分析与我们之前关于货币与国家主权之间关系的关键论点密切相关。外部货币与作为最后贷款人的中央银行的价值，就是在紧急情况下发行货币的选择权的价值。该选择权的价值直接决定了持续经营价值和清算价值之间的差额。

6. 小结

如果用一句话来概括，货币主义的贫困就反映在直升机撒钱的比喻之中（Friedman，1969，第 4 页）。如果一个理论长期依靠钞票从天而降的画面来描述货币进入经济运行的方式，那它无法令人心悦诚服。而一旦我们抛弃这个比喻，货币经济学就会得到改进。

追踪货币如何进入经济体的过程非常重要，因为舍此之外，我们无法充分理解法定货币供给变化对经济的影响。正如本章关于中国案例的讨论所示，货币供给的持续高速增长在很大程度上是通过对投资支出的扶持来实现的，至少在最近一段时期以前，这些投资促进了产出的飞速增长，且几乎没有造成通胀。除了更好地理解货币政策在封闭经济中的作用，我们还需要深入分析开放经济的货币政策。这在当前仍是没有定论的研究领域，也是货币经济学中我们知之不多的部分。

另一个人们了解不足的领域则是财政政策与货币政策的协调，这方面有待解答的一个重大谜题是为什么量化宽松措施的效果不如预期。各国中央银行的资产负债表在 2008 年全球金融危机期间及之后大幅扩张，但在新冠疫情之前对经济增长和通胀的影响都很有限，这令人诧异。然而大规模的货币宽松和财政扩张，尤其是在新冠疫情期间为应对社会封闭而采取的措施，却在 2021 年后期转化为通胀压力，并在 2022 年造成了严重的通胀担忧。这样的结果从货币主义者的角度显然很难理解，尤其是从弗里德曼与施瓦茨的第一个观点出发，即基础货币的增长会导致价格水平的同比例上升。总体而言，2008 年全球金融危机期间及之后的巨幅货币扩张对价格和经济活动的影响非常小，为什么会这样？相比之下，新冠疫情时期的巨幅货币和财政扩张对价格水平的影响相当强烈，这又是为什么？某些经济学家推测，它必然与财政政策机制以及财政政策和货币政策的协调机制有关。我们将在第 5 章探讨相关议题，提出一个与本书的关键论点和发现相符合的一般理论框架来展开分析。

最后再补充两点评论，其一是针对加密货币或稳定币，其二则是针对现代货币理论。私人供给的数字货币，无论是以加密货币还是稳定币的形式，能扮演怎样的角色？有些评论人士认为，私人部门供给的数字货币的出现是一场根本性的技术革命。我们不能否认，对微信支付之类的数字支付平台而言的确如此，它们极大地降低了支付中的交易成本。但我们要指出，如今已被放弃的天秤币类型的私人供给的"稳定币"无法成为法定货币的替代品，因为它们缺乏货币的一些本质特征。

作为脸书公司领衔的高科技企业发起的项目，天秤币的吸引力在哪里？从根本上说，天秤币在当时提议给个人和企业提供更好和更便宜的支付解决方案；它被设计成一种稳定币，意思是每个天秤币的价值都将由一篮子主要国家的货币及政府债券来支持。目前，美国的交易和其他支付费用较高，国际支付和外汇买卖费用也较高，至少对零售客户是如此。如果天秤币能显著降低支付费用并保证无缝和安全转账，它肯定能成为广受欢迎的支付体系。

然而，天秤币（乃至目前已经发起的其他所有稳定币）不会成为任何国家的法定货币，萨尔瓦多或许例外。有一个简单却极为关键的原因决定了它不能成为法定货币的替代品。天秤币的构造方式是采用一篮子多种货币计价的安全资产作为价值基础，但这也意味着它无法被自由供给。它会被锚定在各国货币加权组成的一个篮子里，从而限制了发起联盟在危机时期给天秤币（以及有大量天秤币负债的机构）提供支持的能力。因此，如果天秤币成为广泛使用的货币，这将给金融稳定带来风险。

我们在本章的最后一点评论是针对现代货币理论的。该理论的主要倡导者兰德尔·雷（L. Randall Wray）是明斯基的学生，后者则在本书中占据相当突出的地位，尤其是他对货币主义理论把信贷市场当作配角而非明星角色的批评。故而某些读者或许也想知道，本书提出的观点与现代货币理论有怎样的联系。

从许多方面来讲，"现代货币理论"是一个错误的名称，因为该理论更多关注的是财政赤字，而非货币政策。它因为反对财政保守主义和财政紧缩的立场而声名鹊起。现代货币理论的基础是一个国民账户核算恒等式，认为政府赤字不过是国内和国外净储蓄的镜像指标。超出税收收入的政府开支要么由发行政府债务，要么由发行法定货币来支付，并且被同比例地反映在国内和国外储蓄的变化上。因为没有提到信贷约束、流动性紧缩、泡沫或其他相关因素，所以信贷市场在该理论中只是幕后的角色。

现代货币理论有两个关键信条。第一，有货币主权的政府（能发行以本币计价的债务）永远不可能破产，"美国联邦政府永远不会被迫债务违约，它总能偿还债务，因为国家偿债不过是用一种债务来替换另一种债务"（Wray，2019，第21页）。第二，政府赤字基本上是能够赚回成本的，会被国内和国外储蓄的增加直接吸收。现代货币理论进而提出，政府赤字、债务与 GDP 之比以及政府债务的承诺利息之间并无直接联系，"政府赤字支出总是能够创造出用于购买政府债券的资金，因为赤字会增加私人部门的盈余。利率也不需要随着债务率的提高而上升，因为政府并不是在与私人部门争夺有限的资金"（第21—22页）。

我们的理论与现代货币理论在概念上的根本区别在于，我们把法定货币当作股票，而现代货币理论的支持者（以及其他一些货币经济学家）只是把货币作为另一种政府债务。通过货币与股票、稀释成本与通胀成本之间的类比，我们将货币与通胀直接联系起来。而在现代货币理论中，对通胀在何时何地、以何种方式进入分析框架，以及是否会给经济运行制造成本，并无明确说法。

我们也不认为拥有货币主权的政府就永远不会破产。与企业一样，当货币或股票的价值已经归零或者快速趋向于零的时候，政府也会破产。如果像魏玛共和国时期那样，发行太多货币去弥补财政赤字，货币将变得一文不值。这个例子以及过去若干恶性通胀的事件都表明，政府财政赤字能够赚回成本的说法并不总是成立。私人和外国储蓄能够吸收多少债务（或货币）必然存在上限。

但这个限度会在何时出现？通过货币扩张来消化政府赤字的做法何时将走到尽头？现代货币理论对这一根本问题没有给出明确答案，因为它的相关分析缺乏具体的微观基础，并过分依赖国民账户恒等式。

MONEY
CAPITAL

第2章
国家资本结构

      本章将为分析开放经济中的国家如何给投资和其他支出融资提出理论框架。该理论认为国家资本结构可以用公司金融作类比，公司能够通过发行债务或股票来为经营活动融资，与之相似，身处国际金融市场的国家也能够通过发行货币、以本币或外币计价的债务来支持自己的投资。

      本章将提出如下观点：一个国家发行的法定货币非常类似于股权资本，即公司发行的普通股。然后将详细阐述这个类比对国家最优资本结构和法定货币供给的相应启示。

大多数经济学家认为，增加货币供给的好处在于促进交易（当市场运行不畅时）或在经济衰退后刺激宏观经济。但是，通过发行货币为投资和其他创造价值的支出提供资金，还能带来其他重要的直接收益，而这些收益通常没有得到重视。我们在本章将聚焦于此类收益。为理解这种融资渠道产生的货币供给，我们不妨先把国家想象成一家公司：某个国家与其他国家共同置身于全球金融市场，它可以通过发行法定货币或者发行本币债务为自己的投资项目融资。

　　这个国家还可以发行外币债务来为投资项目融资，此时它的资本结构将由其发行的本币债务和外币债务的比例来决定。从这一角度看，国家的法定货币供给也同样面临公司金融学的核心基本问题：一个国家的最优资本结构应该是怎样的？为支持投资项目，在什么情况下更适合发行法定货币而非外币债务？

　　公司金融理论可以为国家的融资问题提供启示，并且为货币经济学与法定货币最优供给数量的恼人问题奠定新的基础。选择企业的资本结构经常被描述为最优杠杆率的选择问题：债务与总资产的比例应该有多高？而对特别需要吸引外国资本的贫困国家而言，这个问题通常被描述为债务可持续性问题：这些国家的债务与 GDP 之比的合理范围是多少？

本章要阐述的观点是，一个国家发行的法定货币非常类似于公司发行的股票（普通股）。与一定单位的法定货币类似，公司的股票赋予其所有者按比例分享产出的权利。对公司而言，产出意味着扣除利息和税收之后的利润。对国家而言，产出意味着扣除对外负债支出之后的产品和服务的实际产值。在本章中，我们将详细分析货币与股票的类比对一个国家的财政、最优资本结构以及法定货币供给的启示。

在公司金融学教科书中，股权被定义为一种财务索取权，赋予其所有者按比例分享留存现金流——其他所有权利拥有人（员工、供应商、债权人等）获得报酬之后的自由现金流——的权利。股权与法定货币的类似之处在于，法定货币的持有人事实上被赋予了分享国家产出的权利，也就是说，用他们持有的法定货币来购买国家产出的权利。当然这两者之间仍有某些重要的区别，因为法定货币不仅是价值储存手段，还是一种交易媒介。法定货币作为交易媒介的附加功能也是我们理论的核心特征之一。

经济学家为了解释公司的融资选择和最优资本结构曾提出若干理论，这些理论都基于莫迪利亚尼与米勒（1958）的基本发现，即在完美的金融市场中，企业选择何种融资方式并无区别，不会影响其财务价值。如果利息支出的边际成本低于股票成本，企业更多选择债务融资，此时它们的行为只会导致债务融资成本增加，使得加权平均资本成本（WACC）保持不变。加权平均资本成本在理论上被定义为债务占比乘以利息加上股票占比乘以经风险调整后的股票回报率，可以用如下公式表述：

$$\mathrm{WACC} = \frac{D}{D+E} \times r_d \times (1-t) + \frac{E}{D+E} \times r_e$$

其中，D 是债务融资的水平，E 是股票融资的水平，r_d 是承诺的债务利息，t 是公司税率，r_e 是经风险调整后的股票回报率。

然而，当金融市场并不完美时，企业的财务价值将与融资方式有关。关于最优资本结构一个重要的早期理论，即所谓的权衡理论（trade-off theory），探讨了资本所得税带来的影响。在大多数国家，债务融资存在税收优势，因为利息支出可以从公司的应税收入中扣除。因此该理论认为，公司会通过债务来筹集资金，以增加利息支出带来的扣税金额，直至债务的边际税收优势与债务的预期破产成本相等为止。显然，这一权衡理论不能用来解释国家的资本结构，因为国家不需要给某种超国家权力机构上缴税收。即便把交给联合国或其他国际组织的会费描述为超国家税收，主权债务的利息支出也不存在税收抵扣。

后来出现的公司资本结构选择理论着眼于有限信息和激励问题带来的资本市场缺陷，它更容易用来理解国家的资本结构问题。与此尤其相关的是迈尔斯（Myers，1977）的债务积压理论以及迈尔斯与麦基拉夫（Myers and Majluf，1984）的优序融资理论（pec-king order theory）。债务积压理论认为，企业在债务太多的时候可能选择放弃有利可图的投资项目，因为如果在开展此类投资后，企业或许没有足够的内部资金来偿债，或者负担资本支出并制定投资决策的股东们无法从此类投资中充分获益，必须与债权人分享投资带来的净现值。于是，对债务积压的担忧会防止企业承担过多债务。换句话说，未来投资机会的前景会促使企业减少资产负债表上的债务，以便在机会出现时能顺利投入其中。

优序融资理论则得出了如下基本发现：对于企业资产的潜在价值和未来增长机遇，投资人的了解不如经理人。于是在首次发行或者增发股票时，精明的投资人往往会给这些股票的价值打折扣，他们考虑了发行人急于在价值高估时出售股票的这种风险。此类投资人约束不乏事实证据：在公司宣布发行新股之后，股票价格普遍会下跌。也就是说，发行新股对投资人而言是个坏消息。从公司（或发行人）的角度看，则意味着发行股票可能会带来所有权稀释的成本，因此为吸引投资人参与，他们或许必须把发行价格定在低于股票真实价值的水平。由于股票是一种次级权利，对公司资产价值的变化高度敏感，这种发行价格折扣会尤其高。债务则属于优先级权利，并经常有抵押品作为担保，不充分掌握信息的外部投资人更容易确定其价值。因此，优序融资理论通过债务的信息稀释成本优势与债务的财务困境成本之间的权衡，来确定企业的最优资本结构。根据该理论，公司在为投资项目或其他支出筹资时，应该首先采用内部资金，其次是外部债务，最后才是股票。

我们认为，对国家而言，稀释成本就是通胀成本。当一个国家向新持有人发行更多货币，却没有增加与购买力相匹配的实际产出时，原有货币持有人的利益就会按比例被稀释，把价值转移给新持有人。因此，正如迈尔斯以及迈尔斯与麦基拉夫的理论那样，我们可以通过货币发行的通胀成本与债务违约和债务积压成本之间的权衡，来分析国家的最优资本结构。

本章提出的基本理论框架将按照三个时期的划分来展开（更规范的分析见我们 2018 年的分析）。在时期 0，某个国家将投资于能提升生产率水平的基础设施。投资所需的资金要么通过发行外币债务，要么通过发行货币来筹集。国家管理者是一个仁慈型的政府，试图最大化国民的物质福利，让代表性国民的毕生消费最大化。政府可以在时期0发行对国家产出的债权，以便为基础设施投资筹款。生产将在时期1展开（基础设施建设完成后），并假设经济中只有一种通用产品（如小麦），它既可以用作生产投入品，也可以用来消费。这种产品由代表性企业通过其持有的法定货币从代表性国民那里购买。于是，货币在我们的理论中发挥着交易媒介和价值储存的双重作用。在时期2，已实现的产出是随机的，并以货币形式出售，包括此前代表性国民通过向代表性企业出售商品禀赋作为生产投入品所获得并储存下来的货币，以及外国投资人为该国的基础设施投入资金所获得的货币。

1. 简化的开放货币经济

我们现在将详细阐述上文简单介绍过的模型。这里所说的"开放"是指，我们分析的国家身处全球经济体系之中，可以同其他国家开展贸易并从那里筹集资本。这是我们分析的一个关键出发点。如果经济是完全封闭的，我们就不能把国家与企业类比，也无法把增加法定货币的供给当作发行股票来解释。

在初始时期（时期0），这个国家可以开展规模为$k > 0$的投资项目，以提高其生产率。在中间时期（时期1），该国把初始商品禀赋w配置为消费（c_1）与生产投入（$w - c_1$）。在最末时期（时期2），该国实现产出y并将它们用于消费。我们首先看看在没有基础设施投资时，该经济会如何运行。此时只有两个相应的时期，时期 1 的生产阶段和时期 2 的消费阶段。你可以把这两个时期想象为一个永续国家的生命周期中的短暂时间窗口。

这个国家由完全等同的消费者和企业组成，在完全竞争的市场中开展活动。消费者的目标是更多的消费，企业的目标是更多的产出。除了这些基本目标和行为（以便反映经济的运行），我们尽可能保持模型的简单精练。相应地，我们把消费者设定为风险中性，其唯一目标是使整个生命周期的消费最大化。我们假设消费者在每个时期需要最低限度的生存消费，并将它标准化为 0，由此必然得到：$c_t \geq 0$，$t = 1, 2$。消费者的效用函数如下：

$$U(c_1, c_2) = \beta c_1 + c_2$$

其中，$\beta \leq 1$，所以消费者更愿意推迟而非提前消费。生命周期开始时，消费者在时期 1 有初始商品禀赋为 $w > 0$。他们可以把这些禀赋储存起来，也可以出售给企业。我们假设储存行为缺乏效率，于是企业与消费者会在时期 1 发生交易，消费者用商品禀赋来换取企业手里的货币。具体来说，我们假设储存产品会贬值，如果禀赋 w 从时期 1 储存到时期 2，它将贬值到 dw，其中 $d < 1$。在我们的大多数分析中，我们可以设定 $d = \beta$ 且不会丧失一般性。

代表性竞争企业则会把消费品作为生产的一种投入品，其生产函数为：

$$y \equiv \theta f(x)$$

并且有 $f' > 0$，$f'' \leq 0$，而 θ 是可能取两个值的生产率冲击：$\theta \in \{\theta_L, \theta_H\}$，其中 $\theta_H > \theta_L > 0$。这里的 x 代表企业在生产中使用的投入品数量。我们假设生产技术只意味着企业能够用更多的投入得到更多的产出，而且投入品的使用符合收益递减特征。后一个假设并不严格需要，但可以带来便利，因为我们能由此获得一个均衡市场结果，让所有企业在时期 1 购买相同数量的投入品，然后在时期 2 生产相同数量的产出。

企业的初始法定货币禀赋给定为 $m > 0$。企业在时期 1 利用这些货币去购买消费者的初始禀赋作为投入品，消费者则在时期 2 利用储存的货币去购买企业的产出。

企业归企业家拥有，后者的目标是实现时期 2 的产出最大化，并且他们在时期 2 的消费为最终产出的一部分：$\psi \in (0, 1)$。为尽量减少需要处理的参数数量，我们用 $\theta f(x) = \theta(1 - \psi)F(x)$ 来代表将被投入市场的最终产品，包括企业家消费部分的总产出为 $\theta F(x)$。我们用 m_2 来表示代表性企业在时期 2 结束时持有的现金数量，此时企业的持续经营价值将为 $V(m_2)$，随 m_2 的增加严格递增。我们可以把价值函数 $V(m_2)$ 理解为继承了货币持有数量 m_2 的未来企业家能够用这些钱买到的未来投入品和消费品流的现值。这里要求的条件是货币在时期 2 结束时继续保有价值，否则，企业就不愿意把自己生产的产品交换成货币（Hahn，1965，1982）。

在时期 1，什么是把初始禀赋 w 划分为投入 x 和消费（$w - x$）的有效配置？对 x 的有效选择意味着对如下代表性消费者的效用最大化问题求解：

$$\max\{\beta(w - x) + [\pi\theta_H + (1 - \pi)\theta_L]f(x)\}$$

为避免分析中任何不必要的复杂性，我们把关注点放在 $x = w$ 的角点解上。在此情形下，时期 1 完全投入生产，投入品被交易为货币，消费者把禀赋卖给企业作为投入品，以获得货币；所有消费都发生在时期 2，消费者用在时期 1 出售禀赋给企业获取的货币来购买企业的产出。不一定能得到角点解，但确保 $x = w$ 的一个充

分条件是:

假设 A1 对所有 $x \leqslant w$, 以及 $\dfrac{\overline{\theta}f(w)}{w} > \beta$, 有 $xf'(x) \geqslant f(x)$。

我们可以把这个结果设定为如下竞争均衡:企业在时期 1 放弃其持有的全部现金,以购买禀赋 w, 消费者则在时期 2 买下企业的全部产出 $\theta f(w)$。在这一均衡中,时期 1 产品的货币价格为 $p_1 = m/w$, 时期 2 产品的货币价格为 $p_2(\theta) = m/[\theta f(w)]$。给定这些价格,时期 2 货币的实际价值为:

$$\frac{1}{p_2(\theta)} = \frac{\theta f(w)}{m}$$

可以很直观地证明,在假设 A1 之下,代表性消费者的最佳选择是在时期 1 以价格 p_1 出售自己的全部禀赋,代表性企业的最佳选择是在时期 2 以价格 $p_2(\theta)$ 出售自己的全部产出。事实上,如果考虑到代表性消费者有可能在时期 1 只出售部分资源禀赋 $x < w$, 并消费掉剩余部分 $c_1 = w - x$, 那么其生命周期的预期回报将由如下公式给定:

$$\beta(w-x) + E\left[\frac{1}{p_2(\theta)}\right]p_1 x = \beta(w-x) + \frac{[\pi\theta_H + (1-\pi)\theta_L]f(w)x}{w} <$$

$$[\pi\theta_H + (1-\pi)\theta_L]f(w)$$

其中的不等式根据假设 A1 即可得出。

与之类似,如果代表性企业在时期 1 保留部分现金,只购买 $x < w$ 的投入品,则它在时期 2 将只能生产和出售不多于 $[\pi\theta_H + (1-\pi)\theta_L]f(x)$ 的产出,企业在时期 2 末期的全部现金存量将等于:

$$(m - p_1 x) + E[\theta f(x)p_2(\theta)]$$

对于任何 $x \leqslant w$，企业在边际上可以持有 p_1 的货币，或者选择多购买 1 单位投入品，并以预期价格 $E[p_2(\theta)]$ 多出售 $[\pi\theta_H + (1 - \pi)\theta_L]f'(x)$ 单位的产出。若满足以下条件，企业的最佳选择将是把持有的全部货币用于购买投入品：

对所有 $x \leqslant w$，均有 $E[\theta p_2(\theta)]f'(x) \geqslant p_1$

或者代入 $p_2(\theta)$ 和 p_1，在假设 A1 之下，对所有 $x \leqslant w$，均满足：

$$E\left[\frac{m}{\theta f(x)}\theta\right]f'(x) \geqslant \frac{m}{w}$$

总而言之，在假设 A1 之下，该经济体的均衡状态是企业在时期 1 用货币量 m 从消费者手里买下全部投入品 w，而消费者则在时期 2 用货币量 m 买下企业提供给市场的全部产出 $\theta f(w)$。

传统货币数量论在这一经济中依然成立，例如把经济中的货币存量增加 1 倍，将使时期 1 的产品价格翻番，并使时期 2 的货币价值减半。

2. 适用于国家的莫迪利亚尼—米勒定理

现代公司金融理论的基础是莫迪利亚尼—米勒定理，它认为在没有税收的完全竞争的金融市场中，企业的财务价值与融资方式无关。企业的投资可以完全来自股票融资或完全来自债务融资，其净现值（企业的总现值减去其投资成本）将维持不变。为支持投资而选择的其他任何债务融资与股票融资的组合也不会影响企业的净现值。这一定理背后的基本理由是，价值创造取决于实际投资活动产生的新现金流，而融资方式只会影响新创造的现金流如何在股东与债权人之间分配。但是，当金融市场出现缺陷，或者因为利息支出能够从公司应税收入中扣除而让债务融资拥有税收优势的时候，企业资本结构的无关性也就不再成立。

针对主权国家可以提出类似的定理。事实上，传统货币数量论正是这一无关性定理的推论。为得出这一定理，我们必须考虑国家在时期 0 如何为基础设施投资筹集资金。某个国家通过在时期 0 投资 $k > 0$（这些投资可以提高企业的生产率），企业在时期 2 的产出会因此增加 $Q(k)$ 倍，我们假设 $Q(0) = 1$，$Q' > 0$ 以及 $Q'' < 0$。为了让问题更有意思，我们再假设这是一项净现值为正的投资：

$$[Q(k) - 1][\pi\theta_H + (1 - \pi)\theta_L]f(w) > k$$

为简化表述，我们令 $Q(k)f(w) = \Omega(k, w)$。另外，如果在时期 0 该国的禀赋为 w 且实施了投资 k 的时候，对 Ω 代表其产出水平没有疑义，我们将不考虑 Ω 对 k 和 w 的依赖。

这个国家将按照标准化为 1 的世界市场价格，从国际资本市场上筹集数量为 k 的资金。根据开放经济研究中的一般假设，我们把世界利率水平确定为 0，相当于让世界市场的资本价格为 1。对于这些资本，该国可以通过在时期 0 增发数量为 $\delta_0 m$ 的货币来支付，或者承诺用时期 2 的产出来偿还。

我们的分析首先提出一个简化假设：该国可以发行无违约的外币债务。之后再考虑主权债务违约的可能性及其各种严重后果，这些将在我们的理论中起到核心作用。为确保该国不会对债务违约，我们必须要求它即使在最低的生产率水平下也有足够的资源来偿债。可以实现这种情形的一个充分条件是：

假设 A2 $\theta_L\Omega > k$。

在竞争性的全球资本市场中（世界市场的利率水平标准化为 0），这个国家可以承诺在时期 2 予以偿还，从而在时期 0 筹集到

资金 k。当不存在债务违约时，这一承诺的还款额将等于债务的面值。所以在假设 A2 下，即使生产率处于最低水平 $\theta = \theta_L$，该国的产出也会超出其债务负担 k——我们假定该国能够承诺，在有能力偿债时就不会违约。

根据上述假设，对国家适用的莫迪利亚尼—米勒定理将得以成立：

当国际资本市场处于完全竞争状态时，基础设施投资的净现值与某个国家为投资项目选择的融资方式无关。为了支付 k，它可以选择发行货币、发行外币债务或者债务与货币的任何组合。这一定理得以成立的基本原因如下所述。无论某个国家在时期 0 是通过发行货币还是债务来筹集资金 k，它都必须承诺在时期 2 偿还至少为 k 的金额。这就意味着在时期 2，无论基础设施投资的资金是来自货币还是债务，都至少有 k 的产出将归属基础设施的（外国）投资人，剩下的产出才归属本国居民。如果国际资本市场是完全竞争性的（莫迪利亚尼—米勒定理的基本假设之一），则无论是通过货币还是债务融资，都不需要向投资人承诺偿还多于 k 的最终产出。

可以很直观地证明（Bolton and Huang, 2018），当一个国家完全通过增加货币供给来筹集投资资金 k 的时候，基础货币的总增量为 $\delta_0 m$，其中：

$$\delta_0 = \frac{k}{\left[\pi\theta_H + (1-\pi)\theta_L\right]\Omega - k}$$

这里的 δ_0 由一个无关条件来确定。在用货币融资的时候，竞争性的外国投资人会要求 $\delta_0 m = E[p_2(\theta)]k$，以期望在时期 2 能够把资金 k 买回来。

换句话说，货币供给在时期 0 的增幅取决于资本支出 k 与扣除投资支出的预期净产出 $[\pi\theta_H + (1-\pi)\theta_L]\Omega - k$ 的比值。对 δ_0 的这个表述意味着货币供给的一个简单法则，它与货币主义者的建议类似，即货币供给的增长应该与实际产出的增长成比例。如本书第 1 章所述，关于货币增长的货币主义理论并未指出这一比例常数应该是多少，很大程度上是因为它没有考虑货币进入经济的具体方式以及货币可以购买什么东西。我们的分析则指出了货币进入经济的一种重要渠道：通过资本支出来提高国家的生产率水平。正是通过聚焦这一渠道，我们可以得出一个简单的经验法则：基础货币的增长应该与资本支出的正净现值（扣除资本成本后）同 GDP 之比成正比。

我们的模型得出的另一个有趣结论是，两种融资模式之下的绝对价格水平是相同的，尽管发行货币这一融资方式事实上会使经济中有更多的货币数量。这是因为基础货币的增长是为了支持预期产出的增加。

货币增长速度由投资机会决定。相应地，有更大增长潜力、更多有利可图的投资机会的经济应该有更高速的货币增长。

前文提到，适用于国家的莫迪利亚尼—米勒定理的一个推论是，传统货币数量论得以成立。这点能够从我们的简化理论框架中很直观地得出。由于 p_1 和 $E[p_2]$ 是 m 的线性函数，δ_0 与 m 无关，那么经济中的货币存量翻番会直接导致时期 1 的产品价格翻番，时期 2 的货币价值减半，同时要求该国在时期 0 发行数量为 $2\delta_0 m$ 的货币。适用于国家的莫迪利亚尼—米勒定理与传统货币数量论之间的联系源自如下事实：货币既是价值储存手段，又是交易媒介。

公司金融理论的一个基本信条以及适用于国家的莫迪利亚尼—米勒定理的一个推论是，股票分拆（把一单位股份分为两个或更多单位）本身不会改变企业的市场价值。企业会产出同样的现金流和同样的净现值，改变的只是把这些价值拆分为多少个数量的单位。但事实上，股票拆分经常伴随着企业市值的变化，已有少量研究文献解释了这种现象的原因。一种常见说法是，企业会在股票拆分的同时做一些改变现金流的其他事情。另一种说法是，由于股东们可以用更小的单位来交易股票，二级市场的流动性会提高。一个国家的货币面值变化可以被理解为与企业股票拆分类似的现象，它对经济体的影响应该是中性的，正如股票拆分对企业市值的影响。这是理解货币数量论的另一种思路。除非货币购买的东西改变了国家的生产率，否则唯一受影响的只有价格水平。

对这里描述的经济还有一个有意思的发现：由于商品在时期 1 被用于改进生产率的投资，货币的价值会随时间而提升。然而，由于世界市场利率水平为 0，时期 1 和时期 2 的最优货币数量是不确定的（假设发行货币没有交易成本）。

我们 2018 年曾对适用于国家的莫迪利亚尼—米勒定理做了严格证明。该无关性结论基于巴罗（Barro，1974）提出的著名的李嘉图等价定理，认为在完全竞争的经济中，政府的债务发行本身不会创造任何价值。政府发行的任何债务都必须在未来某个时点偿还，这就要求未来有更多的税收收入，而如果预期到这些场景，那么今天发行债务带来的减税效果就会被因为预见偿还债务所需的未来增税而增加的储蓄抵消。与公司资本结构的无关性一样，完美的资本市场排除了通过纯粹的财务操作来创造价值的可能性；

在完美的国际资本市场环境中，国家也无法仅通过债务与货币之间的转换来创造价值。

所有这些都表明，关于债务融资比发行货币更好（反之亦然）的任何观点，乃至关于最优法定货币供给的任何理论，都必须以国际资本市场的某些关键缺陷作为基础。我们下面将识别和讨论这些缺陷。

3. 国家的最优资本结构

下面我们将充实之前介绍的开放经济模型，引入国际资本市场的两个基本缺陷，将其作为我们关于国家最优货币供给与最优资本结构理论的基础。在大部分讨论中，我们将针对国家有能力为投资 k 筹集足够多资金，从而可以在时期 2 得到预期产出 $[\pi\theta_H + (1 - \pi)\theta_L]\Omega$ 的情形。

国际金融研究文献中经常提到的第一个缺陷是，主权国家偿还外国投资人持有的债务的意愿是有限的。由于主权国家偿还债务的承诺是有限的，那么它们向外国投资人发行债务的成本会提高，通过国际债务发行来筹集资金的能力会受到约束。正如有关研究（Eaton and Gersovitz，1981；Bulow and Rogoff，1989）强调的那样，主权国家只有在违约成本高于偿债成本的情况下才会偿还债务。我们将采纳这一观点，以便给某个国家能承担的债务总额确定一个上限。

第二个缺陷是我们打算提出的国家的"通胀意愿问题"。与国家不能对偿还债务做出承诺一样，它也不能保证限制通胀。于是，投资人会担心货币贬值的风险，然后要求为持有以该国货币计价的债务而获得补偿。这一缺陷在国际金融研究文献中被普遍提及，也是艾肯格林等人（Eichengreen、Hausmann and Panizza，2003）提出的"原罪"概念的前提。与之类似，珍妮（Jeanne，2003）和其他人也认为，新兴市场国家缺乏货币信誉是新兴市场的私人部门借贷采用外币计价债务的一个关键原因。

这里讨论的通胀风险与公司金融学中的股权稀释成本概念有更为紧密的联系。当企业以过分优惠的条件（价格低于股票的基本现值）向新投资人发行股票时，这种稀释成本就会出现。随着此类股票的发行，部分财富会从老股东向新股东转移，这就是所谓的"所有权稀释成本"，此时，"以优惠价格发行股票给老股东带来的成本可能超出投资项目的净现值"（Myers and Majluf，1984，第188页）。与之类似，当外国投资人察觉某个国家货币贬值的风险较大时，该国事实上会向外国投资人发行价值低估的本币债务，从而给本国的消费者带来稀释成本。这种稀释成本可能以通胀的形式表现出来，更多由本国居民承担。

我们关于国家最优资本结构和最优货币供给的理论，正是基于偿债意愿问题（违约风险的根源所在）带来的债务成本与外国投资人感知的货币贬值风险带来的货币稀释成本之间的权衡。

3.1 货币融资与通胀成本

外国投资人如果察觉他们投资的国家更容易发生通胀，就会对基础设施投资 k 的资本投入要求更高的货币回报。然而，外国投资人在投资某个国家的货币时很难确切知道自己面临多大的通胀风险。部分原因在于，通胀取决于难以准确预测的国内政策决策。

描述此类政策风险的一种简单办法是在时期 1 引入两种类型的政府，分别为货币政策鸽派和货币政策鹰派。鸽派政府将在时期 1 让货币供给扩大 $\delta_1(1+\delta_0)m$，以支持本国居民的消费。基础货币的这一未来扩张是对国内居民的纯转移支付，会导致名义价格水平提高。与之相反，鹰派政府不会在时期 1 扩大货币供给，于是 $\delta_1 = 0$。外国投资人无法完美预测自己将遇到哪种类型的政府，于是面临通胀风险。

我们考虑了本国居民与外国投资人对这一通胀风险的判断可能存在差距的现实情况，这是事出有因的，因为本国居民可能比外国投资人对本地政治环境更为熟悉，而后者可能更擅长捕捉全球趋势。我们假设，本国居民预期在时期 1 遇到货币政策鸽派政府的概率为 $\lambda \in (0, 1)$，而外国投资人的判断通常来说与本国居民有所不同，于是假设外国投资人预期在时期 1 遇到货币政策鸽派政府的概率为 $\mu \in (0, 1)$。

当这个国家在时期 0 通过发行货币 $\delta_0 m$ 来筹集投资资金 k 时，在货币政策鹰派政府的情形下，时期 2 的预期价格水平将为：

$$\overline{p}_2 = \frac{m(1+\delta_0)}{\Omega}\left(\frac{\pi}{\theta_H} + \frac{1-\pi}{\theta_L}\right)$$

而在货币政策鸽派政府的情形下，时期 2 的预期价格水平将为：

$$\overline{q}_2 = \frac{m(1+\delta_0)(1+\delta_1)}{\Omega}\left(\frac{\pi}{\theta_H} + \frac{1-\pi}{\theta_L}\right)$$

外国投资人会要求投资 k 交换到的货币数量 $\delta_0 m$ 至少有望实现财务平衡。也就是说，$\delta_0 m$ 在时期 2 的预期购买力必须至少等于 k，于是有：

$$\left[\frac{\mu}{\overline{q}_2} + \frac{1-\mu}{\overline{p}_2} \right] \delta_0 m = k$$

由于 $\overline{q}_2 > \overline{p}_2$，可以看到外国投资人要求的货币数量 $\delta_0 m$ 将取决于他们对时期 2 会遇到货币政策鸽派政府的概率判断 μ。所以当 $\mu > \lambda$ 时，本国居民会承受不正常的货币融资成本，因为外国投资人要求的通胀风险补偿高于本国居民。反之亦然，当 $\mu < \lambda$ 时，本国居民会从货币融资中获得好处，这源于外国投资人过分乐观的判断。

3.2 债务融资与违约成本

当某个国家通过发行外币债务来筹集资金 k 时，它会承诺用时期 2 的产出中的 D 来偿还外国投资人在时期 0 的投资 k。如果从事后看对自己有利，该国可能会对债务违约。当该国违约时，它会因为贸易制裁和其他经济扰动而承受无谓的产出损失。假设这种损失是最终产出中的一个百分比 $\phi > 0$，那么在违约发生后，该国能够生产和消费的产品数量将等于 $(1-\phi)\theta\Omega$。

于是，当且仅当满足如下条件时，该国才会选择对债务 D 违约：

$$\theta\Omega - D < (1 - \phi)\theta\Omega$$

或者说，$D > \phi\theta\Omega$。

假设债务的面值为 D，于是有：

$$\theta_L < \frac{D}{\phi\Omega} < \theta_H$$

由此可见，当该国在时期 2 的产出较低时（$\theta = \theta_L$），它将发生违约。这一危机状态的发生概率为（$1-\pi$），于是该国主权债务的外国投资人对时期 2 的承诺还款金额的要求将至少达到 $D=k/\pi$。由此可见，外币债务融资的预期无谓成本将等于（$1-\pi$）$\phi\theta_L\Omega$。

尽管这个国家可以用公平的条件发行债务，但由于它不能确保自己是否有能力或者意愿在未来偿还债务，发行债务还是会产生无谓成本。请注意，该国的违约决策与政府是货币政策鸽派还是鹰派的属性无关，因为本国代表性居民在两种情形下会得到相同的实际产出。

3.3 债务融资与股票融资的对比

当违约成本较高时，这个国家通过货币发行来支持投资可能更有利。为此我们可以比较一下用债务和货币来支持投资 k 得到的不同结果。首先请注意，在 $\pi\theta_H\phi\Omega \leqslant \theta_L\phi\Omega < k$ 时，该国无法通过发行外币债务来为基础设施投资筹集足够多的资金，因为这种情况下该国无法做出令人信服的偿还债务承诺。

事实上，在这个国家能够获得的最有利的借款条件下，必然有 $D=k$。但如果该国受到危机冲击，使它在时期 2 的产出为 $\theta_L\Omega$，此时更好的选择是对债务违约而非偿还，因为：

$$\theta_L\Omega - k < (1-\phi)\theta_L\Omega，或者说 \theta_L\phi\Omega < k$$

由此可见，这个国家必须接受更严苛的条件，以补偿投资人面临的违约风险：$D=k/\pi$。然而在更为苛刻的条件下，如果该国在时期 2 的产出是较高的 $\theta_H\Omega$，它也会愿意选择债务违约，因为：

$$\theta_H\Omega - k/\pi < (1-\phi)\theta_H\Omega，或者说 \pi\theta_H\phi\Omega < k$$

我们这里假设 $\pi\theta_H\phi\Omega \geqslant k$，使得该国有足够的负债能力，能够用债务来为投资项目筹资。那么在 $\lambda > \mu$ 的情况下，用发行货币来

支付 k 比债务融资更可取，原因在于该国此时可以避免任何陷入财务困境的成本，而且由于外国投资人感知的通胀风险比国内居民更低，它可以用较为有利的条件来为投资筹款。即便在 $\lambda \leqslant \mu$ 的情况下，如果债务融资涉及违约风险（例如在 $\pi \theta_H \phi \Omega \geqslant k > \theta_L \phi \Omega$ 时），并且通胀成本不是太高，发行货币仍会是更好的选择。[1]

上述的极简化分析可以得出如下几个直观而有力的预测：

（1）被错误理解为货币政策鸽派的国家，即 $(\mu - \lambda)$ 和 δ_1 都较高的国家，更适合采用外币债务来给投资项目筹资。

（2）面临较高违约无谓成本 ϕ 或者较高投资回报 Ω 的国家，更适合采用发行货币来给投资项目筹资。

（3）一个国家在危机时期的生产率水平 θ_L 越低，债务违约带来的损失就越小；一个国家处于良好状态的概率 π 越高，就越有能力偿还其外币债务。

一个国家债务违约的无谓成本 ϕ 较高的一个原因是，主权债务违约可能带来银行业危机。如果商业银行持有较大部分该国发行的主权债务，银行体系的崩溃将不可避免，进而导致产出的严重收缩。担心可能发生这种银行业崩溃的国家会限制自己发行外币债务。另外请注意，当 θ_L 较低时，风险债务可能对发行国更有吸引力，它实际上可以用较低的无谓违约成本发行状态依存型债务（state contingent claim）来实现一定的消费熨平效果。在此情形下，风险债务将发挥与 GDP 指数挂钩债务类似的资源配置的作用。最后，当 $\mu < \lambda$ 时，国家可能不仅严格偏好于完全通过发行货币来

---

[1] 在我们 2018 年的论文中，我们指出发行货币比债务融资更可取的条件可表述为：
$$\frac{(\mu - \lambda)\delta_1 k}{1 + (1 - \mu)\delta_1} < (1 - \pi)\theta_L \phi \Omega \,.$$

筹资，甚至能够通过发行超过投资支出的货币来获利，例如积累更多的外汇储备。

这一点符合直觉，因为如果该国选择发行货币，外国投资人的利益将被稀释。结果会使本国消费者从货币发行中获益，而仁慈型政府在可能的情况下会选择于初始时期就尽量发行货币。

当然，如果该国继续发行货币并积累外汇储备，到某个时点之后，外国投资人将向上修正自己的通胀预期。我们在 2018 年的论文中对这里描述的理论框架做了一般化处理，外国投资人的通胀预期将对该国的货币供给做出反应。

一个国家的最优资本结构通常涉及债务与货币的组合。在 $\mu < \lambda$ 的情形下，该国的货币发行不会带来成本，反而会获益，当然它将面临债务融资伴随的潜在违约成本；所以此时的最优筹资模式是尽量多地发行货币，并可能超出其投资项目的支出数额。在 $\mu > \lambda$ 的情形下，靠发行货币融资会带来稀释成本，债务融资则面临潜在违约成本；此时该国的严格最优选择将是尽可能多地发行无违约风险的外币债务，其数额为 $D_L = \theta_L \phi \Omega$。然后，该国将根据稀释成本与违约成本的大小来权衡是发行货币还是有风险的外币债务来继续融资。于是在此情形下，该国的融资方式将有一个优先次序，首先选择安全的债务，然后是有风险的债务或者货币。

4. 债务积压

很少有国家会向我们之前假设的那样，处于完全没有债务余额的幸运状态。因此相应地，我们这里将把分析拓展到国家在 $t = 0$

的时点已经有负债，并且外币债务余额为 D_0 的情形。这一债务余额会如何影响该国的基础设施投资 k 及其对融资方式的选择？我们将依次考虑货币融资和债务融资的方式。

第一个发现是，如果债务余额 D_0 足够低，不会引发对该国偿还这笔债务的能力和意愿的怀疑，那么由发行法定货币来支持的基础设施投资将不会受到影响。在此情形下，该国用发行货币来支持净现值为正的基础设施项目的激励将与债务余额无关。然而当 D_0 数额较大，使得该国在 $\theta = \theta_L$ 情形下预期将发生债务违约时，我们之前的研究表明它会倾向于放弃投资项目，因为生产率的改进可能会更大程度地让不参与这些投资的本国现有债权人获益。生产率的改进将使该国有能力偿还债务，但如果从中获益的主要是现有债权人，那么该国或许宁可承担违约风险，也不愿意在基础设施上做昂贵的投入。这也是迈尔斯（1977）和克鲁格曼（Krugman，1988）讨论过的著名的债务积压问题。

第二个发现是，当某个国家通过债务融资（在现有债务余额 D_0 之上再增加债务 D_1）来支持基础设施投资时，新旧债务的叠加将使该国面临不再能继续保证偿付债务的风险。这一风险将导致另一种形式的债务积压问题：如果基础设施投资的债务融资会造成预期违约成本的显著提升，则该国可能会放弃投资项目。

5. 外汇储备管理

法定货币既可以通过购买投资品的形式也可以通过购买外币资产的形式进入经济。当一个国家的货币面临强大的国际需求时，例如在 $\mu < \lambda$ 时，该国就可以通过向世界供应更多货币来获利。出

售给世界市场以换取外汇储备资产的每一单位法定货币都会让该国获利，其大小与通胀预期的差额 $(\lambda - \mu)$ 成正比。当然，如果该国继续发行货币并积累外汇储备，迟早有一天外国投资人会向上修正其对该国的通胀预期。

我们指出，该国的最优选择是通过增加货币供给 $\delta_0 m$ 来积累外汇储备，直至外国投资人的预期与本国居民相同。而如果外国投资人对未来通胀的预期比本国居民更为悲观（因此会低估该国的货币），则该国可以通过减少流通中的部分货币以及外汇储备来获利。总而言之，一个国家的外汇储备管理可被视为类似公司的流动性管理和公司增发或回购股票。人们普遍认可，公司发行更多股票的好时机是在股票价值被高估的时候（例如当股票市场高涨时），而回购股票的好时机则是在股票价值被低估的时候。正如有关"市场驱动论"的公司金融研究文献（如 Baker，2009）强调的，公司的资本结构和流动性管理基本上可以用公司以上述方式进行市场择时操作的决策来解释。与之相似，国家的外汇储备管理也可以理解为试图熨平汇率波动和择时利用外汇资产市场。

自 1997 年亚洲金融危机以来，亚洲的几个国家和世界其他地区的若干国家持有的外汇储备显著增加。针对这一变化，经济学家提出了两个主流解释，其一是重商主义观点（Aizenman and Lee，2007），其二是预防性储蓄观点（Jeanne，2007）。但由于没有找到充分的实证数据支持，它们都不能令人信服。重商主义观点认为，亚洲金融危机后的外汇储备增加是源于这些亚洲国家试图通过人为压低汇率来增强出口导向型经济的竞争力（Dooley、Folkerts-Landau and Garber，2004）。预防性储蓄观点则认为，亚洲金融危机凸显了这些国家在依赖国际货币基金组织领衔的国际救助来应对主权债务危机时付出的成本，从而促使它们把积累外汇储备作为一种自我保险措施，以便能更好地抑制外汇冲击和资本流动的突然逆转（Jeanne，2007）。

在以上描述的简单开放经济理论模型中，在外国投资人与本国居民对未来通胀风险的预期趋于一致之前，一个国家积累外汇储备将不会付出任何成本。重商主义观点与预防性储蓄观点都没有考虑通胀风险预期的差异，也不认为外汇储备积累总是会给国家带来成本。这两种视角面临的问题都是增加外汇储备的收益是否足以弥补其成本。然而，增加外汇储备的成本和收益均不容易确定。大多数研究把一国外币债务的承诺利息与外汇储备回报率之间的差额作为成本（Jeanne，2007），其隐含意思是当一个国家增加 1 美元外汇储备时，它必须按照给定市场利率 R 借入 1 美元，然后才能投资于回报率为 r 的美国国债，从而发生相应的成本 $R-r$。然而如珍妮（2007）的研究以及萨默斯（2007，第 69 页）对其研究的评论指出的："在完美的资本市场上，所有资产都是完美的相互替代品，外汇储备是靠发行国内债务来获得，而持有外汇储备完全不需要付出成本。"这事实上是莫迪利亚尼—米勒无关性定理的一种表述。当资本市场完美时，持有外汇储备无须付出成本，但也不会创造价值。

于是，我们又被带回到资本市场缺陷来源的关键问题上。关于外汇储备管理的现有研究文献往往没有明确提到这些缺陷，所以对于如何确定外汇储备与 GDP 之比的合理目标，一个国家何时应该增加外汇储备，何时应该减少外汇储备等问题，我们知之甚少。货币经济学教科书对这些问题没有任何清晰的指导，具体反映在本书第 1 章提到过的美国前财政部长劳伦斯·萨默斯（2007，第 67 页）的言论中：

> 在 1993 年出任财政部负责国际事务的副部长之后不久，我收到了关于外汇稳定基金的简报……我最先提出的问题包括，为什么这笔基金是现在这个规模……格林斯潘有些窘迫地回复说，根据某些难以确定的假设条件，最优的外汇储备规模是在 200 亿到 2 万亿美元之间。

在我们的理论中，积累外汇储备的边际成本是发行更多货币带来的稀释成本。对某些国家而言，这一成本可能太高，因而不值得积累庞大的外汇储备。但关键之处在于，这一成本对另一些国家可能较小，甚至在特殊情况下为负值。例如某些国家的货币被视为安全资产，在金融动荡时期会获得溢价的情形。当此类安全资产的全球需求高涨时，能够提供更多此类资产的国家便可以通过向世界市场增加供给积累大量的外汇储备。日本和瑞士就是这种情况的两个典型例子。

6. 模型预测与实证发现

本章介绍的简化分析框架对世界各国的国际货币政策现实能够提供怎样的启示？我们得出的第一个预测是，如果外国投资人比国内居民对中央银行的判断更偏向于鹰派（$\mu \leq \lambda$），处于这种幸运位置的国家将不会通过外币债务来融资。这些国家将通过发行本币债务来为投资项目融资，因为从本国居民的视角看，本币债务的价值被高估了。该基本预测可以提供一个简单解释，以说明许多国家（大多为发达国家）很少依靠外币债务为资本支出筹集资金的现象。

长期以来，人们认为只有发达经济体能够用本币债务为支出筹资是不证自明的现象。然而，如今发行本币债务的国家远不止经合组织（OECD）成员国。有研究显示（Du and Schreger，2016），许多新兴市场国家的本币债务占比在近年来大幅提升，这就给我们提出了如下问题：除了经济发展水平，还有哪些因素可以解释国家资本结构？

作为本章的结尾部分，我们将初步探讨这一问题，并强调外国投资人对通胀的预期所起的关键作用。通胀水平较低是用本币债务融资的所有主要经济体的共同特征。为揭示这点，我们将对比四个主要经济体在1995—2020年的资本结构状况，其中包括三个发达经济体（美国、英国、日本）和一个发展中经济体（中国）。从中我们可以看出，这四个国家预计都不会面临任何重大的通胀风险，因此它们可以利用外国投资人对自身货币政策的有利判断。在这个时期，外币债务与GDP之比在美国、英国、日本和中国都非常低，分别不超过0.2%、1.6%、0.1%和0.02%（见图2.1）。

这四个国家还有大致类似的M2＋本币债务与GDP之比的变化轨迹，如图2.2所示。我们认为，用M2＋本币债务测算的货币存量与模型中的变量 $m(1+\delta_0)$ 和 $m(1+\delta_0)(1+\delta_1)$ 最为接近。从1995年到2020年，该比例在美国从120%持续提高到220%，同一时期，英国从不足110%提升至近240%，日本从230%提升至460%，中国从130%提升至280%。

特别是，尽管这些国家的货币存量与GDP之比都有巨大的提

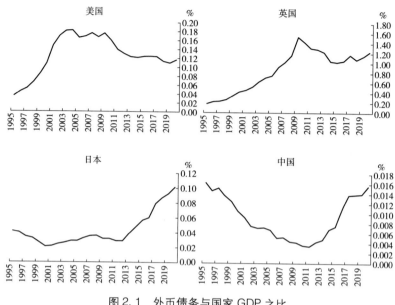

图 2.1　外币债务与国家 GDP 之比

资料来源：Bloomberg，Wind。

升，在这 25 年中它们的通胀却都得到了有效控制，如图 2.3 所示。
除 2008 年全球金融危机期间，美国 1995—2020 年的通胀率一直维
持在 2% 左右，从未超过 4%。英国的通胀历程与美国非常类似，
只是在 2011 年达到过接近 4.5% 的高点。对日本而言，这段时期
实际上是处于通缩区间，通胀率在 0 附近徘徊，只是在 2014 年达
到过 2.7% 的高点。最后来看中国，这段时期的通胀率从 1995 年
17% 的峰值下滑到 2012 年之后的 2.5% 左右。中国能够把 1995 年
的高通胀率降下来，并且在 1994—1995 年压缩了 M2 + 本币债务的
规模，这是重新确立它作为低通胀新兴市场国家声誉的关键一步，
由此保住了以有利条件用本币支持高速经济增长和投资的能力。
这些内容将在本书第 4 章再做详细讨论。

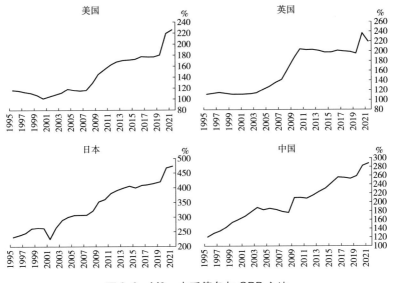

图2.2　M2＋本币债务与GDP之比

资料来源：Bloomberg，Wind。

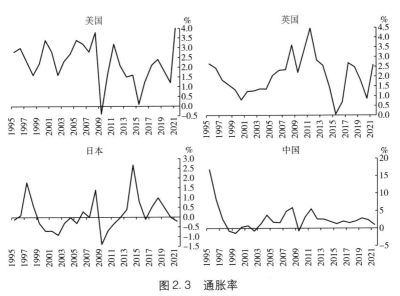

图2.3　通胀率

资料来源：Bloomberg，Wind。

然而，这四个国家的宏观经济发展历程在两个方面存在重大差异。第一也是最重要的一点是，GDP 增速差别巨大（见图 2.4）。美国和英国在 3% 左右，但 2008 年全球金融危机时期除外，它们在 2009 年的增长率分别降至 -2.8% 和 -4.3%；还有新冠疫情危机时期，美国和英国在 2020 年的 GDP 分别萎缩了 3.5% 和 9.9%。日本的 GDP 增长率则维持在 1.5% 左右，但在 2009 年和 2020 年分别为 -5.6% 和 -4.8%。与之相比，中国在这一时期的 GDP 增速从 1995 年 11% 的峰值起步，并在 2011 年之前维持在每年 10% 以上，此后有所下滑，并在新冠疫情期间有显著下降。令人瞩目的是，中国在 2009 年仍维持了 9.2% 的经济增长率。第二点是，1995 年中国的外汇储备约为其 GDP 的 10.0%，到 2020 年达到 21.8%。与之类似，日本的外汇储备与 GDP 之比从 2000 年的 7.3% 提升到 2020 年的 27.6%。但在这一时期，美国的外汇储备

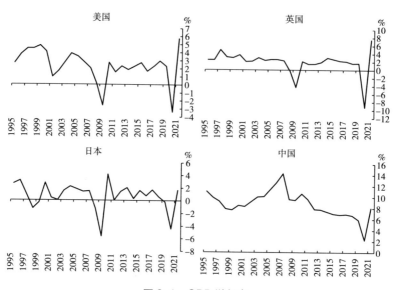

图 2.4　GDP 增长率
资料来源：Bloomberg，Wind。

从未超过 GDP 的 0.35%，英国的外汇储备在 2005 年的峰值也不超过 GDP 的 1%。

外汇储备变化部分源于中国和日本拥有大规模的经常账户盈余，而美国和英国有大规模的经常账户赤字。中国和日本在这一时期的经常账户处于顺差，相反，美国和英国的表现则几乎是前两者的镜像，美国在整个这段时期都处于赤字状态，英国则只有 2019 年第四季度例外。不过，经常账户盈余虽然确实对中国的外汇储备增长有显著贡献（约占三分之二的份额），却不能给出完全的解释。

阿根廷则是与上述四个国家有着截然不同的通胀记录和融资选项的国家代表。对通胀的担心导致该国选择了货币局制度，从而在事实上将它对外币债务的依赖制度化了。如图 2.5（a）所示，阿根廷的外币债务与 GDP 之比在 1996 年还低于 40%，但此后持续攀升，到 2002 年达到 140% 的峰值。该国于同年债务违约，导致国家经济陷入严重衰退，GDP 下挫了 11%，见图 2.5（d）。尽管阿根廷随后于 2005 年与大部分债权人达成了债务重组协议，使外币债务与 GDP 之比下降至 57%，但它与不愿妥协的债权人之间的持续法律纠纷将它排除在国际债务市场之外，使得外币债务与 GDP 之比继续下降至 2013 年的 25%。

如图 2.5（d）所示，通过对外币债务违约，从而消除债务积压问题，阿根廷得以在 2002 年之后取得较高的 GDP 增长。可是在全球低通胀背景下，阿根廷仍遭受了一轮相当高的通胀冲击。图 2.5（c）表明，阿根廷的通胀率从 2006 年的 8% 蹿升到 2019 年的 53%。该国采用本币融资和高通胀的经历与中国形成了强烈对比，显示其资本结构的选择受到限制。在高通胀背景下，阿根廷假如力所能及，或许会选择外币债务的融资方式。

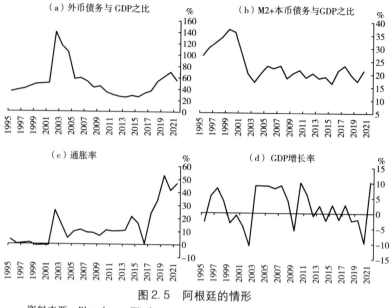

图 2.5　阿根廷的情形

资料来源：Bloomberg，Wind。

7. 小结

总体而言，本章的分析利用统一的理论框架把来自货币经济学与国际金融学的概念联系起来。我们的理论强调了法定货币通过购买实际产品和外币金融资产进入经济的过程，以及通胀成本与稀释成本、国内与国际货币持有人之间财富转移的关系。

我们目前的分析只是迈出了第一步，设定的是针对开放货币经济的极为简化的静态模型。需要深入澄清的一个关键方面在于，国家实际上与公司并不完全等同。一国经济中的非贸易部门是个封闭系统，它在萧条时期会对刺激性货币政策和财政政策做出反应。另外，对于宏观经济刺激措施其他方面的融资考虑，我们这里的讨论也完全没有涉及。

第3章
货币、银行与最后贷款人

在本章中，我们将探讨内部货币与外部货币同时存在的原因，以及商业银行作为内部货币创造者、中央银行作为外部货币（法定货币）提供者的角色。我们还将讨论为什么中央银行通常来说不会直接给企业和居民提供贷款，而只是给商业银行贷款，以及在银行业危机中如何发挥最后贷款人或最后救助人的作用。

我们将强调，商业银行掌握着特殊的信息和技能，让它们可以甄别优质还是劣质的企业借款人，并且在之后与优质企业客户发展关系型借贷，提供展期服务，而清算劣质企业的不良贷款。中央银行则不具备这方面的信息与技能优势。我们由此认为，内部货币是明智贷款行为的基础，而外部货币则可以为危机时期克服债务积压问题提供必要的支持。

明斯基（1965）在对弗里德曼与施瓦茨（1965a）的批评中呼吁，对经济运行开展宏观分析时，"可行假设应该采用如下的模型设计，即把更完整的货币和财政制度纳入收入—支出理论框架，特别是，需要把财务承诺以及金融资产纳入各种行为方程"（第67页）。

我们这里将拓展第2章的理论框架，在货币之外引入信贷，以及在提供外部货币的中央银行之外引入能创造内部货币的商业银行部门。内部货币与外部货币为什么会同时存在？商业银行作为内部货币创造者与中央银行作为外部货币（法定货币）提供者，各自扮演怎样的角色？中央银行为什么通常来说并不直接向企业和居民提供贷款？为什么只给商业银行提供贷款？在内部货币与外部货币并存的情况下，中央银行该如何发挥最后贷款人作用？这些都将是本章要探讨的课题。

当美联储于1913年创立的时候，对中央银行角色的定义相当狭窄。美联储只被授权充当银行的银行，并在银行体系的流动性短缺时提供更多流动资金。根据1913年的《联邦储备法案》，美联储只能够通过贴现窗口和公开市场操作给会员银行提供贷款，面向范围很有限的合格抵押品兑换美元资金。这种作为银行的银行的狭窄授权一直存在，只在重大危机期间才会出现例外。例如在大萧条中，美国国会放松了贴现窗口限制，允许美联储基于范围更广泛的抵押品向商业银行提供贷款。关键在于，美联储还被授权在特殊和紧急情况下向非银行金融机构提供贷款。最后，国会通过《联邦储备法案》第13B条，授权美联储直接向非金融企业提供贷款。而当美国经济恢复充分就业之后，国会于1957年撤回了后一项授权。从那时起至2008年全球金融危机爆发前，美联储只作为银行的银行开展业务。但在本轮危机爆发后，美联储又援引《联邦储备法案》第13（3）条来支持对两家系统重要性非银行金融机构即贝尔斯登及美国国际集团的干预，以及向其他经纪商和货币市场共同基金提供流动性。在全球金融危机期间，美联储没有像大萧条时期那样给非金融企业直接提供贷款，可是到2020年，为应对新冠疫情封闭导致的急剧经济收缩，在国会通过《新冠病毒援助、救济与经济安全法案》予以授权后，它还是采取了此类行动。

我们在本章要回答的问题之一是，为什么在正常时期不允许中央银行直接向企业提供贷款，而在金融危机期间例外。有大量研究文献关注类似的问题，但对中央银行作为最后贷款人角色的分析通常采用的理论框架是把经济运行设想为没有外部货币的情形。此类分析的一个经典案例是戴蒙德与迪布维格（1983）的论文，考察在有银行部门却没有货币的经济中最后贷款人的干预行动。在本章中，我们将简要评论同戴蒙德与迪布维格采用类似非货币理论框架的最后贷款人研究文献，但更主要是讨论：在一个内部货币与外部货币并存的货币经济理论框架中思考上述问题，可以得出怎样的洞见。

我们的研究在很大程度上受到如下因素的驱动：2008年全球金融危机和2020年3月经济崩溃，以及中央银行为应对这些危机采取的行动导致的问题。全球金融危机提出的最具争议的议题之一是中央银行在危机期间作为最后贷款人的干预行动。一种常见的批评意见是，最后贷款人可能引发道德风险，所以应该受到限制。的确，美国和欧洲对全球金融危机的主要监管响应都采取了给中央银行的最后贷款人干预行动设置更多约束的办法，然而也有许多知名评论家认为，此类干预行动是减轻危机的必要举措和维护金融稳定的支柱。[①]然而短短十年后，为应对2020年3月爆发的危机而采取的激进得多的最后贷款人干预行动却得到了广泛认可（Bolton et al.，2021）。人们经常借用白芝浩规则来协调这两种对立的视角，认为在危机期间，中央银行"应该以优质抵押品和'高利率'为条件，无限度地给有偿付能力的机构提供贷款"。事实上，欧元区的公开政策正是"各国中央银行可以给具有偿付能力但面临流动性问题的欧元区信贷机构提供临时紧急流动性援助"。[②]

尽管白芝浩规则得到了坚定的支持，各国中央银行却面临一个明显的困境：该如何区分缺乏偿付能力的机构与暂时遭遇流动

---

① 蒂莫西·盖特纳在回顾2008年全球金融危机时指出："不幸的是，危机响应者阻止金融恐慌的唯一办法是消除恐慌的诱因，也就是防止系统重要性机构陷入混乱倒闭，向金融机构的债权人保证他们的借款会被偿还"（Timothy Geithner，2014，第493页）。

② European Central Bank（2015，第33页）。

性短缺的机构。如果该机构具有偿付能力，为什么没有人愿意给它提供贷款呢？对这一困境的规范理论描述就是，戴蒙德与迪布维格的模型存在多重均衡：一家金融机构可能仍具有偿付能力，却会遭遇自我实现的银行挤兑。戴蒙德与迪布维格的研究在 2008 年 7 月被亨利·保尔森（Henry Paulson）含蓄地引用，以支持对房利美和房地美的救助行动："如果你有一支巴祖卡火箭筒，且人们也都知道，那你或许就不需要把它拿出来了。"[3]他的意思是，如果储户预计银行在遭遇挤兑时能够从中央银行无限度地借到资金，他们就不必去挤兑了。但如果用白芝浩规则来指导最后贷款人行动，储户如何能确切地知道自己的银行是否拥有足够的"优质抵押品"呢？如果对商业银行从中央银行借款的能力存在任何疑虑，他们或许就会选择提取资金。

最后贷款人行动的批评者经常提到，让纳税人为那些从事鲁莽风险业务的银行买单是不公平的。如果纳税人不得不为拯救银行和整个银行体系而付出沉重代价，这种评论并没有错。但现实情况是，在防止金融体系免于崩溃后，美国和欧洲的中央银行都从全球金融危机期间的最后贷款人行动中收获了前所未有的巨额利润，例如截至 2016 年，美联储向美国财政部转移了 1 000 多亿美元的利润。如此高额的利润该如何解释？难道只是中央银行的幸运使然？

我们对上述问题的回答将借助一个包含企业、居民、商业银行和中央银行的货币经济理论框架。在这个从第 2 章的模型拓展而来的框架中，我们假设个人将把储蓄存放在商业银行，并把劳动

---

③ 转引自 Sorkin（2008）。

力提供给企业（或维持自雇状况）。我们还将做一个关键假设：商业银行拥有特定的信息和技能，借此能够甄别优质和劣质的企业借款人，并在之后向优质企业借款人提供关系型贷款，给净存续价值为正的企业提供贷款展期，同时清算不良贷款。除此之外，我们还假设中央银行并不像商业银行那样掌握甄别优质企业与劣质企业的信息和技能。于是，为了实现更好的信贷资源配置，中央银行将信贷决策委托给商业银行。从原则上讲，中央银行也可以掌握此类甄别技能，但即使这样做了，也没有理由认为它能够完美地鉴别优质企业与劣质企业。在实践中，贷款和投资总是涉及某些判断，依靠单一贷款人判断的金融体系注定会导致低效率的信贷配置，而企业能够向多家银行申请贷款的分散式银行体系更容易避免重大失误。这是信贷资源最好由商业银行作为中介来配置的另一个原因。即便是能力出色的中央银行也必须被限制直接给企业提供贷款，还因为商业银行永远不能在同等条件下与中央银行开展竞争。所以尽管中央银行拥有创造外部货币的授权，这一权力却必须受到约束，以便让商业银行能够从经营中盈利。只有在危机情形下，当商业银行不再能提供贷款时，才能指望中央银行发挥向企业直接放贷的作用。

　　商业银行在给企业发放贷款时将创造内部货币，银行贷款就相当于银行发放的借据，可以随时兑换为法定货币。中央银行在购买资产或者以银行提供的抵押品为担保发放贷款时将创造外部货币。与现实中的典型中央银行制度一致，我们假设中央银行只能通过发行货币来给商业银行发放的借据（或汇票）提供"再贴现"。④此外，

---

④　为简化模型，我们假设没有发行政府债券的财政当局。

即便是这种再贴现授权也可能要受到限制。无论"钢笔货币"（fountain-pen money）——托宾（Tobin，1963）创造的关于内部货币的说法——还是法定货币都可以用于交易目的，即购买资本、劳动等投入品以及企业生产的最终产品。

下面我们将分析一个包含三个时期的货币经济模型。在时期 1 之初，居民将把作为禀赋的法定货币存到一个银行账户里。[5]然后商业银行将发行借据，向优质企业提供贷款，企业则把钱用来购买居民的资本禀赋和劳动。时期 2 将遭遇总量冲击和异质性冲击，这些冲击将决定在时期 1 得到资金的优质企业能否在时期 3 取得成功。银行只会对优质企业的贷款提供展期服务。为简化起见，我们假设异质性冲击在企业间呈独立同分布，从而使优质企业所占比例等于任何一家优质企业在时期 3 实现投资净现值为正的概率。总量冲击将决定优质企业在任何给定状态下的占比有多高。

我们这里的讨论聚焦于两种总量状态：繁荣状态和危机状态。在危机状态，优质企业的占比非常低，使得商业银行丧失偿付能力。或者说，银行不良贷款的占比太高，使得银行事实上资不抵债。而在繁荣状态，银行当然具备偿付能力。它们会给有净现值为正的项目的优质企业提供贷款展期，另外还将发行新的借据，让优质企业继续雇用劳动力。

在时期 3，所有仍在经营的企业将生产出产品，并将其卖给居民，收回货币。企业则将利用这些收入来偿还银行的贷款。与本书第 2 章的模型一样，所有这些行动都在同一时间发生，使居民可以利用自己持有的法定货币加上内部货币来购买消费品。在时期 3

---

⑤ 银行持有的法定货币还可能因为中央银行提供法定货币准备金而增加。

结束时，所有内部货币的债权将被消除，所有法定货币余额将集中到优质企业手中，它们将把这些资产传给下一代。[⑥]

这里要探讨的大多数问题是针对危机状态下发生的事情。我们的理论框架得出的第一个关键发现是，如果用白芝浩规则来指导中央银行在危机状态下的最后贷款人政策，银行体系将走向崩溃，因为所有银行都将缺乏偿付能力，没有充足的优质抵押品。这当然是揭示白芝浩规则重大缺陷的极端情形，表明该规则的设计无法应对银行缺乏偿付能力、资不抵债银行的崩溃可能拖垮整个银行业和经济活动的局面。我们的模型表明，如果在危机状态下遵守白芝浩规则，则当危机在时期2爆发时，全体储户都将参与挤兑，试图取出自己的法定货币存款，内部货币的全体持有者也会参与挤兑，试图把这些债权兑换为外部货币（现金）。无法应对所有这些需求的商业银行将不得不关门，导致优质企业也不再能够继续开展经营。此时唯一能够开展的生产是自雇性质的居民家庭，但他们的效率较低。整个经济将遭受严重的收缩，还可能陷入通缩，因为所有内部货币债权都将失去价值。

如果白芝浩规则是危机状态下错误的最后贷款人政策建议，那应该用什么办法来替代它？我们认为，更适合的政策响应是不惜一切代价救助银行体系，也可以称之为"德拉吉规则"（Draghi rule）或最后救助人政策。具体来说，它意味着中央银行应该无限额地提供贷款，以便让商业银行满足所有提款和兑换的需求，从而使它们能够维持经营，并继续给优质企业提供贷款。

中央银行提供贷款应该要求怎样的条件？我们这里的分析表

---

⑥　在时期3结束时，法定货币的价值来自企业家的遗赠激励。

明，在德拉吉规则下，中央银行应该以优质所有权（对商业银行未来利润的充分索取权）作为交换条件，向所有银行提供贷款，而不应该像白芝浩规则建议的那样，坚持要求优质抵押品，且只对有偿付能力的银行提供贷款。这一政策不仅能让优质企业维持高效的经营（从而实现最高水平的社会福利），还能为中央银行带来总体盈利，因为商业银行为净现值为正的优质企业提供贷款展期获得的利润，将全部或部分归属中央银行。由此可见，该政策符合最后贷款人政策的次级目标，即尽可能减少中央银行的会计损失。这个目标非常重要，因为如果中央银行遭受巨大的会计损失，对最后贷款人政策的政治支持可能被削弱。[7]

接下来，针对净现值为正的优质企业的贷款展期创造的全部剩余都归属中央银行的最后贷款人政策，我们将讨论其均衡情形。贷款展期创造的全部利润归属中央银行是中央银行在救助银行体系时能要求的最为苛刻的条件。我们将展示，在这种最后贷款人政策下，尽管商业银行会受到中央银行的全力支持和保护，储户和内部货币持有人的占优策略仍是参与挤兑。对上述均衡情形的分析得出的一个惊人结论是，虽然中央银行给缺乏偿付能力的银行体系无限额地提供贷款，最终却会从这些干预行动中收获会计利润。我们的分析由此可以解释美联储在金融危机期间对花旗、高盛、美国国际集团及其他机构的紧急贷款为什么能获取巨额

---

[7] 在回顾全球金融危机时，本·伯南克（Ben Bernanke，2015，第290页）指出："即便美联储自身有可能拯救雷曼兄弟，然后还有美国国际集团，我们也没有能力或政治支持来实施未来的任何金融救助行动。"类似的是，黑尔维格（2014）认为，尽管中央银行的损失或许没有任何实质影响，"除法律问题，资产损失仍可能损害中央银行的信誉乃至实现政策目标的能力"。

利润。

这一切听上去像炼金术，是如何做到的？用最后贷款人政策去扶持缺乏偿付能力的金融体系能够给中央银行带来利润，原因在于该政策可以克服商业银行在危机状态下继承巨额不良资产造成的债务积压问题，而无须对这些债务开展重新谈判或强制减记。中央银行可以直接通过增加基础货币来稀释现有债务，从而克服债务积压难题。在允许储户把所有内部货币债权兑换为外部货币时，中央银行事实上降低了债权的价值，恢复了资不抵债的商业银行的偿付能力。我们的分析得出的另一个重要发现是，最后贷款人干预会在银行挤兑时实施，中央银行的支持不仅仅是用来做装饰的巴祖卡火箭筒。最后贷款人干预行动对经济的积极效果是通过债务稀释来实现的。[8]

当然，德拉吉规则的效力还取决于商业银行在危机时期执行有效率的债务展期策略。这意味着，不允许商业银行借助中央银行的最后贷款人干预行动来发放“僵尸贷款”，即借钱给破产企业以维持其经营。所以，与白芝浩规则下要求的优质抵押品不同，中央银行应该以削减商业银行的不良贷款作为干预条件。我们还将讨论，当预见中央银行在危机状态下会依据德拉吉规则实施干预时，最后贷款人政策会带来的道德风险，并指出在危机变成现实之前对道德风险的担忧可以通过在非危机状态下维护财务纪律以及执行白芝浩规则来解决。打算过度承担风险的商业银行由此将知道，它们在非危机状态下将面临更大的倒闭风险，而且此时

---

[8] 这并不意味着债务的重新谈判或减记将失去作用，它们可以成为德拉吉规则下的补充政策，当然前提是减记能够以无缝方式实施。

不会获得中央银行的救助。我们认为，中央银行承诺在非危机状态下执行白芝浩规则是完全符合效率的，贷款中的道德风险或过度承担风险不会得到奖励，至少在个别银行的倒闭不太可能触发挤兑的情形下是如此。总之，从我们的分析中能够得出一个最优的、视条件而定的择机最后贷款人政策，这可以被概括为在繁荣（或正常）时期采用白芝浩规则，而在危机时期采用德拉吉规则。

这一择机而定的最后贷款人政策引发的问题是，如何辨别和证实经济运行的总体状态。由谁来决定在何时采用德拉吉规则？我们提出，由于显而易见的利益冲突，这一决策不能完全交给中央银行。有研究认为（Bolton and Rosenthal，2001，2002），立法机构的政治决策程序可以作为一种确认经济状态的机制。然而就银行危机而言，这种机制可能进度过于缓慢，涉及问题太多，正如 2008 年秋季的"问题资产救助计划"提案的复杂投票过程所示。相应地，我们认为可以让一家独立的金融稳定机构来负责这种确认工作。

总之，我们在本章的分析将为内部货币与外部货币的并存提供解释，并描述中央银行的最优择机最后贷款人政策的特征。内部货币是明智贷款行为的基础，外部货币则可以在危机期间给克服债务积压问题提供必要的支持。

在展示分析框架之前，我们先简短梳理之前的研究文献。内部货币与外部货币的区分可以追溯到格利和肖（Gurley and Shaw，1960）、托宾（1963）以及约翰逊（Johnson，1969）等人，但这些早期研究成果没有分析中央银行作为最后贷款人的作用。前文已经提到，大多数对中央银行最后贷款人功能的分析延续了戴蒙德与迪布维格（1983）的思路，考察的是没有货币的经济。他们没有讨论白芝浩规则，但从中得出的主要启示是最后贷款人的贷款应该不加限制，以消除储户挤兑银行的所有诱因。有学者借助戴蒙德－迪布维格模型，在有流动性与偿付能力冲击、有多家银行和道德风险的情景下，分析了最后贷款人功能和白芝浩规则（Freixas、Parigi and Rochet，2004），并识别贷款活动中有哪些类型的道德风险支持最后贷款人的干预措施。另一批学者（Bolton、Santos and Scheinkman，2009，2011）也借助戴蒙德与迪布维格的思路来考察实体经济，探讨中央银行能够如何以最后做市商的身份实施干预，即通过购入资产而非提供抵押贷款的方式开展行动。有意思的是，在全球金融危机过后，美联储更多采用了购买资产的办法。为应对 2020 年 3 月新冠疫情引发的金融危机，美联储既通过量化宽松措施来实施宏观经济调节，也将其作为最后贷款人干预的补充措施。

在目前的银行业理论模型中，只有少数几种考虑了货币因素。戴蒙德与拉詹（Diamond and Rajan，2006）的一项早期研究考察了包含银行的名义经济，并揭示货币政策如何能够对流动性的总量冲击做出响应，以支持银行贷款。然而，他们没有讨论中央银行作为最后贷款人发挥的作用。斯基（Skeie，2008）在之后的一项研究中采用了有内部货币的名义银行业模型，指出流动性冲击本身不会导致银行挤兑。但同样，斯基也没有在模型中讨论中央银行的最优最后贷款人政策。李晔（Li，2018）采用的模型让公司持有内部货币作为储备，并指出内部货币供给的变化可能给公司投资带来放大效应，但他没有讨论内部货币与外部货币并存的现象，也未涉及中央银行作为最后贷款人的作用。与我们的模型联系最紧密的研究来自艾伦等人（Allen、Carletti and Gale，2014），他们考察的是有货币的银行业模型，并包含总量冲击和异质性冲击。该研究指出，即便商业银行只提供非或有债权和名义存款合同，但如果有适当的货币政策，通过在事实上稀释银行的名义固定债权以应对冲击，也可以利用银行实现最优的信贷配置。

最后，古德哈特等人（Goodhart，1988，1999；Hellwig，2014）对货币政策、中央银行和金融稳定领域的相关研究文献做了关键的梳理回顾，给我们的建模与分析提供了广泛参考。尤其是古德哈特（1999）指出，把"高利率"解释为"惩罚性利率"是对白芝浩规则的误读。黑尔维格（2014，第20页）则认为：

> 白芝浩规则提到了三方面的考虑……但有人或许会疑问为什么没有对利弊权衡的讨论。中央银行干预带来的好处没有被提及。在流动性危机时期放手提供贷款的建议是为了防止危机蔓延，也理应有相关的操作收益作为支持。那为什么我们在该规则中没有看到对成本和收益之间的权衡对比？……历史上有一个案例可以为此提供启示。1931年的德国银行业危机始于达纳特银行（Danat Bank）发生挤兑，由于诺德沃勒（Nordwolle）这家大型纺织企业破产，该银行遭受了很大影响。德意志帝国银行继续通过贴现工具给它们提供贷款，尽管当时肯定已经非常清楚达纳特银行已失去偿付能力，而且抵押品也不再能满足帝国银行的通行标准。到某个时点，帝国银行不得不停止贷款行动，因为它会触及40%的货币发行必须有黄金和外汇作为支撑的限额要求。到那个时点果然发生了普遍的挤兑，银行不得不纷纷关门。这场危机给整体经济带来的影响极为可怕，在之后的6个月里，经济衰退日趋恶化。

1. 一个封闭货币经济的理论框架

我们的分析从一个封闭经济开始，它包含四种类型的行为主体，即储户、劳动者、企业和银行，以及三个时期（$t = 0$，1，2）。我们把储户和劳动者的数量都设定为 1，并用人均水平开展分析。储户在期初拥有给定的法定货币禀赋 $m > 0$ 以及资本 $k > 0$。劳动者在时期 0 拥有与生俱来的劳动投入品 $l = 1$。每位劳动者可以在没有任何资本的情况下，作为自雇劳动者，在时期 2 得到产出 $y > 0$。企业可以把物质资本 k 与劳动者的投入 l 在时期 0 结合起来，在时期 2 得到更高的产出。企业在时期 2 得到的产出有两个可能的取值，分别为 $Y > y$ 以及 $Y = 0$。

1.1 企业、银行与内部货币

企业家与生俱来拥有一种可能比自雇劳动力效率更高的生产技术，为实现这种生产功能，他们需要把物质资本与劳动力结合起来。于是在时期 0，企业需要从银行筹集资金，以购买资本投入 k 和劳动投入 l。企业有两种类型：优质企业能够以概率 $\pi > 0$ 得到产出 Y，以概率 $1 - \pi$ 得到产出 0；劣质企业则会以概率 1 得到产出 0。只有优质企业具有偿付能力。把优质企业同劣质企业区分开需要某些信息，而这些信息只有商业银行掌握。

银行家们与生俱来拥有法定货币资源禀赋 $m_b \geqslant 0$，以之作为他们设立银行时的自有资本。他们掌握着甄别优质企业与劣质企业的特殊技能。银行在时期 0 依靠创办者的资本贡献 m_b 开始营业，它们可以从储户那里获得更多的法定货币作为资产，相应地给储

户发行存款债权 m_s。于是在时期 0，银行设立之后拥有表 3.1 所示的资产负债表。

表 3.1 银行在时期 0 的资产负债表

资产	负债
m_b	e
m	m_s

资产侧全部是法定货币储备，即 $m_b + m$；负债侧则包含银行的股本 e 和储户的存款债权 m_s。

银行给优质企业提供资金 F_1 以购买资本，后者则承诺在时期 1 予以偿还，数额为 $D_1 \geqslant F_1$。企业接下来将利用 F_1，从储户那里购买资本 k。资本属于计价标准，其价格为 1。如果资本没有出售给企业，则将以无成本的方式储存下来，并可以在时期 2 消费。

企业在时期 1 没有产生任何收入，为继续经营，直至能够产出和销售产品的时期 2，它们必须对贷款做展期。在时期 1，银行会获取企业未来产出状况的信号。为便于讨论，我们假设该信号非常准确，当且仅当银行获知企业在时期 2 的产出水平为 Y 时，它们才会提供贷款展期。在此情形下，企业将利用银行在时期 1 发放的新贷款去偿付在时期 0 发放的旧贷款 D_1，并向劳动者支付工资 w。而如果银行获知企业在时期 2 的产出水平为 0，就会在时期 1 迫使企业停业清算。

银行的储户可以在任何时间取走自己的存款，在均衡状态下，如果银行拥有偿付能力，储户倾向于让存款展期。反过来，如果不良贷款的比率（即银行发放贷款的企业中在时期 2 产出为 0 的占比）足够小，则银行拥有足够的偿付能力。

在时期 $t = 0$，银行设立之后，能够给企业发放贷款的法定货

币的总量为 $m + m_b$。但银行通过创造内部货币给企业放贷，具体来说，就是银行给企业发放可以兑换为法定货币的借据。企业则可以利用这些借据去购买资本和雇用劳动者。我们用 M 表示银行体系创造的内部货币的总额，并假设对每 1 单位的内部货币，银行必须持有最低比例的 ϕ 作为法定货币准备金。于是，银行在时期 0 能够创造的内部货币的最大额将为：$M = \dfrac{m + m_b}{\phi}$。

我们首先将分析，在没有总量不确定性，从而不存在银行缺乏偿付能力风险的情况下，这个货币经济将如何在三个时期里运行。然后我们将分析，当这个货币经济面临系统性冲击，从而可能遭遇金融危机时的情形。

2. 不存在总量不确定性

在没有总量不确定性的经济中，成功优质企业的占比是固定的，因此银行永远不会有偿付能力的担忧。在这个简化的货币经济中，唯一可能的摩擦是，在时期 0 没有足够的货币来支持所有的优质企业。在转向对此情形以及如何能用货币政策来放松总量资金约束的描述之前，我们简要介绍下货币数量充足时的均衡状态，此时对经济产出增长的主要约束将是优质企业的稀缺性。

2.1 投资机遇稀缺时的均衡

在优质企业较为稀缺时，这些企业可以向银行、储户和劳动者提出交易条件，使对方的状况与是否给企业提供贷款或劳务无关。

2.1.1　时期 0 的均衡

于是，我们假设经济中有比例为 $\gamma < 1$ 的优质企业。此时并非所有劳动者都为企业工作，也并非所有资本投入都被企业高效利用。在此情形下，时期 0 的预期均衡资本价格为 p，时期 1 的预期均衡工资水平为 py，而 p 代表时期 2 单位产出的法定货币价格，之后我们将在公式（2）中推导出 p（见第 94 页）。比例为 γ 的优质企业将在时期 0 从银行借入资金 $F_1 = pk$，同时承诺在时期 1 偿还 D_1。

假设 1 $$\gamma pk < \frac{m + m_b}{\phi} \tag{1}$$

此时优质企业是稀缺的。[9]于是银行将竞相争夺这些优质企业，使自己的预期利润变为零。同时，银行也就有了创造内部货币的剩余能力，储户把资金存入银行的需求也会过剩。这意味着在均衡下，有 $m_s = m$ 以及 $e = m_b$。

企业归什么人拥有？这个问题非常重要，因为这一均衡下的企业将在时期 2，即完成生产和消费的阶段，收获全部预期租金 $\pi(pY - D_1 - py)$。为便于讨论，我们假设这些企业被社会广泛拥有，储户和劳动者按比例拥有股份。当然也可以设想其他所有权结构的情形，这并不会改变我们的基本结论和这一货币经济的均衡特征。

租金会怎样分配呢？与第 2 章一样，我们假设这些租金将被转移给下一代，企业所有者的目标函数是将遗赠财产的规模最大化。

---

[9]　如果假设（1）式不成立，则能够获得资金的企业的最大占比（$\hat{\gamma} < \gamma$）将满足 $\hat{\gamma}pk = \frac{m + m_b}{\phi}$。

我们还假设：$m + m_b < \gamma pk$。于是银行体系必须在时期 0 创造部分内部货币，以便让所有优质企业 γ 都有资金去购买必要的资本 k。然后优质企业在从银行获得 $F_1 = pk$ 的贷款之后，将用这笔资金从储户那里购买资本投入 k。储户则可以在时期 2 之前持有债权 F_1，然后用它来交换最终消费品，或者随时用这笔债权从发行银行那里兑换法定货币。[⑩]总之在时期 0 结束时，银行部门的资产负债表在账面上会变成表 3.2 所示的状况。

表 3.2　银行在时期 0 结束时的资产负债表

资产	负债
m_b	e
m	m
$\gamma \pi D_1$	γF_1

注：$\pi D_1 = F_1 = p$。

这里的许多分析可以通过假设 $m_b = 0$ 来展开。由于该假设能够简化表述，我们将在不失一般性的情形下根据该假设来继续之后的分析。在这里描述的均衡中，在时期 0 没有法定货币资产流到银行体系之外。跟戴蒙德与迪布维格的模型一样，如果所有储户都试图把存款换回法定货币 m，并把内部货币债权也兑换为法定货币，银行将遭受自我实现的储户挤兑。此时，银行不可能兑现所有的赎回要求，于是储户的挤兑将自我实现，引发银行倒闭。

可见在这个简单经济中存在两种均衡，一种好的均衡，一种坏的均衡。在好的均衡中，所有交易都通过银行体系创造的内部货币来结算，不需要把债权兑换为法定货币。从本质上讲，这种

---

⑩　或者，银行为每名储户开设一个价值 F_1 的账户，类似李晔（2018）的设想。

好的均衡下的经济运行就像无现金社会一样，尽管始终有法定货币作为法定清偿物和交易媒介。为了完成交易，从来都不需要把银行发行的借据兑换为法定货币。与之相反，在坏的均衡中，存在自我实现的对法定货币的挤兑。为防止此类行为，银行体系不会创造任何内部货币，因而会严重制约贷款规模。我们把以上讨论结果总结为如下命题：

命题 1 在没有总量不确定性但投资机会稀缺的经济中，存在两种均衡。在无挤兑均衡下，所有交易都通过银行体系创造的内部货币来结算，没有债权被兑换为法定货币。而在有挤兑均衡下，所有储户与内部货币持有人都会参与挤兑，要求把债权兑换为法定货币。

2.1.2 时期1和时期2的均衡

在时期1，银行获知优质企业是否会在时期2得到产出 Y。如果是，银行将为贷款提供展期，发放一笔新贷款 $F_2 = D_1$，要求在时期2得到回报 $D_2 = F_2$。[⑪]银行还将给在时期2得到产出 Y 的优质企业发放贷款来支付劳动者工资 $w = py$。而如果优质企业不能在时期2得到产出 Y，银行就不会对贷款 D_1 做展期，而将它记录为不良贷款，并对企业进行清算。银行体系中不良贷款的占比为 $1 - \pi$，加上银行只有在预期能实现盈亏平衡时才会在时期0发放贷款，我

---

⑪　我们假设银行对于成功的 G 类企业没有事后的垄断权，它们从贷款展期中得到的利润为零，于是有 $D_2 = F_2$。

们将得到 $\pi D_1 \geqslant pk$。

银行在时期 1 是具备偿付能力的，所以没有储户能通过提取存款而单独获利。时期 1 的这种非挤兑均衡会随着银行的持续经营延续到时期 2。银行部门在这个时点的资产负债表如表 3.3 所示。

表 3.3　银行在时期 1 的资产负债表

资产	负债
$m_b = 0$	e
m	m
$\gamma \pi D_2$	γpk
$\gamma \pi py$	$\gamma \pi py$

表 3.3 的资产负债表的最后一行代表为支付劳动者工资而发放的贷款。倒数第 2 行的资产侧为 $\gamma \pi D_2$，负债侧为 γpk。负债侧代表在时期 0 已经被转移给优质企业的资本供给者的债权 F_1。这些债权在均衡时的价值等于 γpk。均衡时 D_2 的面值则为 $D_2 = D_1 = pk/\pi$。最后，在均衡时我们还有 $e = 0$，因为银行在竞争性均衡状态下的特许经营权价值为 0。

在时期 2 会发生如下事件：企业把总产出 $\gamma \pi Y$ 带到市场上，通过出售产出获得收入 $p\gamma \pi Y$，并偿还债务 $\gamma \pi D_2$。产出被出售给储户（其支出为 $m + \gamma F_1 = m + \gamma pk$）和劳动者（其支出为 $\gamma \pi py$）。[12]在均衡时，产品市场必须全部出清，并且所有内部财务债权的净值将归零。于是我们必然得到：

$$m + \gamma pk + \gamma \pi py = p\gamma \pi Y$$

或者

---

[12]　储户只消费他们储存下来的资本 $(1 - \gamma)k$。

$$p = \frac{m}{\gamma[\pi(Y-y)-k]} \qquad (2)$$

从这一表达式中，我们能得出几个简单的比较静态分析预测。首先，价格水平将随着 m 的上升而提高，也将随着 y（企业必须给劳动者支付的最低实际工资）和 k（企业必须从储户那里购买的资本）的上升而提高。其次，价格水平随着 Y、π 和 γ（优质企业的预期生产率）的上升而下降。我们将这些发现重新表述如下：

推论1 在没有总量不确定性但投资机会稀缺的经济中，均衡价格水平 p 随着 m、y 和 k 的增加而提高，随着 Y、π 和 γ 的增加而下降。

在一定程度上，这个包含内部货币与外部货币的简单货币经济模型实现了明斯基把货币与信贷纳入同一模型的构想。不过在某些方面，该模型依然同弗里德曼与施瓦茨的货币主义观点保持了协调。事实上，外部货币供给 m 增加会导致价格水平 p 和名义工资水平 py 上升的预测符合弗里德曼与施瓦茨的相关论断："货币数量与货币收入和价格之间存在同比例变化的关系。"当然，其他一些预测与狭隘的货币主义观点有分歧。即便法定货币基数 m 不变，价格与货币工资仍会随着 y 的上升而提高，该作用可以被理解为对价格水平的"成本推动"机制。如果实际工资 y（或者生产所需的资本数量 k）提升，价格水平也必然会上升。即使没有法定货币基数的增长，通过内部货币供给增加，这也是可能发生的，其计算方式是购买资本投入的债务承诺（$D_2 = pk/\pi$）加上购买劳动投入的债务承诺（$w = py$）的面值。与之相似的是，即使没有法定货币基数的减少，如果企业的生产效率提高（即Y、π和γ提高），价格水平仍可能下降。总的来说，虽然通胀可以是一种货币现象，却不只是货币现象。还请注意在这个简化模型里，如果所有货币余额都同比例增长，使得储户和劳动者的购买力不受影响，也就不存在增加基础货币导致通胀的成本。

在时期2结束时，一旦有生产、交易和消费，由于银行部门的资产和负债数额相等，内部财务债权的净额就会归零。事实上，银行部门的资产将等于：

$$\gamma\pi(D_2 + py) + m$$

负债则为：

$$\underbrace{m}_{\text{储户的储蓄}} + \underbrace{\gamma\pi py}_{\text{劳动者的储蓄}} + \underbrace{\gamma F_1}_{\text{储户的债权}}$$

鉴于$D_2 = pk/\pi$，且$F_1 = \pi D_1 = pk$，我们很容易证明所有内部财务债权的净额将归零。

在时期2结束时，消费将按照如下方式被配置：劳动者消费y，储户在市场上购买数额如下的消费品：

$$\frac{m + \gamma pk}{p}$$

并消费其储存的资本禀赋$(1 - \gamma)k$，故其总消费为[13]：

$$\gamma\pi(Y - y) + (1 - \gamma)k$$

我们将上述讨论的结果总结如下：

命题2　在存续无挤兑均衡下，净存续价值为正的所有优

---

[13]　实现该均衡的一个必要条件是：$\pi(Y - y) \geqslant k$，也就是净现值为正。

质企业都能在时期 1 实现债务 D_1 的展期，并获得新的贷款来支付劳动者的工资 $\gamma \pi p y$。净存续价值为负的所有劣质企业则将在时期 1 被清算。维持经营的企业将在时期 2 产生销售额 pY，并偿付全部债务 $pk/\pi + py$，实现利润 $p(Y - y - k/\pi)$。银行将保持盈亏平衡，实现零利润。

通过交易出售产出 $\gamma \pi Y$，并偿付完债务 $\gamma \pi D_2$ 之后，企业最终将获得法定货币余额 m。这些资金将被传递给下一代，经济将重新开始包含三个时期的周期。请注意，内部货币的寿命较短。企业所有者遗赠给下一代的是法定货币 m，在银行贷款到期的时候，所有内部货币将被消除。企业在这个时点会变成纯粹的股权企业。

2.2 货币稀缺时的均衡

与上一节描述的均衡相反，我们下面考察没有足够货币来支持所有优质企业投资的情形。既然商业银行可以创造内部货币以支持资本开支，这种稀缺怎么可能出现呢？简单的回答是，银行有准备金要求的约束，内部货币必须有一定比例的外部货币作为支撑，另外初始的法定货币存量 m 不足以支持创造足够的内部货币来满足优质企业的全部投资需求。

在此情形下，优质企业将为获取资金展开竞争，于是来自优质投资项目的全部预期租金 $\pi(pY - D_1 - py)$ 在均衡状态下将被储户占有。更具体地说，银行将为争夺存款展开竞争，给存款提供收益，使得银行与优质企业最后都只能获得零利润。外部货币总量稀缺的条件由下式给定：

$$\frac{m}{\phi} < \gamma pk \qquad (3)$$

（3）式右侧代表为所有优质企业的资本支出提供资金所需的总额，左侧则代表银行在法定货币存量 m 给定时能够创造的信贷（内部货币）总额。系数 ϕ 是支持银行发行的每单位信贷必需的最低法定货币数额。因此，这一条件只是表明，银行部门的全部贷款能力不足以保证优质企业的全部资本支出。

2.2.1 时期 0 的均衡

由于货币稀缺，优质企业在时期 0 的均衡下是否获得资金必然没有什么差异。我们用 $R > 0$ 代表银行给存款提供的收益，在均衡时，我们与之前一样有：

$$F_1 = pk$$

能够获得资金的优质企业的最大比例（$\hat{\gamma} < \gamma$）由下式给定：

$$\hat{\gamma}(F_1 + \pi py) = \frac{m}{\phi} \qquad (4)$$

为使银行实现盈亏平衡，我们必然有：

$$\pi D_1 = pk + \frac{mR}{\hat{\gamma}} \qquad (5)$$

因此，银行部门在时期 0 结束时的资产负债表将如表 3.4 所示。

表 3.4　银行在时期 0 结束时的资产负债表

资产	负债
0	0
m	$m(1+R)$
γD_1	γpk

2.2.2 时期1和时期2的均衡

在时期1，银行同样为成功的优质企业提供贷款展期，并发放新贷款以便给劳动者支付工资（$w = py$）。时期1的存续无挤兑均衡与之前一样，银行部门在时期1结束时的资产负债表如表3.5所示。

表3.5 银行在时期1结束时的资产负债表

资产	负债
0	0
m	$m(1 + R)$
$\gamma \pi D_2$	γpk
$\gamma \pi py$	$\gamma \pi py$

注：$D_2 = D_1$ 由（5）式给定。

时期2的均衡与之前的展开过程一样，企业获得收入 $p\hat{\gamma}\pi Y$，然后偿还其债务$\hat{\gamma}\pi D_2$。储户通过支出自己积累的全部储蓄来消费：$m(1 + R) + \hat{\gamma}pk$；劳动者的支出则为$\hat{\gamma}\pi py$。

于是，产品市场在时期2的出清方程由下式给定：

$$m(1 + R) + \hat{\gamma}pk + \hat{\gamma}\pi py = p\hat{\gamma}\pi Y$$

其中左侧代表总支出，右侧代表总销售。为得到均衡价格水平求解该方程，我们将得到：

$$p = \frac{m(1 + R)}{\hat{\gamma}[\pi(Y - y) - k]} \tag{6}$$

在（6）式中代入$\hat{\gamma}$，我们将进一步得到R的均衡值：

$$1 + R = \frac{1}{\phi}\left(\frac{\pi(Y - y) - k}{k + \pi y}\right) \tag{7}$$

最后，把$1 + R$的这一表达式代入（6）式，我们将得到对均衡价格p的直观表达：

$$p = \frac{m}{\hat{\gamma}\phi(k + \pi y)} \qquad (8)$$

如果比较（2）式和（8）式中的价格水平 p，并用（8）式对 ϕ 求导，我们会发现价格水平在货币稀缺的均衡下更高，因为产出水平更低，且由于储户占有投资的全部净现值，必须为单位投资创造更多的内部货币。

我们很容易证明，在这一均衡下，内部财务债权的净值同样会归零。事实上，银行部门的资产将等于 $\hat{\gamma}\pi(D_2 + py) + m(1 + R)$；负债将等于 $m(1 + R) + \hat{\gamma}\pi py + \hat{\gamma}F_1$。

鉴于 $D_2 = pk/\pi$，且 $F_1 = \pi D_1 = pk$，我们立刻能够发现所有内部金融债权的净值都归零。

在时期 2 结束时，消费的配置状况如下：劳动者消费 y，储蓄者消费 $\hat{\gamma}\pi(Y - y) + (1 - \hat{\gamma})k$。

由于 $\pi(Y - y) > k$，只有当 $\hat{\gamma} = \gamma$ 时福利能被最大化。中央银行在此均衡下的最优货币政策显然是增加货币供给。中央银行可以通过两种办法来缓解货币稀缺：其一是针对银行债权 D_1 发放贷款，向经济注入更多法定货币，属于一种量化宽松措施；其二是降低准备金要求 ϕ。

我们将上述讨论结果总结如下：

推论 2 价格水平 p 随 m 的增加而提高，随 γ、ϕ、π、k 和 y 的增加而下降。

推论 2 的某些预测同样契合弗里德曼与施瓦茨的观点，即货币供给变化会导致货币收入和价格的变化。的确如此，m 的增加会

引起价格水平 p 与名义工资 py 的上涨。然而弗里德曼与施瓦茨的另一个主要观点，即"货币存量增长率的长期变化导致的货币收入较长期变化主要表现为不同的价格水平，而非不同的产出增长率"，却没有反映在这一均衡中。价格水平确实会随着 m 的增加而提高，不过总投资与总产出也同样随着 m 的增加而提高。

弗里德曼与施瓦茨第二个主要观点背后的隐含假设，乃至货币主义的核心信条在于，经济处于满负荷运行状态，信贷与投资没有受到约束，由此认为法定货币注入给经济运行带来影响的唯一渠道是改变价格水平和名义收入。然而当经济运行低于潜在水平，信贷和投资受到约束时，货币供给的增加就能够同时带来投资和产出的增长。

从（7）式与（4）式我们还能发现 $\hat{\gamma}$ 与 R 随 ϕ 上升而下降。由此可见，通过降低准备金要求 ϕ 而实施的扩张性货币政策能提高储蓄回报率 R。这是因为当 ϕ 下降时，每单位法定货币 m 的内部货币价值更高，于是回报率将相应提高。

从以上发现可得出如下结论：

命题 3　在货币稀缺的存续无挤兑均衡下，有望取得成功的持续经营企业可以在时期 1 实现债务 D_1 的展期，并获取新贷款来支付劳动者的工资。这些企业将实现零预期利润，因为产出提升带来的所有剩余 $(Y-y)$ 都将被储户占有。

3. 总量不确定性与白芝浩规则

货币政策对放松信贷约束、帮助经济实现充分就业发挥着重要作用，也可以为过热的经济降温扮演关键角色，但我们之前描述的简化经济模型无法反映此类情形。为此，我们必须允许出现资产价格泡沫和贷款过热现象，而中央银行能通过收紧货币供给控制泡沫和经济过热。但中央银行创立的最初和最重要的目的毕竟是充当最后贷款人，以应对金融危机，稳定银行部门（Goodhart，1999）。我们下面将在模型中引入银行危机的可能性，以进一步分析中央银行的最后贷款人作用，具体来说是给优质企业实现成功经营（能够从时期1存续到时期2，且保持净存续价值为正）的占比加上一个总量冲击因素。当优质企业在时期1实现成功经营的占比较低时，银行将背负较高比例的不良贷款，可能变得资不抵债。这或许会引发银行危机，只有中央银行作为最后贷款人实施干预才能避免。当然，采取何种干预办法是中央银行能否遏制危机的关键所在。白芝浩规则就是一种被广泛接受的关于中央银行该如何实施最后贷款人政策的建议。我们将首先指出为什么严格遵守白芝浩规则可能无法阻止金融危机，然后将展示，为什么另一种规则，即德拉吉规则，更适合在危机期间实现中央银行的成功干预。

白芝浩规则认为，中央银行应该以优质抵押品和高利率为条件，无限度地给有偿付能力的机构提供贷款。该规则提出时的英国还处于金本位制度下，中央银行作为最后贷款人实施干预的能力有限，给商业银行提供贷款的能力受到自身黄金储备的约束。每逢英格兰银行给商业银行提供贷款，它都面临黄金储备减少的机会成本。为避免耗尽珍稀的储备，英格兰银行不得不谨慎对待为平息危机而实施干预的自由度和力度。白芝浩规则或许正是对最后贷款人有限能力的反映。可是在当今世界，金本位制度已被放弃，不再有上述机会成本。更多的担忧在于，救助那些不负责任地扩张资产负债表、过度承担风险的银行会带来不良的先例。

还有一个担忧是，如果中央银行在危机期间过分大手大脚地干预，可能引发通胀。因此，白芝浩规则在今天依然被视为反对中央银行过度干预的一项有效建议，并可作为央行避免不良先例的承诺工具。在放弃金本位制度的当今时代，我们可将白芝浩规则重新诠释为"'不给完全缺乏偿付能力的机构提供贷款'必须成为独立的最后贷款人的基本原则"（Tucker，2014，第37页）。但我们将指出，在危机状态下，当不良贷款率很高、导致整个银行部门缺乏偿付能力时，遵循白芝浩规则会引发整个银行部门的崩溃和产出的巨大损失。[14]

我们将引入爆发金融危机的可能性，然后依次考察投资机会稀缺和货币稀缺时的均衡。我们的分析从投资机会稀缺的情形开始，为引入爆发金融危机的可能性，我们设定如下总量冲击：在时期 1 存续价值为正的成功优质企业占比 π，如今有两种取值：$\pi \in \{\pi_L, \pi_H\}$，其中 $\pi_L < \pi_H$，而实现较高占比的先验概率为 $\Pr(\pi = \pi_H) = \eta$。

我们先描述没有中央银行作为最后贷款人实施干预时的均衡。此时我们考虑的存续均衡是，当 $\pi = \pi_L$ 时，银行将失去偿付能力，遭受挤兑，从而无法为成功的优质企业提供贷款展期。在这种危机状态下，没有企业能开展生产，银行将在时期 1 被清算，银行的债权人将按比例得到银行依然持有的法定货币。在此情形下，时期 2 的唯一产出是自雇劳动者的生产成果，他们将消费自己的产出 y。储户只能消费自己储存下来的资本，即 $(1 - \gamma)k$。

---

[14] 在金本位制度下，黄金与法定货币或内部货币的兑换率被固定，银行发行的所有内部货币实质上都带有一条"黄金条款"，让持有人有权将这些货币兑换为黄金。美国在大萧条之前的债务合同就属于这种情形（Kroszner，2003）。

与之相比，当 $\pi = \pi_H$ 时，银行具有偿付能力，可以为成功的优质企业提供贷款展期。假设优质企业在时期 0 承诺为贷款 $F_1 = \dfrac{p_H k}{\eta}$ 偿还 D_1，那么在时期 1 出现繁荣状态时，成功的优质企业将获得债务展期，并得到新贷款 $w_H = p_H y$ 来支付劳动者的工资。

在此情形下，时期 2 的均衡将与前一小节描述的均衡一样。企业的总产出为 $\gamma \pi_H Y$，这些产出将以价格 p_H 出售，使企业的总收入为 $p_H \gamma \pi_H Y$。这些企业将给银行偿还 $\gamma \pi_H D_2$ 以结清债务，其中 $D_2 = D_1 = p_H k / \eta \pi_H$。储户将利用存款 m 加上 $\gamma \pi_H D_2$ 来购买产品，劳动者将利用工资收入 $p_H y$ 来购买产品。

于是，产品市场出清的条件为：

$$m + \gamma p_H k + \gamma \pi_H p_H y = p_H \gamma \pi_H Y$$

或者

$$p_H = \frac{m}{\gamma [\pi_H (Y - y) - k]} \tag{9}$$

与之前的（2）式表述相同。

在时期 0，银行在向优质企业提供贷款时必须保持盈亏平衡，于是有：

$$\eta \pi_H D_1 = p_H k$$

或者

$$D_1 = \frac{p_H k}{\eta \pi_H} \tag{10}$$

因此，出现该均衡的一个必要条件是：在银行具有偿付能力的繁荣状态下，成功的优质企业——因为存续价值为正而能够持续经营到时期 2 的企业——在时期 1 的投资能成为净现值为正的投资：

$$\frac{p_H k}{\eta \pi_H} \leqslant p_H(Y - y) \qquad (11)$$

（11）式的左侧是必须得到展期的债务 D_1 的面值，右侧是成功的优质企业在时期 2 的收入。

如果银行在时期 0 向优质企业提供贷款 $F_1 = \frac{p_H k}{\eta}$，并获得还款承诺 D_1，当状态 L 出现时，如果以下条件成立，则银行将失去偿付能力：

$$\gamma \pi_L D_1 < \gamma p_H k$$

或者，代入 $D_1 = \frac{p_H k}{\eta \pi_H}$，将得到：

$$\pi_L < \eta \pi_H$$

在此情形下，储户在时期 1 不挤兑银行的无挤兑均衡不再能实现，因为对单个储户而言，将存款兑换为法定货币已经成为占优策略。与之相比，当状态 H 出现时，银行将具有偿付能力，于是存续无挤兑均衡将依然能实现。由此可见，实现我们提出的状态依存均衡的一个充分条件是：

$$\pi_L < \eta \pi_H \qquad (12)$$

在这一均衡下，危机状态下的产出仅为 y，而繁荣状态下的产出为 $\gamma \pi_H Y + (1 - \gamma) y$，于是该均衡在时期 0 的预期社会剩余为：

$$W_B = (1 - \gamma)k + (1 - \eta)y + \eta \left[(1 - \gamma \pi_H)y + \gamma \pi_H Y \right]$$

我们将以上讨论的结果总结如下：

命题 4（投资机会稀缺时的均衡）　如果满足（11）式和（12）式，包含总量不确定性的有效均衡是，（1）在状态 L

下，挤兑没有偿付能力的银行会成为占优策略，银行体系会崩溃，产出由 y 给定，总消费由 $y+(1-\gamma)k$ 给定。(2) 在状态 H 下，所有成功企业都能实现债务 D_1 的展期，并获得新贷款来支付劳动者的工资 p_Hy，继续经营的企业将在时期 2 实现销售收入 p_HY，并偿还全部债务 $p_Hk/\eta\pi_H + p_Hy$，实现利润 $p_H(Y-y-k/\eta\pi_H)$，银行则保持盈亏平衡并实现零利润。(3) 时期 0 的预期总福利为 $W_B = (1-\gamma)k + (1-\eta)y + \eta\big[(1-\gamma\pi_H)y + \gamma\pi_HY\big]$。[15]

我们接下来描述货币稀缺，即并非所有优质企业都能为投资项目获得资金时的状态依存均衡。此时，货币存在稀缺的条件为：

$$\gamma\eta p_H k > \frac{m}{\phi} \tag{13}$$

能够获得资金的优质企业的最大占比 $\hat{\gamma} < \gamma$ 由下式给定：

$$\hat{\gamma}(F_1 + \pi_H\eta p_H y) = \frac{m}{\phi} \tag{14}$$

令 $R_H > 0$ 代表银行在繁荣状态下给存款承诺的收益，于是在货币稀缺的均衡下，我们有 $F_1 = \dfrac{p_Hk}{\eta}$ 和 $D_1 = \dfrac{p_Hk}{\eta\pi_H}$。与之前一样，在危机状态下（出现 π_L），银行将失去偿付能力，没有企业能开展生产。在以下条件成立时，在状态 L 下将丧失偿付能力：

$$\pi_L D_1 < p_H k + \frac{mR_H}{\hat{\gamma}}$$

在这一危机状态下，参与挤兑将再度成为储户的占优策略。在状态 L，时期 2 的唯一产出是由自雇劳动者提供的，其数量为 y。

---

[15] 如果不满足（11）式，唯一的低效率均衡是时期 0 没有银行贷款。

而在繁荣状态下（出现 π_H），银行具有偿付能力，能够给成功企业的贷款提供展期。在时期 2，产品市场出清的条件由下式给定：

$$m(1 + R_H) + \hat{\gamma} p_H k + \hat{\gamma} \pi_H p_H y = p_H \hat{\gamma} \pi_H Y \qquad (15)$$

其成立的条件是：

$$p_H = \frac{m(1 + R_H)}{\hat{\gamma} [\pi_H(Y - y) - k]}$$

替代其中的 $\hat{\gamma}$，我们将得到 R_H 的均衡值：

$$1 + R_H = \frac{1}{\phi} \left(\frac{\pi_H(Y - y) - k}{k + \pi_H y} \right)$$

再替代 $1 + R_H$ 并简化，我们将得到：

$$p_H = \frac{m}{\hat{\gamma} \phi(k + \pi_H y)} \qquad (16)$$

在时期 0，银行必须实现盈亏平衡，于是 D_1 将由下式给定：

$$\eta \pi_H \hat{\gamma} D_1 = m R_H + \hat{\gamma} p_H k \qquad (17)$$

或者

$$D_1 = \frac{p_H k}{\eta \pi_H} + \frac{m R_H}{\eta \pi_H \hat{\gamma}} \qquad (18)$$

成功企业将至少能够在状态 H 下偿还债务，因此实现均衡的一个必要条件是：

$$p_H(Y - y) \geqslant D_1$$

或者

$$\phi \geqslant \frac{\pi_H(Y - y)(1 - \eta)}{k + \pi_H y} \qquad (19)$$

如果（19）式不满足，则时期 0 的唯一均衡是没有贷款发生。在这样的均衡下，危机状态的产出依然是 y，繁荣状态的总产出为

$\hat{\gamma}\pi_H Y + (1 - \hat{\gamma})y$。劳动者将消费 y，储户将消费 $\hat{\gamma}\pi_H(Y - y) + (1 - \hat{\gamma})k$。

我们将上述讨论的结果总结如下：

命题5（货币稀缺时的均衡） （1）如果 $\phi(k + \pi_H y) < \pi_H(Y - y)(1 - \eta)$，则时期0没有贷款，时期2的产出为 y。（2）在有借款的均衡下，时期2的繁荣状态下的预期产出为 $\hat{\gamma}\pi_H(Y - y) + y$，危机状态下的预期产出仅为 y，银行部门会在时期1崩溃。

在这里描述的状态依存均衡中，对于危机状态，我们假设不存在能够在危机中救助银行的最后贷款人。关键之处在于，即使存在可以充当最后贷款人的中央银行，如果严格遵守白芝浩规则，禁止向任何缺乏偿付能力的机构放贷，中央银行也不会实施干预。我们这里描述的金融危机假设所有银行都资不抵债，以此来揭示白芝浩规则造成的严重限制。所有银行都丧失偿付能力，是因为它们受到较高不良贷款率的冲击，导致资产不再能覆盖全部债务。然而，银行失去偿付能力并不意味着它们的清算价值高于存续价值。很明显，如果银行能够为在时期2盈利的所有优质企业提供贷款展期，它们就能够产生更高的存续价值。

但为了能持续经营，银行将不得不重组债务，以自救（bail-in）来赎回自己发行的某些债权。请注意，救助（bailout）是指由其他方面来帮助陷入困难的银行，自救则是让银行的债权人和股东来承受救助负担。在现实中，很难实现不触发银行挤兑的自救行动。在本章对危机状态的描述中，银行在有时间组织自救之前，就会因为挤兑而崩溃。为防止这一结果，必须搁置储户提取存款的权利，并需要很快组织起自救行动，以便让银行迅速摆脱资不抵债的状态，并为那些在时期 2 仍能盈利的企业提供贷款展期。要想在不导致投资和产出严重收缩的情况下实施此类重组，是极为困难的。因此，我们建议在危机时期遵循一种修订后的最后贷款人规则，即德拉吉规则，着眼于让危机中遭遇挤兑的商业银行维持经营。下面我们将探讨在这个规则下的均衡。

4. 总量不确定性与德拉吉规则

在以法定货币为基础的体系中，中央银行作为最后贷款人实施干预的能力不再受约束，拥有供给无限数量法定货币的能力。这与金本位制度的体系相比是根本性的变革，因此人们自然会提出疑问：在以法定货币为基础的体系中，什么是最优最后贷款人政策？我们将在本节回答这一问题，首先指出让所有成功的优质企业持续经营到时期 2，产出 Y 是富有效率的。因此，评估以法定货币为基础的体系中最优最后贷款人政策的一个标准就是，该政策能够在多大程度上实现让盈利企业继续经营的目标。我们将展示，中央银行的最优干预将如何帮助商业银行应对所有挤兑行为，使它们能够给成功的优质企业提供贷款展期，以让后者继续经营。

在以法定货币为基础的体系中，最优最后贷款人政策就是德拉吉规则："不惜一切代价"救助银行体系。具体来说，我们所说的"不惜一切代价"是指应该让银行能够把任何数量的内部货币兑换成中央银行供给的法定货币，而无须通过偿付能力的测试。不过，为获得中央银行供给的外部货币，应该要求被救助银行把部分或全部所有权转交给中央银行或某家政府机构。此时，遭遇挤兑的无偿付能力的银行就能够满足储户的任何取款要求，继续维持经营，避免冲击整个银行体系。当然，获得救助的代价就是丧失所有权。

预料外的最后贷款人干预。首先我们来考虑，在失去偿付能力的银行体系发生普遍挤兑时，中央银行根据上述德拉吉规则实施预料外干预的情形。为拯救银行体系，中央银行此时必须满足商业银行自身无法应对的所有取款和赎回要求，必须为应付挤兑而提供贷款。很自然，中央银行不能像白芝浩规则那样，要求有优质抵押品才发放贷款，而必须接受在无抵押品的基础上提供贷款。

中央银行在挤兑中要发放多少贷款呢？商业银行拥有的法定货币准备金仅为 m，但面临的提现金额可能达到 $m + \dfrac{p_H k}{\eta}$。因此，如果中央银行提供数额为 $\dfrac{p_H k}{\eta}$ 的贷款，就可以防止银行体系在时期 1 走向崩溃。

即使中央银行无限度地向任何希望把内部货币债权兑换为外部货币的银行发放贷款，在时期 1 参与挤兑对储户来说仍是弱占优策略。为简化起见，我们假设所有储户在危机状态下都会到银行挤兑。该假设的另一考虑是想揭示，针对挤兑提供贷款的做法并无不妥。这是中央银行在不进行正式的银行债务重组，以及不中断银行业务的情况下有效解决银行破产问题的程序的一部分。

如果因为最后贷款人干预，商业银行得以生存下来，它们就能给成功企业的贷款 D_1 提供展期。这些企业将由此能够在时期 2 创造总产出 $\pi_L Y$，并得到收入 $p_L \pi_L Y$。中央银行从最后贷款人支持行动中能指望的最大回报，将是因这些干预行动而存续到时期 2 的所有成功企业的全部利润。这些利润将由下式给定：

$$\gamma \pi_L p_L (Y - y) - \gamma \frac{p_H k}{\eta} \qquad (20)$$

与之前一样，均衡价格 p_L 由时期 2 的产品需求和供给相等来决定。储户的总支出由他们在时期 1 从银行赎回的全部法定货币的余额给定：

$$m + \gamma \frac{p_H k}{\eta}$$

劳动者的支出由全部名义工资给定 $\gamma \pi_L p_L y$。于是，让企业销售收入（下式左侧）与居民家庭支出（下式右侧）相等的市场出清条件为：

$$p_L \gamma \pi_L Y = m + \gamma \frac{p_H k}{\eta} + \gamma \pi_L p_L y$$

求解 p_L 我们将得到：

$$p_L = \frac{m}{\gamma \pi_L (Y - y)} + \frac{p_H k}{\eta \pi_L (Y - y)} \qquad (21)$$

在（20）式中代入 p_L，我们会看到，如果中央银行将获得最后贷款人支持行动带来的全部企业利润，它最终会拿走的数额 m 将等于经济体在干预之前的法定货币存量。中央银行尽管是在挤兑时给缺乏偿付能力的银行体系放贷，却会因为最后贷款人行动而收获名义利润 m。另外，中央银行可以由此避免银行体系和实体经济崩溃。

通过最后贷款人干预行动，中央银行稀释了内部货币债权的实际价值，从而有效克服了银行体系在危机状态 L 下面临的债务积压问题。也就是说，中央银行向经济体注入更多法定货币，提升了名义价格水平 p_L [这从（21）式可以看出来]，于是降低了储户的内部货币债权的实际价值。最后请注意，中央银行获取的名义利润并非源自运气。假如 π_L 是随机变量，取值 $\pi_L^H > \pi_L$ 的概率

为 θ，取值 $\pi_L^L < \pi_L$ 的概率为 $(1-\theta)$，使得 $\pi_L = \theta\pi_L^H + (1-\theta)\pi_L^L$，此时，无论 π_L 实际取哪个值中央银行的名义利润都是相同的。[⑯]

我们将以上讨论的结果总结如下：

命题 6（德拉吉规则：意料外的干预） 如果满足（11）式和（12）式，中央银行在状态 L 下作为最后贷款人实施无限制干预的结果是：（1）所有债权人将在时期 1 参与挤兑；（2）中央银行在时期 1 为应对挤兑提供数额为 $\gamma\dfrac{p_H k}{\eta}$ 的贷款，以救助银行；（3）时期 2 的产出为 $\eta\gamma\pi_L(Y-y) + y$，总消费为 $\gamma\pi_L(Y-y) + y + (1-\gamma)k$；（4）如果中央银行能抽取存续优质企业创造的全部利润，它将获得数额为 m 的名义利润。

另一种在危机时期让银行体系存活下来的可能干预措施是为银行的全部债务提供完全担保，以阻止挤兑。事实上，这正是美国联邦存款保险公司（FDIC）2008 年 11 月的实际操作。此类干预的结果是什么？如果所有债务都得到担保，则储户不会在时期 1 参与挤兑。如果没有挤兑，银行体系就能给净存续价值为正的优质企业提供贷款展期，会在时期 2 取得与之前描述的德拉吉规则的最后贷款人干预相同的产出结果。

这种干预方式的唯一区别在于，中央银行将不得不在时期 2

---

⑯ 实际上，如果实现状态 π_L^i，其中 $i = L, H$，则有 $p_L^i\gamma\pi_L^i Y = m + y\dfrac{p_H k}{\eta} + \gamma\pi_L^i p_L^i y$，通过求解 p_L^i 我们得到：$p_L^i = \dfrac{m + \gamma\dfrac{p_H k}{\eta}}{\gamma\pi_L^i(Y-y)}$，于是，中央银行可以获得的收入为 $p_L^i\gamma\pi_L^i(Y-y)$，如果代入 p_L^i，会发现中央银行的利润是 m，与状态 $i = L, H$ 无关。

给储户付款，其数额为 $\gamma\dfrac{p_H k}{\eta}\left(1-\dfrac{\pi_L}{\pi_H}\right)$，因为银行体系在状态 L 下会丧失偿付能力。如果中央银行由于提供这种担保，依然能获得优质企业的全部经营利润，则仍将获得数额为 m 的利润，与德拉吉规则的干预行动一样。当然，在现实中如果未启动最后贷款人政策，通过给银行体系提供担保来占有企业利润的难度将更大。

预料到的最后贷款人干预。下面探讨预料到状态 L 下会实施德拉吉规则的最后贷款人干预的均衡。在此情形下，与之前一样，所有存续价值为正的优质企业将持续经营到时期 2，所有银行债务都会被偿付。为确保给这些企业的债务 D_1 提供展期对银行而言在时期 1 有利可图，我们假设满足如下条件：

$$\frac{\left[\eta p_H^* + (1-\eta)p_L^*\right]k}{\eta\pi_H + (1-\eta)\pi_L} \leqslant p_L^*(Y-y) \qquad (22)$$

其中的 p_H^* 和 p_L^* 代表在这一状态依存均衡中，每个状态对应的均衡价格水平。在状态 H 下，银行具有偿付能力，如之前所述，它们会给所有净存续价值为正的优质企业提供贷款展期。在满足（22）式时，这些企业在状态 L 和状态 H 下均能够偿付债务。因此，优质企业在时期 0 会对贷款 $F_1 = \left[\eta p_H + (1-\eta)p_L\right]k$ 做出数额为 $D_1 = F_1/\left[\eta\pi_H + (1-\eta)\pi_L\right]$ 的偿付承诺。

于是，企业在时期 2 的总产出将等于 $\gamma\pi_j Y$，其中 $j = L, H$。这些产出以价格 p_j^* 售出，于是企业总收入在状态 $j = L, H$ 下为 $p_j^*\gamma\pi_j Y$。相应地，在状态 $j = L, H$ 下的市场出清公式为：

$$m + \gamma\left[\gamma p_H^* + (1-\eta)p_L^*\right]k + \gamma\pi_j p_j^* y = p_j^*\gamma\pi_j Y \qquad (23)$$

其中 p_H^* 和 p_L^* 代表公式（23）的求解结果。

在这一均衡中，预期的社会剩余为：

$$W_D = (1 - \gamma)k + \eta[y + \gamma\pi_H(Y - y)] + (1 - \eta)$$
$$[y + \gamma\pi_L(Y - y)]$$

我们将以上讨论的结果总结如下：

命题7（德拉吉规则均衡） 如果满足（22）式，在总量不确定性情形下采用德拉吉规则的均衡是：（1）银行体系在状态 L 下不会崩溃。（2）在状态 H 和状态 L 下，所有净存续价值为正的优质企业都能获得债务展期，并获得贷款来支付劳动者在状态 $j = L, H$ 下的工资，持续经营的企业将在时期 2 获得足够收入，以偿还它们在状态 $j = L, H$ 下的全部债务。银行将实现盈亏平衡和零利润。（3）时期 0 的总预期福利水平为 $W_D = (1 - \gamma)k + \eta[y + \gamma\pi_H(Y - y)] + (1 - \eta)[y + \gamma\pi_L(Y - y)]$。

通过在危机状态下从白芝浩规则转向德拉吉规则，中央银行将实现如下福利收益：

$$W_D - W_B = (1 - \gamma)k + y + \gamma[\eta\pi_H + (1 - \eta)\pi_L](Y - y) -$$
$$\{(1 - \gamma)k + y + \eta[\gamma\pi_H(Y - y)]\}$$
$$= (1 - \eta)\gamma\pi_L(Y - y)$$

德拉吉规则下的最后贷款人政策的效果，来自中央银行能够克服商业银行在危机状态下继承大量不良贷款造成的债务积压问题，而无须对这些债务做重组或强制减记。仅有中央银行能够以这种无缝方式解决债务积压问题，因为它拥有通过增加基础货币来稀释现有债权的独特权力。采用稀释的办法来克服债务积压，让中央银行可以更快地对危机做出响应，避免不良资产所涉债务的混乱而冗长的减记过程。

当然，德拉吉规则的效果取决于商业银行能否在危机中实施有效的债务展期政策。应该禁止商业银行利用中央银行的支持去提供"僵尸贷款"，维持失败企业的运转。总之，中央银行不能像白芝浩规则那样坚持要求优质抵押品，而应该以良好治理作为干预的条件，使得商业银行不良贷款问题的解决有良好的效率和效果。

5. 道德风险

最后贷款人政策面临的一个普遍担忧是，其自由度过大，会削弱财务纪律，鼓励商业银行不负责任地发放贷款。这就是所谓的格林斯潘期权（Greenspan put）的含义。我们下面将说明，如果在非危机状态 H 下坚持财务纪律，那么在危机期间采用德拉吉规则下的最后贷款人干预措施并不会削弱财务纪律和引发道德风险。

假设银行必须为甄别优质企业和劣质企业付出努力，再假设每家银行有两种可能的行动：$a \in \{0, 1\}$。如果采取行动 $a = 1$，银行可以完美甄别优质企业；而如果采取行动 $a = 0$，则无法从表面上辨识企业的优劣，挑选出优质企业的概率仅为 $\beta > 0$。银行选择行动 $a = 1$ 的私人成本为 $\psi > 0$，选择行动 $a = 0$ 的私人成本为 0。我们再假设 $a = 1$ 是具有社会效率的行动：

$$\gamma(1 - \beta)\{[\eta\pi_H + (1 - \eta)\pi_L](Y - y) - k\} > \psi$$

银行从存续到时期 2 的经营中能获得私人收益 B。为避免道德风险，当银行选择行动 $a = 1$ 而非 $a = 0$ 时，存续到时期 2 的概率应有足够高的提升。如果在所有状态下都采用德拉吉规则，银行不论偿付能力如何，总是能存续到时期 2，于是存续的概率将与银行选择行动 $a=1$ 还是 $a=0$ 无关。此时银行的最优选择将是 $a=0$，导致预期总福利水平被削减至：

$$\gamma\beta\big[\eta\pi_H + (1-\eta)\pi_L\big]\big[(Y-y) - k\big]$$

我们考虑另一种做法，在状态 H 下，当个别银行倒闭时采用白芝浩规则。根据这种规则，该银行如果在时期 1 失去偿付能力，将被迫清算。如果满足以下条件，该银行在时期 0 选择行动 $a=0$，它将在状态 H 下失去偿付能力：

$$\gamma\beta\pi_H D < \gamma p_H k \tag{24}$$

其中，$D = p_H k / \eta\pi_H$。请注意，（24）式右侧是银行的内部货币债务，左侧是良性贷款在时期 1 的预期现值。通过简化（24）式，我们将发现，如果 $\beta < \eta$，则该银行即便在状态 H 下也将失去偿付能力。于是在 $B\eta \geq \psi$ 时，白芝浩规则在状态 H 下施加的约束将足以避免银行的道德风险，因为它们会愿意选择行动 $a=1$ 而非 $a=0$。

总之，如果采用无条件的德拉吉规则，则会在贷款中出现道德风险，银行的最优策略是选择行动 $a=0$。事前的预期福利水平为：

$$\gamma(1-\beta)\big[\eta\pi_H + (1-\eta)\pi_L\big](Y-y) + (1-\gamma)(k+y)$$

而如果采用无条件的白芝浩规则，那么在均衡中，若满足以下条件，银行的最优策略是选择行动 $a=1$：

$$\eta B \geq \Psi \tag{25}$$

此时的事前预期福利水平为：

$$\eta\big[\gamma\pi_H(Y-y) + (1-\gamma)(k+y)\big] + (1-\eta)\big[y + (1-\gamma)k\big]$$

如果采用在状态 H 下适用白芝浩规则、在状态 L 下适用德拉吉规则的政策，则银行的最优策略是选择行动 $a=1$，事前预期福利水平为：

$$\gamma\big[\eta\pi_H + (1-\eta)\pi_L\big](Y-y) + (1-\gamma)(k+y)$$

我们将以上讨论的结果总结如下：

命题 8（状态依存的最后贷款人规则） 如果满足（25）式，则在贷款激励中存在道德风险的情况下，采用状态依存的最后贷款人政策能够实现福利最大化，即在状态 H 下采用白芝浩规则，在状态 L 下采用德拉吉规则。在这一均衡中，银行的最优策略是采取行动 $a=1$，事前的预期福利水平为：

$$\gamma\big[\eta\pi_H + (1-\eta)\pi_L\big](Y-y) + (1-\gamma)(k+y)$$

上述状态依存的最后贷款人政策引发的问题是：谁来确认是状态 H 还是状态 L？这一确认工作不能完全交给中央银行负责，因为在事后，中央银行总是更愿意采用德拉吉规则。有研究指出（Bolton and Rosenthal，2001，2002），通过立法机构履行的政治程序可以成为确认经济运行状态的一种机制。然而，由于银行危机可能突然爆发，最后贷款人政策响应也必须快速实施。立法机构完成的政治程序却很可能过于缓慢和复杂，美国国会对 2008 年"问题资产救助计划"提案的投票经历即是明证。因此我们建议，可以让一家独立的金融稳定机构负责这项确认工作，而该机构将由高度专业化的官僚来治理，并且代表经济中各方的利益。

6. 小结

围绕白芝浩规则的适用问题出现了大量讨论，例如黑尔维格

（2014）质疑："在某些危机中偏离白芝浩规则，乃至给偿付能力存疑的银行提供贷款，以及接受品质不佳的抵押品、以较低利率提供贷款，是不是合适的做法？"还有人提出，尽管偏离白芝浩规则或许是必要的，但最优办法是通过"建设模糊性"，即允许中央银行通过隐藏其意图来避免道德风险，同时又能控制传导风险（Goodhart and Huang，2005）。该研究还认为，金融传导风险是影响中央银行履行最后贷款人职责的关键激励因素。我们这里的分析则显示，没有必要借助建设性模糊的做法，状态依存的规则将是最优选择。就是这样！而且这一规则应该对商业银行完全透明。

附录

在本附录中，我们估算了主要国家货币当前的 M1/M0，以便让读者直观感受现实中典型的内部货币与外部货币之比。如附表 3.1 所示，美元的 M1/M0 似乎比其他主要货币要小得多，这是因为有很大部分美元现金（M0）在美国境外流通。不同估计结果表明，在美国境外流通的美元现金占比的下限为 30% ~ 40%，上限则高达 79%（Rogoff，1998）。另一项综合研究借助了 10 种估计方法，发现该占比的中位数在 1977—1995 年为 55%，在 1995 年为 74.5%（Porter and Judson，1996）。如果我们采用较为保守的 70% 的估计值，则调整后的美元 M1/M0 比率将达到 8.66，略高于瑞士法郎（7.96）和日元（7.99）的相应数值。根据相同的逻辑，我们也应该向上修正另外几种有较大部分现金在境外流通的货币的相应比率。例如，若假设有 20% 的欧元在欧元区之外流通，它的相应比率将被修正为 9.16。

除英格兰银行，附表 3.1 中的其他所有统计数据均按季节和工作日做了调整。

附表 3.1　世界主要中央银行的 M0 和 M1

中央银行	时间	M0	M1	单位	M1/M0
美联储	2020 年 3 月	1 736	4 509	十亿美元	2.60
英格兰银行	2020 年 3 月	81 549	469 309	百万英镑	5.75
中国人民银行	2020 年 3 月	83 022	575 050	亿元	6.93
欧洲中央银行	2020 年 2 月	1 236 161	9 059 070	百万欧元	7.33
瑞士国家银行	2020 年 3 月	86 782	691 015	百万瑞士法郎	7.96
日本银行	2020 年 3 月	104	830	万亿日元	7.98

MONEY
CAPITAL

第4章
中国如何为经济增长融资

中国在过去40年的经济腾飞以任何历史标准来看都令人震惊。举一个例子，在不到40年的时间里，中国的城市化进程约相当于欧洲在150年或美国在90年里取得的成果。中国是如何为增长筹集资金的？鉴于中国是从一个相当贫困的国家起步且直至最近才建立起现代中央银行和有效商业银行体系，更不用说有庞大的资本市场与显著的外国资本流入，这个问题显得尤其重要。

人们对中国的经济奇迹提出过多种解释，但货币和金融的因素基本上未受到重视。我们这里试图填补空白，并尽可能完整地描述中国的货币和金融政策在创造融资能力、支持经济大发展背后的庞大投资方面发挥的核心作用。中国的经历同样与货币主义理论的预测相违背（见本书第1章），而更符合我们把法定货币视为国家股权资本的理论框架（见本书第2章）。

在 20 世纪 90 年代从计划经济向社会主义市场经济转轨后，中国经济取得了无与伦比的成就。这一经济奇迹引发了若干理论解释，但它们大多聚焦于制度变革与中国独有的治理特征。

对经济发展的标准理论解释以扩大资本积累、增加劳动力参与和推动技术进步为中心，认为当劳动力、资本、产品和技术自由流动的障碍被去除后，经济增长就会发生。萨克斯和胡永泰（Sachs and Woo，1994）就以此逻辑，用 20 世纪 80 年代改革促成的从农村向城市的劳动力迁移来解释中国的早期发展。还有大量研究文献追随卢卡斯（1990）的思路，试图用资本和技术流动来解释中国的发展，这些流动在保护投资者利益的政治和法律制度到位后具备了可能性。毫无疑问，中国经济改革对促进国际贸易、外国投资和技术转让发挥了作用，尤其是创建经济特区。然而早有研究指出（Huang，2012）："外国投资带来的经济贡献远不足以与中国的乡镇企业比肩。"

既然标准经济学理论对中国市场经济转轨的早期成就解释力有限，学者们又转向中国独特的治理结构和经济激励来理解其现象级增长。对这一研究思路的三篇主要回顾文献（Roland，2000；Xu，2011；Qian，2017）深入阐述了地方政府之间的制度化竞争、分散式试点改革以及党政官员层级体系内的职业发展激励，对推动整个国家充满活力的经济与制度变革发挥了作用。这些解释虽然内容丰富且思想深刻，却依然不够全面，因为没有触及中国经济奇迹的货币和金融领域。中国的经济增长很大程度上是由内部资金支持的，并不特别依赖境外的资本流入，它是如何做到的？其他国家为改善自身的发展前景，能否借鉴中国的货币和金融政策？这些将是本章要回答的问题。我们将首先介绍背景情况，简要阐述中国过去 40 多年经济转型的高光部分。

1. 中国非凡的经济发展成就

中国在 1978 年十一届三中全会上启动转轨进程时，还处于世界上最贫困国家的行列。1979 年的人均 GDP 仅为 423 元（约 270 美元），可是到 2019 年，中国的人均 GDP 已达到 70 890 元（约 10 247 美元），比 1979 年的水平约高出 16 600%。[①]作为对比，在同一时期，美国的人均 GDP 从 11 672 美元提升至 65 240 美元，增幅约为 460%；全球的人均 GDP 则从 2 287 美元提升至 11 442 美元，增幅约为 400%。

中国在 1979 年的 GDP 总量为 4 100 亿元（约 2 617 亿美元），排名世界第八，到 2019 年，其 GDP 已达到 98.7 万亿元（约 14.3

---

① 以美元测算的增幅约为 37 倍，存在差距的原因是人民币对美元的汇率在过去 40 年里有所变化。

万亿美元），排名世界第二，以未经通胀调整的美元计算增幅近 54 倍，以未经通胀调整的人民币计算增幅约 240 倍。同一时期，全球 GDP 仅增长了 7.7 倍，从 10.1 万亿美元到 87.7 万亿美元。历史上还没有第二个如此迅猛而持久的经济增长案例，鉴于中国有着全球最多的人口，这一成就显得更加卓越。它不同于一个小规模的城市国家借助国际贸易和集聚外部性而繁荣起来的例子，而是让超过全球 20% 的人口摆脱了贫困。

2. 中国增长进程中的资本投资

那么，中国是如何实现上述增长奇迹的？我们已经提到中国独特的制度和治理因素的核心作用，以及从农村向城市的劳动力转移、投资、出口导向型增长以及技术转让等经济因素。然而，中国如何给投资筹集资金也是这个故事不可或缺的部分，却尚未被述及。为维持超常的资本积累势头，中国需要巨额资金，这么多资金来自哪里？

在过去 40 多年里，中国为资本形成（不包括存货与购买土地）投入了多达 391 万亿元（约 59 万亿美元）的资金，它们主要来自国内。在此期间，进入中国的外国直接投资（FDI）合计约为 2.3 万亿美元，仅占资本形成总额的 3.9%（见图 4.1）。下面将会指出，中国自己的银行体系和国内资本市场在筹集所需资金方面发挥的作用要大得多（见图 4.1 和图 4.2）。

如果资本没有像卢卡斯（1990）描述的发展进程要求的那样，从富裕国家流入中国，中国这样的贫困国家如何能够自己创造资金来实现经济起飞？中国采用了何种神奇配方，使它可以免去庞

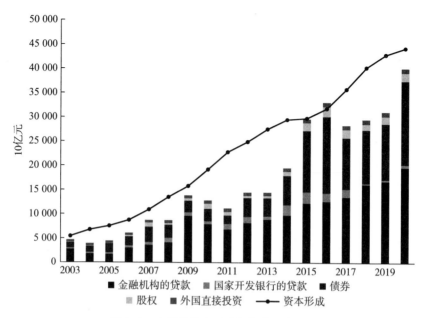

图 4.1　中国的资本形成与各种融资来源

资料来源：Wind。

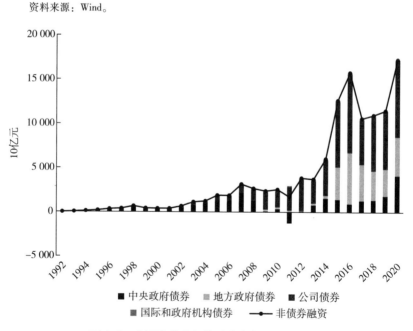

图 4.2　中国债券市场的融资净额与组成部分

资料来源：Wind。

大的外国投资流入？在任何经济发展场景下这都是个先有鸡还是先有蛋的问题。如果能让投资人相信，邀请其投入的项目会创造价值，那么价值创造往往会变成一个自我实现的预言。在启动新投资的早期阶段，开发商与投资人的博弈是一种说服和信心博弈。而当投资成功启动后，新阶段将面临价值获取的问题。当然，必须让投资人有可能收获投资创造的价值的很大一部分，否则他们将无法从中获利。中国能够在很大规模上以创造性方式处理好这两个关键阶段，在第一阶段提供充分的增信，然后建立起一套价值获取方案，以分享城市化和基础设施投资创造的价值。

如果城市化是一个可控且管理有序的过程，那么它带来的收益将超过通常强调的从农村向城市迁移带来的生产率提高。这些价值创造发生在有现代交通、电力、宽带和其他基础设施支持的人口日渐稠密的城市区域，体现为土地升值以及住房与商业开发权升值。事实上，与这些升值对应的是与城市化和工业化有关的未来生产率提高的资本化价值。

的确，在经济活动的大幅增长之外，过去40多年里的另一个重大改变是中国的城市化率，约有6.6亿人口从农村迁往城市，新建了3.11亿套新住宅。从对比角度看，中国在不到40年时间里完成的城市化约相当于欧洲150年（1800—1950年）或美国90年（1860—1950年）的成就。

与城市化相伴，工业化与基础设施发展是中国经济的另外两项重大变革，是进步历程的两大核心组成部分。我们来看一些惊人的例子，中国几乎是从零开始，在40多年后占据了世界钢铁产能的53%，铜冶炼产能的36%，铝业产能的57%。1988年之前，中国还没有高速公路或高速铁路，但在之后30多年里（1988—

2019 年）兴建了 149 600 公里高速公路，在 12 年里（2007—2019年）建成了 35 000 公里高速铁路。1971 年，全国仅北京有一条地铁，长度为 10.7 公里。到 2019 年，中国有 33 个城市修建了地铁系统，总长约 4 600 公里。

如此惊人的改变很自然地给金融学家们提出了若干基本问题。中国从哪里得到如此多的资金来支持人类历史上最大规模的增长与建设？如何让 7.65 亿民众摆脱了贫困？在传统观念认为基础设施投资回报太低，时间太长，开发和运营风险太高，无法获得银行支持的情况下，中国又是如何为众多基础设施项目筹集资金的？

3. 发展中国家筹集资本的挑战

在关于经济增长的研究文献中，"发展陷阱"或"贫困陷阱"是一个重要概念，其根本含义是穷国被贫困束缚，难以依靠自身发展起来。它们的资源太少，不足以支持能够提高生产率的投资。为了让这些国家摆脱贫困，必须吸引世界上更富裕地区的资源（如外国援助）和资本流入（Lucas，1990），使它们能通过出口来实现增长。此外，为了让资本流入，这些贫穷国家必须建立起相应的政治和法律制度来给商业活动提供足够稳定的环境，给外国投资者充分的产权保护。

这一基本阐述并不适用于中国。事实上，关于经济发展与政治和法律制度之作用的大量研究认为，中国在投资者保护与金融市场发展方面似乎处在全球排名的末端。如果说中国的投资者保护如此薄弱，资本市场如此落后，并导致其接受的外国直接投资数量较少，它又是如何给高水平的资本形成提供资金的呢？

聚焦于中国经济发展的研究文献并未正面回答这一问题，而是更多关注中国向市场经济转轨的渐进式改革如何为经济发展创造制度条件。该研究思路主要希望弄清楚，为什么中国向市场经济转轨成功地释放了增长潜力，而其他转轨经济体采取的更为激进的"休克疗法"却导致经济产出和生活水平大幅下挫，与之形成了鲜明对比。

此类研究文献的一个共同主题是，中国的市场经济改革给市场参与者、市场监管者乃至地方政府提供了更好的经济激励（Qian and Xu，1998；Maskin、Qian and Xu，2000；Qian and Roland，1998；Xiong，2019）。它们尤其关注非金融机构的作用以及中央和地方政府之间的互动关系（Xu，2011），却忽略了货币与信贷创造的作用，而后者对理解中国如何能够支持如此长久且深入的投资热潮至关重要。

4. 集中式信贷分配面临的问题

在中国向市场经济转轨的早期阶段，经济的主要部分依然由中央计划控制。在计划体制下，信贷分配采取集中式管理，并与财政资源分配合为一体，现代商业银行和中央银行体系尚未出现。到1978年以后，中央计划经济开始瓦解，市场改革的引入让亏损的国有企业面临更大风险。这些亏损企业基本上会得到信贷扶持，且在发放时并不考虑国有企业的偿付能力。由此导致中国很快积累起了大量的不良贷款，其中很多是为填补国有企业不断增加的亏损，以至于新兴的商业银行体系自创建伊始就几乎陷入破产状态。在大量资金投入国有企业却不创造任何价值的情况下，中国不可避免地不时遭受高通胀的冲击。尽管市场经济部门在新成立的经济特区得以壮大，推动了经济快速增长，但国有企业所在的中央计划经济部门却难以为继。

在 20 世纪 80 年代到 90 年代初期，国家计划委员会（简称"国家计委"）是负责中国经济规划和宏观经济调控的政府机构。国家计委拥有极其广泛的权限和重要的功能，包括为国民经济和社会发展设立战略目标，制定国家产业政策，决定全国范围内资本支出的规模，引导资金在各个部门的分配，开展宏观经济预测，调节经济增长，制定外贸政策，以及审批大中型外资项目等。这份清单已足够令人印象深刻，却还远未穷尽，不足以反映该机构的权力之广泛。

国家计委的主要目标并不是从投资中收获正的财务回报，因此在决定实施新的建设项目时，它主要关心的是支持和改善民生。即使想尝试把财务分析纳入投资项目评估，由于市场数据的欠缺，该机构也很难做出准确的判断。政府是唯一的投资方，财政资源分配是生产和建设的主要资金来源。一旦国家计委确定年度经济目标（GDP 增长率）和相应的资本支出需要，财政部就会直接把这些资金划拨给各家企业，无须开展财务可行性评估。此外，由专业银行负责国有企业的超配额流动资金需求的供给和管理。

但随着市场改革的推进，银行贷款逐渐取代了财政资金划拨。在中央政府"放权让利"的市场导向型新政策鼓励下，地方政府和国有企业需要争取更为分散的资金来源。在过去中央计划体制下按照政策被转移给政府财政的已实现利润，此时按照新的利润分成协议被更多留在国有企业内部。在这一利润分成制度下，国有企业在总利润中保留的部分开始提升，从 1979 年的 3.6% 增至 1989

年的 36.9%。与国有企业利润留存逐渐增加相对应的是，中央政府的资金占比减少，从 1978 年相当于 GDP 的 31.1% 降至 1985 年的 22.2%，到 1990 年进一步下滑到 15.7%（Jiang，2018）。

1978 年，政府、国有企业和居民家庭在国民收入中的占比分别为 34%、11% 和 55%。到 1990 年，已经调整为 21%、10% 和 69%。也就是说，居民保留的收入在国民收入中所占份额日渐增加（见图 4.3）。由于缺乏发达的金融市场体系和国家社会保障制度，加上消费类产品和服务的选择有限，居民家庭的预防性储蓄增长迅猛，积压在银行的储蓄账户中。银行存款快速增加，从 1978 年的 210 亿元（约 140 亿美元）激增至 1990 年的 7 120 亿元（约 1 420 亿美元）。持续的经济发展要求给投资提供更多资金，但国有企业和地方政府能够获得的财政资金却日渐枯竭，使"拨改贷"变得不可避免。于是，商业银行更多发挥起把资金从储蓄引

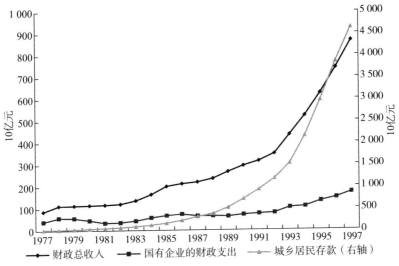

图 4.3　财政总收入、国有企业的财政支出以及城乡居民存款
资料来源：Wind。

向投资的作用，国有银行在建设项目和其他投资的资金来源中占据了越来越大的比重（见图4.4）。

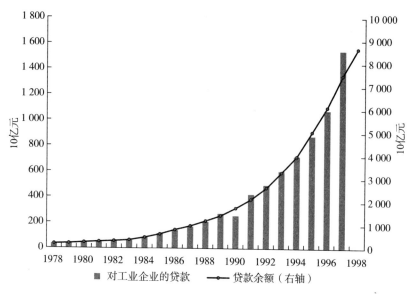

图4.4　国有银行信贷规模的变化

资料来源：Wind。

尽管银行体系中的储蓄快速增长，中国此时却还没有现代意义上的中央银行，也没有现代商业银行体系。中国人民银行依然在接收存款。此外，国有银行的治理不透明，与政府其他机构没有明确区分，产权界定不清晰。银行在很大程度上仍被当作政府的信贷机构，尚未清晰划分贷款和财政功能。银行更多时候是根据财政指令给国有企业发放贷款，即便有商业效益方面的考虑，也很不充分。这不可避免地导致大量贷款变成不良贷款。对于新兴的依然属于国有性质的商业银行部门来说，没有审慎监管机构来负责维持金融稳定，造成贷款行为缺乏约束，索赔执行困难，还普遍缺乏追求利润的激励机制。

可以预见，在向市场化转型的过程中，许多国有企业会遇到各种经营和财务上的困难。但随着财政部的拨款逐渐枯竭，国有银行成为主要资金来源，它们为国有企业提供了多达90%的贷款。毋庸赘言，其中许多贷款的质量很成问题。如图4.5所示，到20世纪90年代末，国有企业的亏损极其严重。1990年，亏损国有企业的占比为28%，到1997年已超过38%。1990—1997年，国有企业的累计亏损总额达到4180亿元。考虑到当时国有企业会计核算的宽松情况，真实的亏损比例很可能还要高得多。

据中国人民银行估算，在价值14.9万亿元的国有资产和国有控股企业中，1998年的累计亏损额约达3万亿元。几乎所有最终破产的国有企业都是国有银行的重要客户，其资产的平均回收率不及10%（Jiang，2018）。1994—1999年，总数约16.2万家的国有企业中有8100家破产。到1995年，中国四大银行——中国工

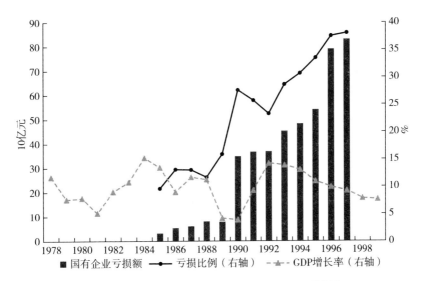

图 4.5　国有企业亏损额、亏损比例及 GDP 增长率
资料来源：Wind。

商银行、中国农业银行、中国银行和中国建设银行——的不良贷款率达到21.4%，不良贷款余额达到8 500亿元，大约为当年GDP的14%，且情况仍在继续恶化。

1997年亚洲金融危机也冲击了中国经济，加快了国有银行贷款质量的恶化速度。到1998年底，四大银行的不良贷款余额已达到1.97万亿元，相当于当年GDP的23%，不良贷款率达到31.1%（Jiang，2018）。此时，中国最大的几家国有银行事实上已经处于资不抵债的状态。如果不是因为外国投资规模较小，并受到资本管制的保护，中国也可能爆发与其他亚洲经济体类似的金融危机。

在中央计划体制下，人民银行隶属于财政部，这使它难以实施独立的货币政策以及对银行体系开展审慎监督。本章的一个核心发现是，近40年来，中国的货币供给保持了很高的增速，总体上却没有导致高通胀。但也有两个重要的例外时期，分别为1988—1990年和1993—1995年，通胀率较高（超过25%）。这两段高通胀发生时，中国尚未完成根本性的金融改革，货币和信贷创造没有同促进产能扩大的价值增长投资联系起来。货币和信贷扩张失去控制，是需要资金扶持的国有企业亏损不断加剧的直接后果。所以，这一时期的货币创造导致了通胀并不令人意外（见图4.6）。到20世纪90年代末，包括中央银行在内的中国金融体系已到了必须实施改革和现代化的关键时点。

5. 中央银行的转型

我们首先来看，为支撑资本支出和维持快速经济增长，货币政策以及中央银行在货币供应中发挥的重要作用。在经济改革启

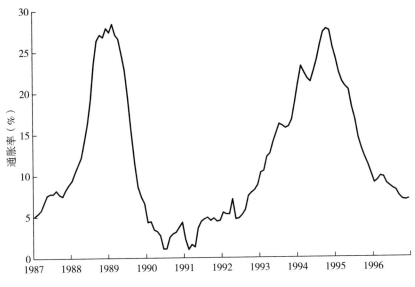

图 4.6　改革开放后中国出现了两个高通胀时期

资料来源：Wind。

动之前，1948 年 12 月成立的中国人民银行在计划经济时期
（1948—1978 年）承担着国家银行的职能。它在财政部领导下，承
担发行国家货币、管理国家金融和支持经济活动的任务。人民银
行既是管理政府资金的官方机构，也是负责综合性银行网络的国
家银行。在市场经济转轨进程开启后，中国经济向世界打开大门，
当时的金融体系和人民银行必须进行改革，以形成一个现代银行
体系，并发挥它在其他开放市场经济中类似的作用。

　　相应地，自 1979 年以来，人民银行被迅速从国家银行改造为
中央银行。与此同时，中国对金融部门实施了一系列重大改革，
重新设立和组建了基本上以盈利为经营目标的大型国有银行，创
建了国家外汇管理局，以及重建了国内保险业。为能够充分扮演
中央银行的新角色——作为银行的银行，负责货币政策、银行监

管以及维护银行业的稳定，人民银行从 1984 年开始分拆自己的商业银行功能。它逐渐演变为一家中央银行，负责宏观经济政策中的货币政策，使自己有能力控制此时基本上由新设立的国有商业银行负责的信贷总量。人民银行为此针对商业银行建立了存款准备金制度，并设立了贴现窗口，允许商业银行通过该渠道获得人民银行的贷款。

1995 年 3 月，《中华人民共和国中国人民银行法》通过，从法律上确立了人民银行作为中央银行的地位。2003 年，中国政府把人民银行的监管职能转移给新设立的中国银行业监督管理委员会。在这一职责重组后，人民银行的新职能被正式确立为："制定和执行货币政策、维护金融稳定、提供金融服务。"到这一阶段，在经济改革启动 25 年之后，中国的银行体系和中央银行的转型基本完成，人民银行得以充分发挥货币供给和金融稳定的作用，支持中国的经济起飞。2003—2018 年，人民银行努力推动中国货币与金融体系的更多重大改革，对深受不良贷款拖累的银行体系的重组，以及在中国于 2001 年加入世界贸易组织之后促进银行体系对外开放所做的工作，显得尤其突出。

加入世界贸易组织之后中国的出口部门欣欣向荣，创造了大量外汇收入（主要是美元），使国家外汇储备迅速增加。在巅峰期的 2014 年，中国的外汇储备达到 3.84 万亿美元。部分源于 1997 年亚洲金融危机的影响，中国对资本账户开放（允许资本自由进出）的态度颇为谨慎。它保持了对资本流动的管制，要求出口企业将美元收入存入商业银行，由后者将外汇按照现行汇率通过人民银行兑换为人民币。接下来，人民银行发行的基础人民币会通过企业到银行的业务以及银行到企业的业务（来自企业的存款以及授予企业的贷款）被转化为广义货币和经济资本。就这样，外汇储备在 2013 年之前的中国货币创造中发挥了较为重要的作用（见图 4.7）。

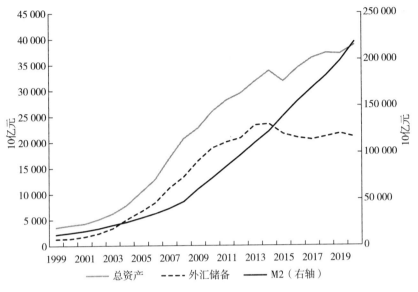

图 4.7 中国人民银行的总资产、外汇储备与 M2
资料来源：Wind。

6. 信贷创造与银行体系转型

在中国，银行贷款一直是信贷创造和融资的主要来源，如今在很大程度上依然如此。这是因为长期以来，中国的股票和公司债券市场不够发达。2021 年，银行贷款、债券和股票这三项融资来源的比例约为 15∶5∶1，而银行贷款传统上所占的比例还要高得多。社会融资规模是中国特有的一项金融发展指标，代表实体经济在一段时间里从金融体系获得的资金总额。从结构看，银行贷款占社会融资总额的 70% 左右，债券约占 20%，是最大的两个部分。但如果把包含国债在内的整个债券市场纳入计算，则贷款、债券和股票市场的比重约为 10∶10∶1。图 4.8 显示了过去 20 年来社会融资规模逐年增长的情况，图 4.9 显示的是社会融资的各个来源和去向。

中国直至 2003 年才形成较为正式的银行体系。在市场改革抵达该阶段之前，中国的银行体系事实上只包含人民银行这一家银行，它既有负责货币创造的中央银行职能，又是一家分支机构遍及全国，从居民和企业吸收存款的储蓄银行。如前文所述，中国自 1984 年开始把商业银行和中央银行的职能分开，但新成立的各家商业银行很快被巨额不良贷款拖累，因为它们的放贷业务不是以盈利为目的的，而经常是为了挽救亏损的国有企业。从人民银行的资产负债表中剥离出来并开始独立经营的商业银行，不久

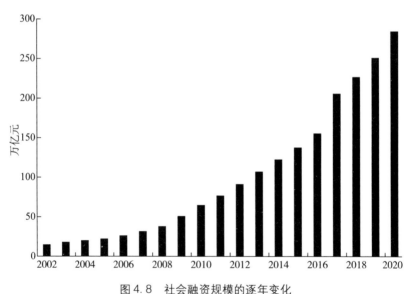

图 4.8　社会融资规模的逐年变化

资料来源：Wind。

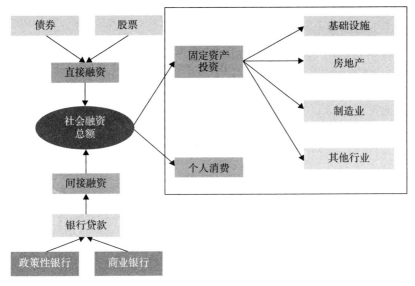

图 4.9 　中国的信贷创造机制及主要资金去向

后即变得资不抵债，不良贷款率在 2001 年高达 28.8%（Shih，2004），远高于所有其他主要经济体的水平（Deng、Chen and Zhou，2016）。

因此，与其他转轨经济体的情况类似，中国很快不得不出手拯救新设立的商业银行。20 世纪 90 年代后期，中国着手改革银行体系，对主要银行大量注资并引入外国战略投资者，希望后者能够传授如何在稳健盈利基础上经营商业银行的技能。在注资之外，很大一部分不良贷款从商业银行剥离，转移到新设立的几家资产管理公司——它们将扮演"坏账银行"的角色，类似于美国当年为解决破产的储贷机构而设立的资产重组托管公司（Resolution Trust Corporation）。最后商业银行还推行了根本性的治理改革，借鉴发达国家营利性商业银行的管理和风险控制体系。到 2010 年，所有大型银行都完成了这一痛苦的改革过程并在香港和上海股票交易所成功上市。到 2019 年，共有 37 家中国商业银行成功上市，其中四家跻身全球十大银行之列。

从 1998 年起步，到 2010 年中国农业银行上市为止，中国的国有银行体系用了十多年时间完成改造并奠定了良好的财务基础。在此进程之初，亚洲刚经历了一场重大金融危机。而在进程结束时，世界又遭遇了一场全球金融危机的打击。整个改造过程可以划分为如下六个主要步骤。

步骤 1　从 1998 年开始，对中国各家商业银行的注资过程，财政部发行了金额达 2 700 亿元的特别国债，将这些资金注入四大银行，以补充其资本金，事实上是用股份替代了部分债务（见图 4.10）。值得一提的是，发行特别国债是人民银行向财政部提出的建议。这些特别国债的发行要求有全国人大的授权，过程较为烦琐。财政部认为特别国债只计入国债余额，而不是为年度预算赤字融资，需要优质资产和年度现金流作为先决条件。由此可见，中国政府从一开始就对解决银行不良资产表现出了较为坚决的态度（Lou，2017）。

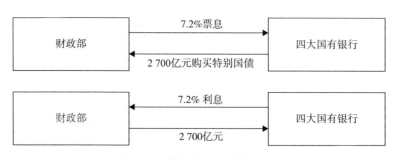

图 4.10　银行体系改革的步骤 1

步骤 2　1999—2000 年，设立四家大型资产管理公司（信达、华融、长城和东方），负责处理从四大国有商业银行以及国家开发银行转移出来的约1.4万亿元不良资产。在这些资产管理公司的负债侧，财政部注入了共计400亿元的资本金，这些公司还向商业银行发行了8 580亿元的债券。此外，人民银行还给它们提供了6 340亿元的贷款（见图4.11）。

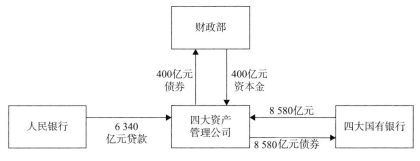

图4.11　银行体系改革的步骤2

步骤3　2003年，为中国银行和中国建设银行在2005年上市做准备，中央汇金公司将450亿美元的外汇储备注入这两家银行（每家225亿美元）。

在这个阶段的金融部门改造中，有几项创新举措值得详细介绍。在1999—2000年向银行重新注资之后，尽管中国的商业银行不良贷款问题有所缓和，却仍不足以让几家大银行满足上市标准。到2002年8月，人民银行和财政部仍未对重新发行特别国债为进一步剥离不良贷款提供资金达成一致意见。财政部担心在上次不良贷款剥离后不到三年，继续推行该计划可能招致政治上的批评，可能被解读为会削弱国有银行改革的激励（Jiang，2018）。因此，需要寻找另一套解决方案。

在通过发行特别国债来继续剥离银行不良贷款的谈判陷入僵局之际，中国的外汇储备增长迅猛，人民银行因此提出了改用外汇储备来注资的方案。有趣的是，外汇储备的快速增长提出了寻找最佳投资渠道的新问题，于是利用外汇储备给国有银行注资的方案带来了颇具吸引力的投资机会。

这一极具创造性的建议获得了中央政府的支持，国务院把中国银行和中国建设银行正式列为两家试点机构，在 2003 年底之前接受外汇储备的注资。人民银行随即于 2003 年 12 月设立了中央汇金投资有限责任公司（简称"中央汇金公司"），以实施该计划。通过创立这家独立的实体，人民银行可以绕过它不能向任何金融机构直接注资的法律限制。中央汇金公司于是在 2003 年底向上述两家国有银行注资共计 450 亿美元，基于当时的人民币兑美元汇率，每家银行各获得了 1 860 亿元的注资。与之相对应，中央汇金公司获得了这两家银行 100% 的股权。在 2003 年 12 月的人民银行资产负债表上，这表现为股权投资的增加、外汇储备的减少以及商业银行在人民银行持有的存款增加。

然而在实际操作中，中国的商业银行必须将外汇出售给中央银行，于是注入两家银行的外汇储备并不需要离开央行。所有这些只需要一个简单的会计操作，即向两家银行签发与外汇储备注资金额等值的人民币支票，再将它们登记为不可花掉的一级资本。由于这两家银行是在中央银行账户里持有这些一级资本的（具体来说在商业银行的资产侧显示为银行间应收账款，在人民银行的负债侧显示为商业银行持有的存款），把外汇储备兑换为人民币的操作并没有创造新的货币。总之，这一创新举措没有让外汇储备实际上脱离人民银行，尽管人民银行的资产负债表显示为外汇储备减少。该操作也没有因为把外汇储备兑换为人民币而创造新的货币，尽管人民银行的资产负债表显示商业银行在 2003 年 12 月持有的存款额增加。

步骤4 2004—2005年，另一批不良资产被剥离给各家资产管理公司，账面金额为1.6万亿元（约1 980亿美元）。其中7 500亿元来自中国工商银行，6 030亿元来自二级商业银行。资金来源则包括人民银行的6 190亿元注资，其中5 672.5亿元是人民银行和多家商业银行发行的记名票据。

步骤5 2005年，参考对中国银行和中国建设银行注资的经验，人民银行和中央汇金公司利用外汇储备向中国工商银行注入1 240亿元（约150亿美元）资本，约占该银行资本金的50%。

步骤6 2008年，人民银行和中央汇金公司再度利用外汇储备向中国农业银行注入1 300亿元（约190亿美元）资本，获得其50%的所有权。

在这一系列注资和不良资产剥离后，四大国有商业银行得以在香港和上海股票交易所成功上市：中国建设银行于2005年，中国银行和中国工商银行于2006年，中国农业银行于2010年。随着这四家主要商业银行上市，它们的股权结构也发生了显著变化，引入了外国战略投资者，扩大了公众股东的所有权份额，国有股占比相应缩小，表4.1显示了这些重要变化。

自上市之后，四大国有商业银行的股票价格都有不同程度的上涨（见图4.12），其中中国工商银行表现最出色，涨幅超过200%。数年以后，这几家银行的关键估值水平（市净率）已经和美国的主要银行大致相当，并高于英国的主要银行，让中央汇金公司的注资回报进一步提高。不过自2016年以来，美国的银行估值水平普遍提高并超越了中国的这几家大银行。

主要商业银行的大规模资产清理和注资增强了它们的放贷能力，有助于增加信贷供给，以支持经济增长。与此同时，中国经

表 4.1 中国主要商业银行的股东结构变化

（单位：%）

	确定的日期	汇金	建银	财政部	其他国有投资者	外资	公众
上市前							
中国银行	2004 年 8 月 26 日	100	—	—	—	—	—
中国建设银行	2004 年 9 月 9 日	85	10.88	0	4.12	—	—
中国工商银行	2005 年 4 月 2 日	50	—	50	—	—	—
中国农业银行	2009 年 1 月 15 日	50	—	50	—	—	—
国家开发银行	2008 年 12 月 16 日	48.7	—	51.3	—	—	—
上市后	**上市日期**						
中国建设银行	H：2005 年 10 月 27 日 A：2007 年 9 月 25 日	59.12	8.85	—	2.03	14.18	15.92
中国银行	H：2006 年 6 月 1 日 A：2006 年 7 月 1 日	67.49	—	—	0.85	—	31.66
中国工商银行	H，A：2006 年 10 月 27 日	35.4	—	35.3	4.6	7.2	17.5
国家开发银行	H，A：2010 年 7 月 16 日	40.93	—	40.2	3.87	—	15

注：A 代表在中国内地 A 股市场上市；H 代表在香港 H 股市场上市。

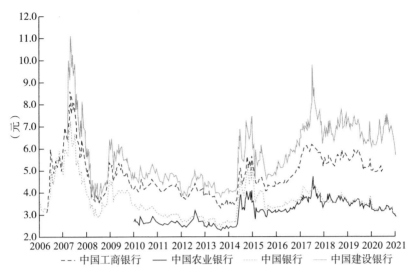

图 4.12　中国四大国有商业银行自上市以来的 A 股股票价格表现

资料来源：Bloomberg。

济的高速增长促进了这些银行的业绩，尤其是在治理得到改善、业务管理和风险控制体系到位之后，形成了良性的正反馈，进一步增强了银行部门给扩张中的中国经济高投资需求提供资金的能力。虽然四大银行的资产负债表规模在上市后大幅扩张，它们仍能够分派巨额红利。到 2020 年底，四大银行给中央汇金公司和财政部的分红总额，中国工商银行达到 8 560 亿元，中国农业银行为 6 060 亿元，中国银行为 5 820 亿元，中国建设银行为 5 860 亿元（见图 4.13）。

就人民银行利用外汇储备给国有银行注资的计划而言，上述结果同样非常令人满意。给四大国有商业银行的注资行动共花费了中央银行或者说中央汇金公司（后者于 2007 年被财政部买下，随后转交给中国投资有限责任公司）相当于 6 260 亿元的外汇储备，但这些外汇储备事实上并没有被兑换为人民币去冲销坏账，

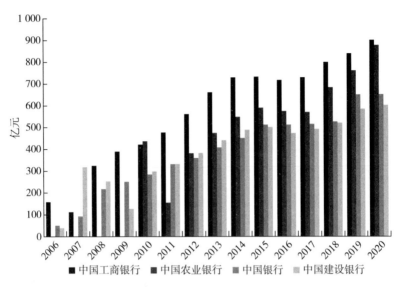

图4.13　中国四大国有商业银行给中央汇金公司和财政部的分红
资料来源：各公司财务报告和 Wind。

而是作为一级资本保留在银行体系中（主要用于购买发达国家的国债）。与此同时，中央汇金公司获得了四大银行的很大部分股权，尽管在上市过程中有一定程度的稀释，中央汇金公司仍始终保持了控股地位（截至目前，它在中国建设银行的持股比例为57.1%，在中国银行为64.0%，在中国工商银行为34.7%，在中国农业银行为40.0%）。仅以发行价格计算，这些股权的价值就有1.6万亿元，与6 260亿元（790亿美元）的初始注资相比，投资回报率为156%。而如果按2021年7月的市值计算，股权的价值将达到2.4万亿元（约3 530亿美元），投资回报率为283%。另外如前文所述，这些银行的分红已足以让中央汇金公司收回投资成本。换句话说，中央银行其实是通过借用一小部分外汇储备（约占2005年外汇储备总额的10%）来充实大型国有银行的资本金，增强市场信心，给后来的成功上市奠定了基础。

信贷增长在很大程度上与外部货币的创造有关，所以人民银行能够通过向银行体系注资来提升商业银行的贷款能力。外部货币创造体现为这一时期人民银行的资产负债表扩张，其贷款余额从 2002 年的 5.1 万亿元（约 6 167 亿美元）增至 2019 年的 37.1 万亿元（约 5.3 万亿美元），在 18 年中扩大了 6.3 倍（以美元计算为 7.6 倍）。人民银行贷款的一家主要接收方是国家开发银行，它是中国的主要政策性银行，其资产负债表规模从成立之初（1994 年）的接近于零扩张至 2019 年的 16.5 万亿元（约 2.4 万亿美元），成为全球最大的政策性贷款机构。

就整个中国银行体系而言，到 2020 年底，贷款规模已达到 173 万亿元（约 25.4 万亿美元），明显超出股票市场或债券市场的水平（见图 4.14）。在全部银行贷款中，人民币和外汇贷款余额分别为 167 万亿元（约 24.6 万亿美元）和 5.7 万亿元（约 8 000 亿美元），如图 4.15 所示。

如果不通过大规模的债转股向商业银行成功注资，中国的大型国有商业银行将无法解决不良贷款问题。其中几家事实上已经破产，它们很有可能变成所谓的"僵尸银行"，就像日本的多家银行在 1990 年金融危机后的情形，挣扎求生，无力支持国家的实体经济。如果没有这些注资行动，中国在过去 20 年将难以实现经济的快速增长。这是因为银行体系依然是中国最重要的资本和信贷来源，资本市场仍不够发达。在过去 30 年左右的时间里，中国已逐渐从零开始建立起一个活跃的资本市场，从股市上总共筹集了 25 万亿元（约 3.7 万亿美元），从债市上总共筹集了 170 万亿元（约 25 万亿美元）。通过证券发行获得的直接融资规模目前仍在增长，但显然还远逊于银行信贷的水平，在中国经济起飞的

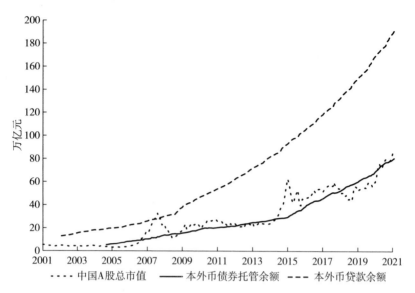

图 4.14　中国股票市场总市值、债券发行规模和贷款余额
资料来源：Wind。

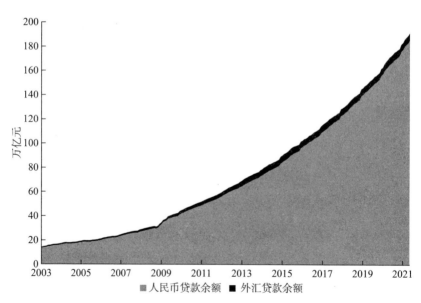

图 4.15　中国银行体系人民币贷款余额和外汇贷款余额
资料来源：Wind。

早期阶段则更是如此。所以，银行体系的改造在支持中国经济增长方面毫无疑问发挥了决定性的作用。

在 2008 年全球金融危机期间，中国银行体系的表现异常出色。中国依靠强大的银行体系实施了大规模经济刺激计划即"4 万亿元"投资，相当于当时 GDP 的 10%。这是世界上主要经济体采取的最大规模刺激行动，在全球经济遭遇重创时提振了需求，广受欢迎。该计划的名称代表着中央政府通过国家发改委和银监会支持的新投资项目的总规模，这些项目需要的更多贷款则由银行体系提供。据某些国际投资银行估算，新贷款的总规模或许达到了 14 万亿元（约 2 万亿美元），约为当时 GDP 的 35%。这一大规模刺激计划不仅稳定了中国经济（尽管 GDP 增速在 2009 年第一季度下滑至 6.4%，却很快在第三季度和第四季度反弹至 10.6% 和 11.9%），还及时助力了全球经济复苏，尤其是稳定了全球大宗商品价格，以及通过从发达国家进口工业品而支撑了工业品的价格。

在过去几年里，中国的经济增速开始放缓，但银行贷款仍在增长，特别是针对房地产开发商以及地方政府扶持的某些企业的贷款。这引发了政策制定者和投资人的顾虑，担心出现不可持续的贷款热潮。的确，中国政府最近已将金融去杠杆列为一项优先政策。近来，全国最大的房地产开发商之一恒大集团爆发财务危机，其资产负债表规模接近全国 GDP 的 2%，有大量贷款来自多家地方银行。

中国经济的某些部分或许需要去杠杆，包括房地产业和部分地方政府，但最大的五家商业银行的资本充足率依然相当高。这五家大银行占整个银行部门总资产的 47% 和总贷款的 35%。某些地方银行面临的风险可能较高，但银行体系的系统性风险依然可控。另外，中国今天拥有健全的银行审慎监管体系，并在全球金融危机之后建立起了现代化的银行问题处置程序。

7. 国家开发银行与开发性金融

对于中国如何为经济增长提供资金的问题，我们的前一半回答是创造必要的融资能力，以支持驱动快速经济增长的大规模投资。后一半回答则要解释，如何能以如此大规模和如此长时间，不断发起有利可图的、净现值为正的投资。驱动经济增长的大部分投资涌入了建筑业、房地产开发和基础设施建设，以支持中国人口的快速城市化。接下来，这些投资创造了对建筑材料的巨大需求，支持了重工业的增长，并创造了有利条件，支持不断扩张的城市中心周围其他产业的生产率提高。随着城市中产阶级人口的增长，发展新的产业、提供城市居民所需的耐用品（如家用电器和汽车）的各种条件也逐渐到位。

这一发展故事的神奇之处在于，如何能够将资金引向支持城市发展的基础设施项目，而不会给投资人带来较大的损失。当中国开启雄心勃勃的高铁投资计划时，许多分析人士将它比作华而不实的"白象工程"，认为这注定会导致新一波不良贷款。当时没有其他国家考虑类似的投资计划。那么，中国为何能够给如此大规模的基础设施项目提供资金，并为其奠定良好的财务基础呢？

上述奇迹的发生在很大程度上归功于一家金融机构——国家开发银行，它是中国最主要的政策性银行。国开行是中国众多基础设施投资与城市开发项目的设计者和规划者，它还创造出一种融资模式，可以降低风险，以便为其他商业投资方提供关键的增信，从而以有利可图的方式为这些项目找到大部分资金。

基础设施投资由于建设时间久、开发成本不确定、回收周期长、风险高，经常被视为不具备融资能力。由于风险太高，商业银行不愿单独承担风险。要让这些项目对银行和债券投资人具有足够的吸引力，就必须充分降低风险并提升信用，这正是国开行这样的政策性银行发挥关键作用的地方。研究表明，基础设施投资的社会回报往往较高，但挑战在于需要从社会回报中拿出足够的份额，使其具有盈利性。这些资金中有一部分必须以增信的形式来自公共资源。除了提供廉价资金，国开行还发挥了更加重要的作用。作为基础设施投资中关键的长期重复博弈参与者，它可以帮助地方政府和城市为投资制订长期的协调计划，从而降低建设成本，还可以对地方政府实施可靠的监督，以确保对方会偿还债务。最显著的一点是，以基础设施投资所服务的城市区域的土地升值为基础，国开行创造了一种新的价值获取模式。

当国开行于 1994 年成立时，它主要是充当公共融资工具，在初期给三峡工程（项目总投资达 1 800 亿元，约 210 亿美元）提供了 300 亿元（约 35 亿美元）资金。国开行与其他政府机构的边界在初期并没有清晰的界定，因此政府支出与开发贷款之间的区别并不总是很明确。投资项目是由政府其他机构选定，国开行负责提供资金，无须对这些项目的财务可行性开展尽职调查。在所谓"大财政，小银行"的体制下，国开行被视为政府的"提款机"。于是到 1997 年底时，该机构的总资产已达到 3 811 亿元（约 462 亿美元），其中很大一部分成了不良贷款，不良贷款与总资产的比率估计高达 32.6%（Chen，2012）。鉴于亏损的急剧放大，国开行的改革很快变得势在必行，以使它能继续履行"增强国力、改善民生"的使命。②

从 1998 年 4 月开始，参照商业银行的注资模式，国开行也成功实现了重组，而且在之后 15 年里，其资产负债表规模大幅扩张，达到了世界银行的 5 倍左右，并围绕商业和住宅土地开发的价值获取，提炼出了一套财务上可行的开发模式。2012 年底，国开行的总资产已达到 7.52 万亿元，不良贷款率降至 0.3%，远低于商业银行的平均水平。

国开行是如何取得这些成就的？关键之处在于其独特的组织改革与金融创新。为了把财务责任深深植入银行的经营活动，国开行强化了所有层级的内部管理，招聘训练有素的贷款经理，建立严格的尽职调查程序。同时，该机构还引入了新的开发性金融模式，与中国更广泛的经济发展要务相结合，并大规模复制金融承包与抵押模式。

简单来说，国开行对开发性金融的新愿景是这样一种融资模式：把政府信用与市场融资的力量有效结合起来。它扮演起为地方政府的开发项目充当看门人的全新重要角色。它通过谈判确定条件，联合商业银行，为地方基础设施项目提供资金。它的独立性以及在未来的重大基础设施开发项目中作为重复博弈者，确保它能够执行严格的规定，实现项目的财务盈利。它在谈判中要求的一类重要条件是，为换取增信来吸引商业银行的大量资金，要以土地开发权为首层损失贷款（first-loss loan）提供抵押。在地方政府借款人出现拖欠债务时，它会要求获得这些开发权。由于国开行和商业银行支持的基础设施投资，这些开发权通常会大幅升

---

② 国开行及其使命的介绍来自其网站：https：//www.cdb.com.cn/。

值。从商业银行的角度看，通过国开行的增信及其对地方政府实施的监督，道德风险将会减少，因此它们提供的贷款所面临的信用风险也会降低。

国开行率先推动的将政府与市场力量有效结合起来这一新开发性金融模式，被普遍称作"芜湖模式"。安徽省芜湖市与国开行在 1998 年初最早采用这一做法。芜湖市政府划拨资产，成立一家独立实体：芜湖市建设投资有限公司。与此同时，国开行与该市的直接领导安徽省政府合作，成立了几家地方融资平台，让市政府能够从国开行获得贷款。贷款合同参考了世界银行的模式，由省政府提供担保，市政府提供认购承诺。

国开行以及新成立的芜湖市建设投资有限公司签署了 10 年期贷款合同，金额达 10.8 亿元（约 1.31 亿美元），主要用于该市的 6 个基础设施项目，包括修建高速公路、改善城市供水系统、建设垃圾堆填区等。2002 年，芜湖市政府向国开行申请另一笔金额为 10.95 亿元（约 1.28 亿美元）的贷款，用于新市区的道路扩建项目。这次充分利用了土地升值工具。市政府授权芜湖市建设投资有限公司承诺把土地出让收入作为主要还款来源，市政府还提出，如果该公司无法按时偿还本金和利息，它将提供补贴。土地开发权和融资以这种方式结合起来，得以有效降低项目的风险，给国开行以及商业银行组成的财团提供了一项财务前景良好的投资机会。

由安徽省政府、芜湖市政府和国开行共同创造的"芜湖模式"（见图 4.16）引领了一个政府、公共和私人投资人以及民营开发商密切合作的时代。其中一项关键的组织改革是，"芜湖模式"把通行的一家公共投资银行与一个地方政府之间的双边借贷关系，变

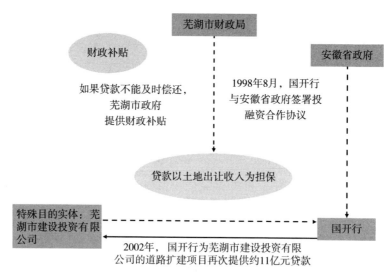

图4.16　国开行采用的"芜湖模式"

成了有四方参与的长期合作关系，包含国开行、安徽省政府、芜湖市政府以及民营开发商。它还把国开行与芜湖市政府的一次性借贷合同变成了国开行与安徽省政府的长期合作关系，后者下辖多个像芜湖这样的市级政府。借助金融创新，"芜湖模式"把一个借款方和一个贷款方之间的简单债务合同改造为四方之间的结构性金融合同，把债权和股权混合分配给各方。

"芜湖模式"不仅给城市开发融资问题提供了持久的解决方案，还降低了公共信贷的风险，并确保国开行的贷款变成高质量资产。这给城市基础设施融资的良性循环奠定了基础，巩固了市场导向的投融资平台，让商业银行和其他社会资金能够参与进来，进一步促进了地方经济发展，结果成为多赢方案。在"芜湖模式"的基础上，国开行将这一方法推广到全国，在中国的城市化与基础设施投资中发挥了核心作用。

为支持庞大的投资计划，国开行需要大规模发行债券。它在这方面同样不乏金融创新。在很长时间里（1995—2015 年），中国的监管部门要求商业银行的贷存比不超过 75%（见图 4.17）。这一监管规定是基于 20 世纪 90 年代的特殊情况，其目的是防止银行的贷款过度扩张。在市场导向的银行部门逐渐走向以巴塞尔协议资本金要求（以风险加权资产的百分比作为银行的最低资本金要求）为基础的审慎监管之后，上述规定变得不再有意义，于 2015 年被正式取消。然而，限制贷存比的一个后果是让银行体系在中央银行保留了大量资金，而人民银行为此支付的利率极低，仅 1% 左右。此外，在这些年的快速经济增长中，中国的商业银行在中央银行积累了大量超额准备金，2020 年底达到 4.7 万亿元（约 6 900 亿美元），见图 4.18。这两个项目加起来代表着留在中央银行的巨额闲置流动性。

为使这些庞大的流动资金池发挥作用，人民银行以认购国开

图 4.17　中国银行的贷存比

资料来源：Wind。

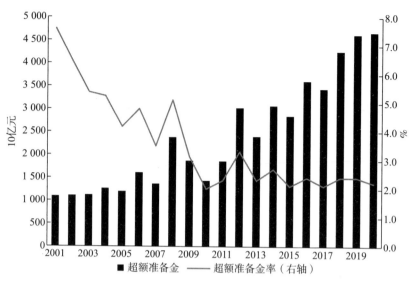

图 4.18　中国的超额准备金与超额准备金率

资料来源：Wind。

行债券的形式给国开行提供资金。这一融资安排是极具创造性的金融创新，也是人民银行与国开行之间的合作高点。通过这一融资安排，两家金融机构都能够发挥自己的独特作用，给快速增长的经济体提供宝贵资金。商业银行把多余的流动性交给中央银行，以遵守防止银行贷款过度膨胀的规定（商业银行在过去曾积累过巨额不良贷款）。人民银行则以认购优先级债券的方式将这些闲置流动性借给国开行，并从中获取可观的回报——国开行债券的收益率约为4%，减去支付给商业银行约1%的超额准备金利率，净回报率约为3%（见图4.19）。最后，国开行能够以优惠条件获得资金，而不需要到存款市场上同商业银行开展竞争。通过利用金融体系的闲置流动性，国开行甚至能以比吸收存款更低的成本获得资金。它同样不在一般的商业贷款市场上同商业银行开展竞争，而是投资于回报率较低、周期较长的基础设施与房地产开发贷款。

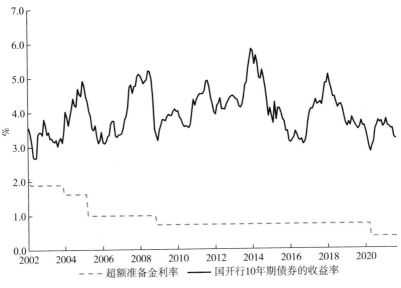

图 4.19　超额准备金利率与国开行债券的收益率

资料来源：Wind。

8. 演进中的资本市场改革与发展

中国发展资本市场的最初目的是给国有企业提供融资来源，使国有企业在转型过程中获得喘息空间，从而在新的市场环境中成为财务上可行且具有竞争力的企业。经营缺乏效率、债务过于沉重的国有企业部门是计划经济时期遗留的产物。改革开放进程一经启动，各级政府向国有企业注入新的资金以弥补其不断加剧的亏损的能力愈发受限。与此同时，新兴的银行部门又没有能力给国有企业大规模提供贷款，后者产权界定不够清楚、无法给贷款方提供任何优先级或抵押保证。在此背景下，中国的政策制定者在 20 世纪 80 年代早期逐渐形成共识，确定需要发展资本市场，把日渐增加的储蓄引向改革后的国有企业发行的证券，而这些企业将以良好的公司治理为保证，在新成立的上海和深圳股票交易所上市。

股票市场的出现是允许国有企业发行股票的股份制试点改革的直接成果。20 世纪 80 年代早期，仅有少数国有企业开始通过发行股票或债券来筹集资金。到 1990 年底，上海和深圳两家股票交易所开业。1992 年 10 月，中国证券监督管理委员会成立，中国的股票市场被纳入统一的监管框架之下。1999 年 7 月通过了《中华人民共和国证券法》，为这些市场的发展提供了法律基础。

中国国际金融有限公司（以下简称"中金公司"）是一家新设立的投资银行，于 1995 年创建，以满足中国资本市场对投资银行服务的更多需求。中金公司在协助大型国有企业的重组和上市方面发挥了基础性作用，类似于国开行在开发性金融方面的角色。自 1997 年之后，中金公司引领了一波国有企业的重组和上市，成就了许多开创性的复杂交易。其中一个经典案例是中国电信的重组和上市。20 世纪 90 年代后期，中国的电信产业进入繁荣期，急需资本投入。当时，国有企业的改革进程刚开始启动，许多国有企业还不是运转良好的自主机构，而更像是政府部门的附属机构。中金公司的首要任务是对邮电部的电信企业进行重组。与国际战略投资者合作，该公司采用了一套整体设计与分步骤实施的办法，最终让中国电信在香港和纽约股票交易所上市。1997 年 10 月完成上市时，中国电信（如今的中国移动）筹集到 348.2 亿元（约 42.2 亿美元）资金，成为当时亚洲最大的 IPO（首次公开发行），而中国的外汇储备此时仅有约 1 400 亿美元。在之后 7 年里，经过两轮再融资和七次重大收购，该公司逐渐改造为一家整体上市企业。到 2020 年底，中国移动的市值接近 1 410 亿美元，跻身全球市值最高的五家电信公司之列。

在这笔树立典范的交易之后，中金公司与其他中外投资银行一起对各产业的很大一部分国有企业加以重组，并推动上市。需要强调的是，商业银行在此期间也经历了重要的重组过程并陆续上市。2003 年，中国建设银行成为首批被批准重组和上市的大型商业银行之一。部分为满足国际上市标准，该银行获得了注资，于 2003 年 12 月将不良资产划拨给中央汇金公司，得到 225 亿美元（约 1 928 亿元）的注资，并于 2004 年 6 月进一步将价值 1 289 亿元（约 150 亿美元）的不良贷款剥离给信达资产管理公司。在接受以上注资与外国战略投资者的投资之后，中国建设银行于 2005 年 10 月成为第一家在香港挂牌的股票全流通的大陆金融机构，筹集资金 93 亿美元（约 797 亿元）。此后，建设银行于 2007 年在中国 A 股市场挂牌，筹集资金 581 亿元。

2001 年 11 月，中国加入世界贸易组织，加快了国内市场开放并进一步推动国际贸易发展。这加深了资本市场的国际化，中国出现了许多中外合资的证券公司与基金管理公司，并批准多家合格外国机构投资者进入中国资本市场。国务院于 2004 年 1 月发布《关于推进资本市场改革开放和稳定发展的若干意见》（通常称作"国九条"），把继续发展资本市场提升到完善社会主义市场经济、促进国民经济发展的战略高度。2005 年 5 月发起的非流通股改革是这一战略地位提升的成果之一，纠正了股票定价的严重扭曲，实现了股市的完全流通。

随着经济的快速扩张，中国的资本市场在短短 30 年里取得了非凡的进步。20 世纪 90 年代之前，中国的金融体系完全被间接融资占据，但资本市场的发展为之带来了急剧的变化。到 2020 年底，中国股票市场的总市值已相当于商业银行部门总资产的 29%，依然显著低于发达国家的水平（超过 100%），却已深刻改变了中国的金融体系。中国的主要商业银行通过上市提高了资本充足率，改善了公司治理结构，跻身全世界顶级商业银行之列。

中国已经建立了多层级的资本市场体系，包括主板、中小板、创业板、科创板、北京证券交易所和代理股份转让系统，以适应多种类型的融资和投资需求。上市公司如今已成为中国经济的重要组成部分。国有企业通过股份制改革而投身资本市场，得以继续发展壮大。当前多家中国国有企业跻身全球 500 强之列。在此期间，资本市场的发展也让许多中小型高技术企业获得成长，推动了中国的技术革命。中国资本市场的规模如今已排在全球第二位，并仍在继续发展。前文已经提到，银行贷款目前占社会融资总额的 70% 左右，债券占比约为 20%，股票市场仅占约 10%。股票市场发展相对较慢，让许多中国企业选择境外上市，包括到香港、美国和其他市场。到 2020 年底，中国已经有 4 400 多家上市公司，总市值达 86.5 万亿元（约 12.7 万亿美元），相当于 GDP 的 85%（见图 4.20）。

中国资本市场的发展通过信用创造以及降低风险来获取价值，在推动经济增长中发挥了极其重要的作用，但这一贡献尚未受到充分重视。如果没有国有银行在香港和内地市场的成功上市，现代银行体系的改革或许将难以实现，各家银行也将无法拥有健康的财务基础，也无法提供大规模贷款。如果没有大量国有企业和民营企业在香港和内地成功上市，借款人或许将不会受到充分的财务和治理约束，难以维持稳健的业绩增长。

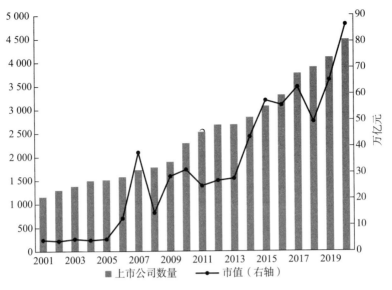

图 4.20　中国的上市公司数量和市值

资料来源：Wind。

9. 中国的高货币增速与低通胀之谜

中国的货币存量 M2 从 1979 年的 2 600 亿元（约 1 670 亿美元）激增至 2019 年的 199 万亿元（约 28.4 万亿美元），在 40 年里放大了 762 倍。中国银行部门的规模则从 2003 年（中国银行系统开始稳健经营，并能通过财务报告提供数据的时候）的 28.7 万亿元（约 3.5 万亿美元）扩张至 2019 年的 282.5 万亿元（约 40.4 万亿美元），在 16 年里放大了 8.8 倍（以美元计算为 10.5 倍）。

尽管有如此惊人的货币和信贷创造，中国的通胀却相当温和（仅有 1988—1989 年及 1993—1995 年两个时期的高通胀例外），年均 CPI 涨幅为 4.9%，波动幅度约为 5.8%（见图 4.21）。从货币主义者的视角看，这是极其令人困惑的谜题。的确，弗里德曼与

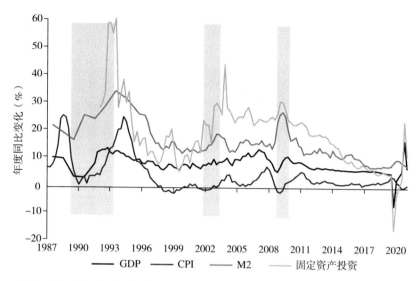

图 4.21　1996 年之后，中国的 GDP 和 M2 几乎同步增长，而 CPI 保持稳定
资料来源：Wind。

施瓦茨（1965）提出的一个重要观点正是："货币存量长期增速变化导致的货币收入长期变化，主要表现为不同的价格水平，而非不同的产出增长率。"但事实上，中国的经历与之完全相反：货币存量的急剧放大表现为 GDP 的高速增长，而非通胀的抬升。如本书第 2 章所言，如果不追踪货币进入经济运行的具体方式，不考察货币所购买的物品，则不可能弄清楚货币增长的变化给经济带来的影响。以基础设施投资、房地产开发和可控城市化为依托的中国增长模式创造了大量的价值，而创造的货币是用于给净现值为正的资本支出提供资金，这让中国的产出增长保持了与货币存量扩张几乎相同的速度，从而没有引发明显的通胀。

　　本书第 2 章和第 3 章介绍的新货币原理能帮助我们解释中国的经验，即持续经济增长、资本积累、货币和信贷创造，同时没有引发通胀和金融危机。第一个原理是，当某个国家面临良好的投资机会时，它应该通过充分的货币和信贷创造去投入资金，只要通胀的成本依然有限，且经济增长前景良好即可。该原理类似于公司金融学中的净现值规则。第二个原理是，货币进入经济运行的具体方式至关重要。金融体系在选择有利可图的投资项目方面发挥着关键作用，确保货币购买的东西物有所值。信息灵通的银行可以甄别优质项目和劣质项目，而中央银行缺乏这种能力。由此可见，为什么信贷创造需要分散化，而中央银行的角色被限定于充当银行的银行，以确保商业银行有充足的流动性，以及整个银行体系能够保持稳定。

中国为固定资产形成投入了 391 万亿元（约 59 万亿美元），且主要是通过银行体系。中国银行部门的规模从 2003 年的 28.7 万亿元（约 3.5 万亿美元）扩张至 2019 年的 282.5 万亿元（约 40.4 万亿美元），在 16 年里，以人民币测算的增幅为 8.8 倍，以美元测算的增幅则为 10.5 倍。国开行的资产负债表从 1994 年的接近于零扩张至 2019 年的 16.5 万亿元（约 2.4 万亿美元），成为全世界最大的政策性贷款机构。而与此同时，中国日益活跃的资本市场和外国直接投资也为快速增长发挥了支持作用。

总之，中国过去 40 多年的宏观经济历程凸显了弗里德曼与施瓦茨（1965）的货币主义理论以及后来的现代货币理论（Wray，2015；Kelton，2020）的局限性。如果中国的货币当局固守货币主义的教条，则国民经济不可能实现如此卓越的成长，投资的资金来源将受到人为的限制。但中国经济改革早期阶段的经历也表明，仅靠货币创造不能保证经济增长的持续性。如果没有财务约束，货币创造将导致不良贷款激增，危及金融体系的生存能力。第 2 章还提到了现代货币理论的缺陷，即它对所有信贷创造都不加区分，也不考虑稀释成本或通胀成本。中国早期改革的经历显示，面向国有企业的宽松货币供给会带来大量不良贷款，导致 1988—1989 年及 1993—1995 年那样的高通胀。我们提出的货币原理则把货币创造与净现值为正的投资联系起来，这是我们同现代货币理论及货币主义理论的关键差异所在。它们都忽略了货币进入经济体系的过程以及货币所购买的对象，而回避这些问题让它们无法为货币供给奠定坚实基础。

货币主义理论坚持限制货币供给的重要性，担心对基于简单规则的货币供给的任何偏离都会推高通胀。现代货币理论则走向另一个极端，声称通过财政扩张实施的货币供给不需要任何限制。我们的观点介乎其间。根据我们的理论，通过财政扩张实施的货币扩张受到的约束，既出于对资产质量低劣的担忧，也涉及不同投资者之间的收入再分配导致的通胀压力。现代货币理论还忽略了另一个货币扩张的主要渠道，即银行部门的信贷创造。该理论关于银行信贷渠道货币创造的一个自然推论是，通过信贷扩张实施的货币扩张也不应该受到限制。我们的理论则认为，该推论同样是一个谬误，因为与财政扩张所受的约束类似，对资产质量和稀释成本的担忧也会给信贷创造的扩张带来约束。

第5章
财政政策与货币政策的协同

　　财政政策与货币政策有各自的功能、优势和缺陷。货币政策的功能通常被视为在正常时期维持价格稳定，在危机时期维护金融稳定。财政部门则拥有独特的制度和信息优势，例如可以识别哪些经济行为人欠缺资金，从而能高效地扶持有需要的个人和企业，以及提供长期公共品。

　　然而，财政政策和货币政策应该有很好的协同，否则会导致失衡的货币主导或财政主导体制，削弱政策效力，甚至引发危机。我们将详细介绍美国和中国在过去一个世纪里交替出现的财政主导时期和货币主导时期，以此展现这种动态变化。我们还将提出一个简单的规则，用来动态平衡财政政策与货币政策，避免落入某种政策主导的失衡陷阱。

1. 货币与主权债务

第2章提到，一个国家的货币和本币主权债务可以被理解为主权国家发行的类似于股票的金融权利。与之相比，外币债务则最好被理解为国家资本结构中的债权。国家的货币与企业的股权有一些共同特征，货币代表着对国家偿清外币债务之后的剩余产出的索取权，正如企业股权是对企业偿清债务之后的剩余现金流的索取权。

我们在第2章强调，在没有摩擦的世界中，公共支出是采取债务融资还是货币融资并无差别，即对国家适用的莫迪利亚尼—米勒定理。我们还分析了在有信息摩擦的世界中，债务融资与货币融资的主要利弊权衡。可是，我们没有明确区分财政政策和货币政策。在本章中，我们将拓展上述分析，考察制度摩擦会如何影响宏观经济政策选择。在我们的宏观经济理论框架下，发行货币基本对应货币政策，发行本币主权债务则与财政政策挂钩。

2. 影响财政政策与货币政策的制度和信息摩擦

在今天的大多数国家，财政政策与货币政策分属不同的政府部门。货币政策通常属于中央银行的职责，后者在大部分国家是独立机构。财政政策则由立法机构制定，由行政体系内的财政部负责实施。在决定如何为政府支出提供资金的时候，是通过税收收入、发行债务还是发行货币，这需要财政政策与货币政策的协同。政府的货币当局与财政当局分立自然会导致组织之间的摩擦。在这些摩擦环境下考察两种类型的政策工具，对于我们理解如何能够最好地实施宏观经济政策至关重要。

2.1 制度和信息摩擦

在金本位制度下，政府支出只能依靠税收或债务来融资，货币政策基本上不存在。经济运行遭遇的货币冲击则主要来自黄金供给的变化，后者则源于贸易收支的变动。各国的政府和君主并不总能平衡预算，当支出超过税收收入时，他们通过借款来弥补缺口。在不按照固定兑换比率与黄金挂钩的法定货币出现前，财政政策是唯一选择。的确，主权债务的出现远早于法定货币的发明。欧洲的君主们在发行主权债务方面是先行者（Eichengreen et al., 2021），他们通过借钱来支持军事行动，防范外敌入侵。而在法定货币发明后，通过发行货币来支持政府支出成为可能，由此就增加了一种融资选项。

一个基础性的制度摩擦与创建独立的中央银行有着必然的联系。在今天的大部分国家，独立的中央银行有着界定较为狭窄的授权，限制了它们发行货币和支持公共支出的能力。中央银行可以设定利率，基于抵押品给商业银行提供贷款，但它们不能直接给非金融企业或居民家庭放贷。此类制度限制在中央银行获得独立性之前并非从来就有。例如在英国，财政大臣直至20世纪90年代中期之前还同时监管财政政策与货币政策。直至这种制度限制到位以后，才有可能明确区分财政政策与货币政策。

一旦中央银行与财政部门分离，财政政策与货币政策的协同就成了大事，因为货币如何进入经济运行会有重大影响。我们在之前章节中讨论了利用货币支持投资项目的议题，货币进入经济运行既可以通过支持投资支出，也可以通过把内部货币兑换为外部货币。当政府在制度设计上把财政政策同货币政策分离之后，货币进入经济就有了第三条途径，即债务货币化。

制度摩擦还在根本上驱动了信息摩擦。具体来说，在货币政策有了制度限制、中央银行同实体经济及政府预算分离之后，中央银行就不再能决定如何将外部货币分配到实体经济中有需要的地方。外部货币的分配渠道被限制在商业银行和财政部，于是中央银行与实体经济的信息交流在很大程度上受到阻隔，中央银行不掌握可用于识别净现值为正的投资项目以及瞄准高效率转移支付的相关信息。投资被交给商业银行和金融市场，公共品供给和财政转移支付则被交给财政部门和立法机构。

参照萨金特与华莱士（Sargent and Wallace, 1981）的研究，我们可以区分两大类型的宏观经济政策体制：（1）财政主导体制，允许实施债务货币化，把货币政策局限于维持价格稳定；（2）货币和银行主导体制，限制实施逆周期财政政策，限制甚至不允许债务货币化，经济活动通过货币政策（利率设定）和内部货币创造（量化宽松）来调控。

美国和中国的宏观经济史（下文将详细介绍）反映了从一种主导体制（往往能延续 30 年之久）向另一种主导体制转变的模式。当财政政策受到债务可持续性的约束时，会转向货币和银行主导体制；而当货币政策受到零利率下限的约束时（凯恩斯主义所说的流动性陷阱），会转向财政政策主导体制。

主导体制的这一转变通常不是预先设计的结果。每种体制都有自身的宏观经济动态变化机制，并会自我强化。每个阶段的主导体制往往会放大失衡，因而引发危机，并走向终结。我们将指出，为充分发挥效力，财政政策、货币政策和审慎监管政策必须相互协同，以避免在每种主导体制下容易出现的极端失衡局面。

主权借贷在初期曾受困于承诺问题。作为最高世俗权力的化身，国家（君主）自然会把借债不还作为自身的特权之一，可是，这种承诺失效也会限制其借款能力。主权国家通常只能以较高利率从富有的银行家和商人那里获得短期借款，后者则能够以国家违约就停止继续放贷作为可信威胁，以保证借款获得偿还。尽管借款要付出较高的利率，但在必要情况下它依然是一个有用的选择，可以帮助国家在最需要的时候缓解预算压力。

法定货币出现之后，在借入硬通货之外又多了一种融资选择。投资可以通过内部货币与外部货币（法定货币）的组合来融资。但不是所有公共支出都能通过法定货币融资，货币发行通常不会用于亏损的投资项目，后者只能（至少部分）用公共资金支持。许多公共支出项目是实现若干重要目标的必需开销，包括减贫、基础设施投资、公共医疗和国防等。这些都属于财政部门的职责范围，通过税收或主权债务来筹集资金。事实上，以税收支持的支出属于社会公共事务，不能简单地委托给某个独立的专业机构负责。

下文我们将探讨，货币政策的实施尽管同样属于公共事务，却越来越多地委托给一个独立的专业机构，因为人们相信这样能更好地约束货币发行（Kydland and Prescott，1977）。

2.2 货币政策的功能

全世界几乎所有中央银行都把通过调节利率和控制货币供给来维持价格稳定作为自己的主要使命。某些国家的中央银行（如美联储）还承担了保证充分就业的任务。

货币政策发挥作用的一个关键渠道是银行贷款。中央银行可以向银行体系注入外部货币（购买资产或提供抵押贷款）以刺激贷款行为，但不能以此完美地控制货币供给，因为它无法强迫银行发放贷款。贷款决策是一种商业决策，最终由商业银行制定。中央银行能做的只是改变商业银行放贷的成本，如果提高成本（抬升利率水平），就会打压贷款，如果降低成本，则会鼓励贷款。但在利率水平触及零下限时，这样的货币和银行政策将失去效力。另外，利率能上调多少而不至于引发银行业危机也有限度，如果爆发银行业危机，则中央银行不得不作为最后贷款人实施干预，以维护金融稳定。

如本书第 3 章所述，中央银行不能在存贷款业务中同商业银行直接竞争，因为这可能损害商业银行经营的可持续性。由于中央银行只能充当银行的银行，它并不掌握商业银行在制定明智贷款决策时拥有的丰富信息。

在金融形势紧张的时期，经济前景黯淡，商业银行不愿意发放新的贷款。银行担心新的贷款可能变成坏账，让自己陷入流动性困境，并危及自身的生存。在此情形下，中央银行必须扮演关键角色，给商业银行部门提供支持。它可能必须做出明确的承诺，让商业银行能无限额地获得外部货币，以维护金融稳定。事实上，对外部流动性供给的任何疑虑在此时都可能触发自我实现的银行挤兑。

由于上述这些制度特征，货币政策（货币发行）的主要功能是在正常时期维持价格稳定，在危机时期维护金融稳定，并通过增加货币供给、支持净现值为正的投资项目来推动经济增长。前两项功能比较普通，也得到了充分认可，但第三项功能在经济研究与政策制定中往往被忽视。其实如本书第4章所述，它的作用同样重要。当前许多经济分析与政策制定依然植根于金本位制度的货币理论框架，没有把货币发行当作促进经济增长的一个选项。

如明斯基（1965）所言，在因金融约束而没有充分发挥潜能的经济里，中央银行供给的外部货币与商业银行创造的内部货币需要担任明星角色。但在货币经济学教科书中，它们依然更多地被视为配角。

2.3 财政政策的功能

财政政策的主要内容是利用税收和社会保障缴费来提供公共品和社会保险。这些支出不是相机抉择的，可以充当重要的宏观经济稳定器，因为它们即便在严重衰退中也会大致保持不变。但财政政策中也有相机抉择的部分，主要着眼于经济活动的逆周期调节。在经济下行或严重收缩时期，私人投资和消费无法发挥经济稳定器作用，因为企业和居民都面临严苛的财务约束（例如，银行贷款和股票市场会下挫），于是经济可能落入就业不足的均衡陷阱。财政政策此时可以刺激总支出，用廉价的公共资金来补充私人贷款的缺口，从而推动经济走向充分就业的更好均衡。这基本上是通过引导和协调私人投资及消费来实现的（Weitzman，1982；Hart，1982；Cooper and John，1988；Blanchard and Kiyotaki，1987）。

以上是教科书中的标准情形，把相机抉择的财政支出视作经典的宏观经济稳定政策。对于甄别哪些地方最需要财政刺激，哪里的企业和居民面临的资金约束最为严重，投向何方的财政转移支付能促进消费和投资，而不是变成更多的储蓄，财政当局比货币当局更有发言权。财政当局作为税收的征管机构和社会收入支持项目的资金提供机构，能更好地向陷入财务困境的居民家庭（其中许多人甚至没有银行账户）和企业分配公共资金。而货币当局则主要是同银行、保险公司以及证券机构打交道。因此，财政当局在解决宏观经济协调失灵和为公共品提供资金方面有天然的信息优势。此外，由于向经济领域中最弱势群体（失业者、穷人和小企业等）提供公共品、财政扶持和社会服务都属于重要的政治决策，很难想象能让中央银行来承担此类任务。

还有一类天然属于财政政策范围的投资是基础设施建设，对资金需求量大，回收周期漫长，而且财务回报率低，风险高（除非有特定机制让投资人能够从项目带来的社会价值中获取充足份额）。商业银行通常会远离此类"绿地"（greenfield）投资，除非这些项目能通过公共增信、首层损失吸收或投资参与等方式，构建出可盈利性。为实现增信，许多国家的政府都设立了开发性金融机构，如中国的国家开发银行，它们通常由财政当局领导，与货币当局分开（见本书第 4 章）。

然而，相机抉择的财政支出作为宏观经济政策工具有一个重要局限，即应对宏观经济冲击的政治决策过程往往要耗费较长时间。这可能导致严重的时滞，有时甚至达到一年以上，从而显著削弱财政政策作为宏观经济响应措施的效力。如此长的时滞可以解释，为什么相比货币政策，财政政策作为逆周期宏观经济政策的作用日渐减弱，因为前者对经济活动变化的反应更加主动和灵敏。

3. 财政政策与货币政策的协同

前文提到，财政当局与货币当局各有独特的功能任务和信息优势。财政政策属于政治事务领域，与之相比，货币政策脱离了政治。财政工具与货币工具都能够用来支持公共投资和经济增长。接下来，我们将探讨如何能把它们最有效地协同起来，以及财政融资与货币融资之间的利弊权衡。

3.1 一个简化的分析框架

我们采用的分析框架如图 5.1 所示，其中的纵轴代表货币政策，并反映金融体系中私人信贷创造的信息敏感度；横轴代表财政政策，并反映公共支出的信息敏感度。

商业银行的业务模式是收集有价值的投资项目的信息，并将资金引向净现值为正的项目。这些信息对于甄别优质项目和劣质

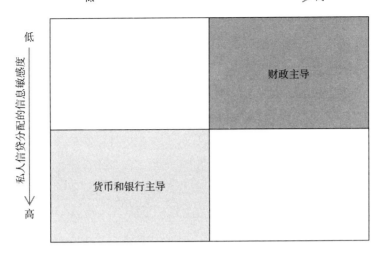

图 5.1　关于财政政策与货币政策的理论分析框架

项目的作用越大，投资项目的信息敏感度就越高，就越适合通过货币政策和银行体系来分配资金，如图 5.1 中左下区域描述的情形。

类似地，广义的政府财政部门是关于个人收入和需求的各种信息的存储库。在更需要把财政扶持引向那些最缺乏资金的群体而非找对投资项目的时候，应该让财政政策在宏观经济政策实施中占据主导地位。这在图 5.1 中表现为右上区域描述的情形。

因此，美国在 2020 年通过的《新冠病毒援助、救济与经济安全法案》总体上属于财政政策性质的措施，为新冠疫情期间受封闭措施影响的居民和企业提供收入补贴。美国政府中的财政部门能够更好地识别哪些群体最需要补助，并将资金快速划拨给他们。

有趣的是，该法案同时包含一个金额达 5 000 亿美元的计划，给企业以及各州和市镇提供支持，由美联储负责实施，也就是说属于货币政策。根据该计划的设计，美国财政部为美联储发放的所有贷款承担首层损失，为此目的还在财政部下面创立了一个特别机构，并投入350亿美元资金。此外，法案要求美联储以惩罚性利率提供贷款，并且所有贷款的发放必须得到财政部的批准。

这个计划是一项有意思的制度创新，它明确规定了财政当局与货币当局开展协调行动的具体程序。但结果表明，尽管可以通过这一渠道把数量庞大的刺激资金注入经济体，实际输送的扶持资金数额却很少，很大程度上是因为在该计划下，批准贷款的最终权力在财政部，可财政部并不掌握判断这些贷款质量优劣的相关信息。

在现实操作中，财政政策与货币政策协同的主要途径仍是购买国债和设定利率。当赤字支出带来的财政刺激伴随着中央银行资产负债表扩张和低利率的时候，财政政策与货币政策将相得益彰。而当财政部收紧开支、减少赤字，货币当局也相应提高利率、缩减资产负债表的时候，则属于反之亦然的情形。

这个体系下面临的一个核心问题是：在设定宏观经济政策立场的时候，由哪个政府机构来领衔，是财政当局还是货币当局？对此有两种极端情形，一种是所有主动权都归货币当局（货币和银行主导体制），另一种则是所有主动权都归财政部（财政主导体制）。

4. 政策主导及其打破方式

过去半个世纪的宏观经济政策史有一个特征：财政主导时期与货币和银行主导时期相继出现，每个时期会延续很长时间。每种主导体制都会自我强化，最终因为引发不可持续的经济和金融失衡而崩溃。每种主导体制最终都变成引发动荡而非维护稳定的力量。在介绍完这些历史先例之后，我们将指出要想在长期实现可持续性，关键在于抵消推动宏观经济政策倒向一种或另一种主导体制的力量。

首先来看财政主导体制，这种政策体制源自凯恩斯主义理论，其基本理念是通过增加（或减少）由债务支持的相机抉择型财政支出来刺激（或放缓）经济活动。

尤其值得注意的是，凯恩斯主义的逆周期政策并不包含货币政策的内容，完全是通过财政支出和财政乘数来操作。后来版本的财政主导体制则涉及政府债务货币化的理念（Sargent and Wallace，1981），让货币当局通过公开市场操作来配合财政部的立场。最近以来，政府债务货币化的比例达到空前水平，各国中央银行通过购买政府债务大规模扩张了自己的资产负债表。

对逆周期财政政策的两个著名批评意见，都涉及对私人支出的替代。第一种意见认为，由于财政赤字会挤出私人投资，所以不会刺激经济活动。此外，政府借款还会抬高私人投资的资金成本。第二种意见认为，公共债务增加导致未来需要更多税收去偿还，预见这种结果的私人部门会相应增加储蓄，同样形成替代效应（Barro，1974）。政府债务的动态变化过程确实是决定财政政策效力的一个关键因素。由赤字支持的财政支出尽管能暂时刺激经济活动，但多数时候仍会使政府债务增加。更多的政府债务催生更高的预算赤字，最终当某个国家接近债务可持续性的极限时，财政政策就不能单独作为逆周期政策来使用。如果有可能，这个国家将不得不转向货币政策，结束财政主导体制。

如图 5.2 所示，决定财政政策效力的另一个关键因素是财政支

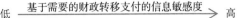

图5.2 凯恩斯主义的财政主导体制

出的精准性。如果由赤字支持的支出是完全转移给那些勉强维持生计的居民和企业，由于面临的资金约束极其严重，他们会马上花掉政府提供的资金，对经济活动的刺激效果就会达到100%。但如果有很大部分财政转移支付被交给那些资金约束不严重的经济主体，那么很多转移资金或许只会被储蓄起来。

接下来看货币和银行主导体制，我们称之为"货币和银行主导"而不仅是"货币主导"［与 Sargent 和 Wallace（1981）提出的概念有关但并不相同］，这是为了突出明斯基（1965）的重要发现，即金融部门并非配角，而应该扮演明星角色；同时也为强调货币政策部分是通过银行贷款和内部货币创造来发挥作用的。货币和银行主导应该被理解为主要通过货币政策来实施的宏观经济政策体制：中央银行通过下调（或上调）利率水平，以及调整存款准备金要求或者实施量化宽松措施来促进（或压缩）银行贷款，以刺激（或放缓）经济活动。

由于中央银行可以对经济活动的变化做出实时响应，它们比财政部门更适合开展对宏观经济的微调操作。另外，通过银行体系实施的货币政策更擅长把资金引向最有利可图的投资项目，如图 5.3 所示。由于净现值为正的投资项目具有很高的信息敏感度，通过货币政策与银行贷款渠道来控制经济活动和投资会更有效率。中央银行最后还有一个优势，那便是它们在协调跨国行动方面比财政当局受到的约束更少。

尽管这些优势非常突出，但货币政策的核心仍存在一个很大的难题，即货币当局不能完美地控制内部货币创造。银行贷款和金融市场从根本上说是不利于稳定的力量，容易受到明斯基关注的投机泡沫或希勒所说的非理性繁荣等因素的影响，造成经济崩盘和长期萧条。在金融危机过后，会出现通缩势头，如果利率降至零下限，货币政策将不再奏效。此时，量化宽松可以部分替代利率政策，但它也有自身的局限性，因为它只能通过购买资产来实施，无法直接影响资产的创造。到这个时点，货币和银行主导

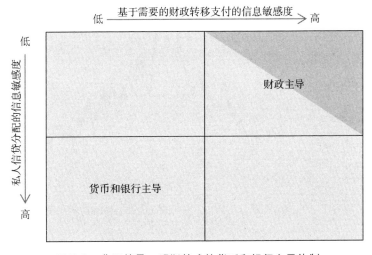

图5.3 弗里德曼—明斯基式的货币和银行主导体制

体制将走到尽头。在经济体落入流动性陷阱（这是凯恩斯最初描述利率零下限的说法）的时候，宏观经济政策必须转向财政政策，以克服通缩趋势，刺激经济活动。

宏观经济政策的历史表明，政策主导是分阶段出现的。只要政策还起作用，政府就没有太多理由调整当前的立场。在中国，1949—1978 年是财政主导阶段，1978—2020 年是货币和银行主导阶段。在美国，20 世纪 30 年代之前基本上是货币和银行主导阶段，从 20 世纪 30 年代到 1980 年是财政主导阶段，1980—2008 年则再度进入货币和银行主导阶段。

有趣的是，美国在 20 世纪 30 年代到 1980 年漫长的财政主导阶段，利率持续走高，而在之后的货币和银行主导阶段，利率则稳步下降（见图 5.4）。利率水平的变化与公共财政在财政主导阶段的逐步恶化保持一致，赤字支出与宽松货币政策最终导致财政

图 5.4　1940—2020 年美国 10 年期国债收益率的倒 V 形走势
资料来源：Bloomberg。

政策效力减弱，通胀相应抬升（后者也部分源于 20 世纪 70 年代的石油价格冲击）。这个阶段的终结是由于美联储采取了激进的控制通胀措施，大幅上调了利率，加上里根政府的减税（却没有相应削减政府支出）让预算赤字达到空前规模。在之后的货币和银行主导阶段，随着通胀被驯服，利率水平逐渐下降，这给一系列投机泡沫和房地产繁荣创造了必要空间，最终引发了 2008 年全球金融危机以及随后的通缩与流动性陷阱。

5. 对美国的案例研究

在之后两个小节中，我们将详细讨论美国和中国在过去一个世纪左右的宏观经济政策主导阶段的交替演化。我们对美国的描述将延续一条前人探索过的思路，但也会提出若干新的发现。我们对中国的描述则属于较为空白的研究领域。我们考察了中美两国宏观经济政策经历的差别和共性，这也会给世人提供一个新的研究视角。

对美国，我们根据如下几个天然临界点来划分阶段：（1）大萧条之前；（2）大萧条和二战；（3）战后时期（直至石油价格冲击和滞胀的出现）；（4）低通胀时期（直至全球金融危机爆发）；（5）新冠疫情冲击。

5.1 大萧条之前（1929 年以前）

爆发于 1907 年的金融危机导致了美联储于 1913 年创立，给货币政策奠定了最初的基础。宏观经济政策此时尚未成形，美联储的任务只是维护金融稳定，给银行体系提供流动性，还没有通过利率或货币供给的变化来实施货币政策的概念。不过,从美联储创立到1929年金融市场崩盘的20多年仍可以被视作货币和银行主导时期。货币供给在此期间确实有显著增加,尽管这是1921—1929年大量黄金流入美国、促使基础货币大幅增长的意外后果。从1921年7月到1929年10月,美国的M2增长了约50%(见图5.5)。宽松的货币供给刺激了经济活动,却也推动了投机泡沫和贷款狂热,给崩盘和大萧条创造了背景条件。

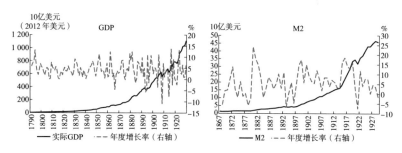

图5.5　大萧条之前的美国经济数据
资料来源:Friedman(1971),Johnston(2020)。

5.2　大萧条时期(1929—1933年)

1920—1929年,美国居民家庭的平均债务从287美元增至739美元;1916—1933年,美国总债务与GDP的比率从170.4%增至299.8%。这一时期的经济过热还伴有相应的国家政策的助力,例如赫伯特·胡佛总统在1928年"顿顿有鸡吃,家家两辆车"的口号。

金融市场崩盘的直接原因是货币政策的调整。为制约过度投机,美联储将贴现率从3.5%提升至6%,同时要求各联储银行减少给进入股市的投机性资金的贷款。投资者的信心迅速崩溃。1929年10月28日,道琼斯指数下挫13%,次日又进一步暴跌

22%，揭开了大萧条的序幕（见图5.6）。后续的银行体系危机和世界范围的经济下滑把这轮危机推向了全球。

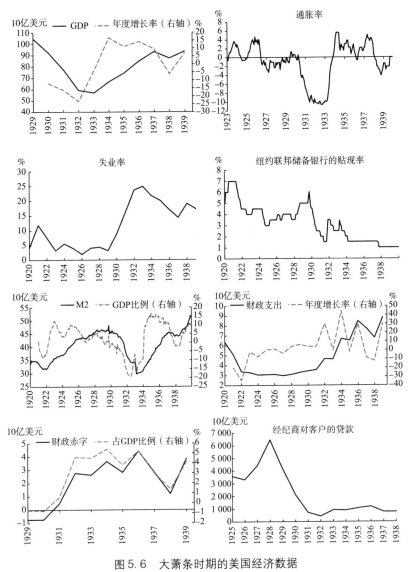

图5.6　大萧条时期的美国经济数据

资料来源：Federal Reserve，National Bureau of Economic Research，Burgess（1961），Friedman and Schwartz（1971），Johnston（2020），Lebergott（1957）。

在 1929 年股市崩盘时，美联储成立还不到 20 年，尚未建立起全面运转的最后贷款人制度，也没有一个最后贷款人理论来应对重大银行危机。当危机开始扩大时，美联储并未放松货币立场，反而加强了紧缩政策，在 1932 年把贴现率提升至 3.5%。此外，同样没有宏观经济理论来指导美国在危机中的财政政策。正是在经济行将触底的时候，胡佛政府却于 1932 年实施了历史上规模最大的增税行动。

这一形势直至富兰克林·罗斯福就任总统才得以改善。1933—1937 年，罗斯福采取了扩张性的财政政策和货币政策，放弃金本位制度，让美元贬值，使基础货币在此期间大幅增加了 50%。国会通过了《紧急银行法案》，以救助系统重要性银行；还通过了《格拉斯 – 斯蒂格尔法案》，把商业银行与投资银行业务有效隔离，并创建了联邦存款保险公司。

按照我们的理论，美国在大萧条时期的经历符合图 5.1 右上区域的情形：力图摆脱大萧条的宏观经济政策面临的形势是，私人信贷分配的高信息敏感度（因为在黯淡的经济环境下能够盈利的投资项目非常少）加上财政支出与公共工程的低信息敏感度（因为美国 GDP 在 1929—1933 年下跌了 46%，失业率在 1933 年高达 25%，整个经济都迫切需要资金支持）。

联邦政府在当时没有强大的政策工具，也没有经济理论去解释扩张性货币政策与财政政策的关键作用：抵消经济下滑趋势，协调众多企业的投资与雇佣决策。政府对危机的应对绵软无力是经济萧条旷日持久的主要原因。

直至大萧条和二战之后，政府的宏观经济理论和政策工具才得到改进。大萧条催生了凯恩斯主义经济学，也确立了用扩张性财政政策来刺激经济增长的理念。我们的分析认为，大萧条实际上标志着货币和银行主导阶段的终结与漫长的财政主导阶段的开始。

5.3　二战时期（1942—1945 年）

　　让美国真正走出大萧条阴影的其实是第二次世界大战。尽管大战在 1939 年就已经爆发，美国却是在 1941 年 12 月被日本偷袭珍珠港之后才真正加入战局。从经济角度看，战争对美国产生了许多正面影响。例如，艾伦·格林斯潘（2018，第 220 页）谈道："战争神奇地把坏事变成了好事，政府在和平时期可能是千百万消费者做决策时的糟糕替代者，但在政府作为唯一的消费者购买坦克和飞机的时候，它却成了理想的消费者，尤其是在采用成本加成合同、基本消除了不确定性的情况下。"

　　美国在参战以后，军事支出大幅增加，1942—1945 年的年度战争支出平均达到 GDP 的 30%，强烈刺激了经济增长。战争爆发前，美国的军事开支仅占 GDP 的 1.5%，到 1944 年则激增至 747 亿美元，超过 GDP 的 33%。大萧条期间，美国的失业率居高不下，而在战争时期，男性失业者完全消失，给女性加入劳动力队伍腾出了空间。战争还推动许多企业开发新技术来扩大产出。许多战后高科技产业正是诞生于这个时期，例如喷气式飞机、民用核能和计算机等。最后的结果是，美国经历了有史以来最快的经济增长，GDP 在 1939—1944 年增长了 140%。大战期间，美国的工厂满负荷运作，生产出大量军用设备。据估计，美国单位工时的产出约为德国的 4 倍，日本的 5 倍。如此巨大的生产率优势不仅是盟国最终取得胜利的一个关键因素，也让美国一跃成为战后的世界头号制造业强国，为之后的经济奇迹（20 世纪五六十年代）奠定了基础。

二战是大规模财政扩张时期，美国政府的预算赤字大幅增加（见图5.7）。按照我们的理论，这个时期属于图5.1右上区域描述

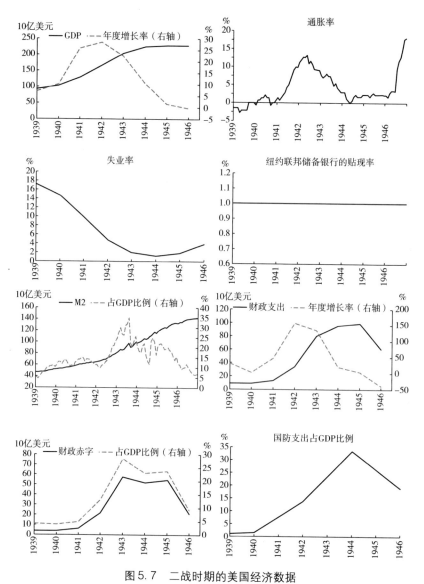

图5.7　二战时期的美国经济数据

资料来源：Federal Reserve，National Bureau of Economic Research，Burgess（1961），Friedman and Schwartz（1971），Lebergott（1957）。

的情形，财政支出的信息敏感度较低，因为优先事项显然是支持战争行动。在大萧条中诞生不久的财政主导体制继续扩张，把图5.2中描述的信息边界向外拓展。还需要指出，与政府赤字的大规模扩张相对应，美国也把利率控制在低水平，甚至实施了历史上首次量化宽松操作，美联储购买了为支持战争而发行的国债。这一举措可以被视为日本银行在 20 世纪 90 年代以及美联储在 2008年全球金融危机期间及之后类似行动的预演。

5.4　滞胀时期（1970—1981 年）

二战后的所谓黄金时代随着布雷顿森林体系（自 1944 年开始运行）崩溃以及石油价格冲击（1973 年和 1979 年）而结束，这两个事件都加剧了在 20 世纪 60 年代后期日渐突出的通胀压力。美国进入滞胀时期，通胀恶化与经济增长停滞（失业率上升）同时出现。滞胀的首要原因是越南战争及其导致的财政支出大幅飙升。为应对财政赤字，尽管经济快速增长，美联储依然把基准利率控制在低水平。

1971 年，美国自 1893 年之后首次出现贸易赤字。为应对失业、通胀和贸易赤字这三大挑战加上美元危机，尼克松政府采取了新的经济政策，包括实施价格管制、提高进口关税、刺激经济的税收改革，另外还取消了美元与黄金的自由兑换。美元与黄金脱钩标志着布雷顿森林体系的最终崩溃。

但美国经济只实现了短暂的复苏，而通胀问题依旧持续。在第一次（1973—1974 年）和第二次（1979—1981 年）石油危机后，高涨的油价使通胀进一步恶化，同时把美国推入全面滞胀的境地。

到 20 世纪 80 年代初，美国的通胀率已高达 15%，超出 1973 年石油危机时 12% 的水平（见图 5.8）。虽然卡特政府实施了减税，经济

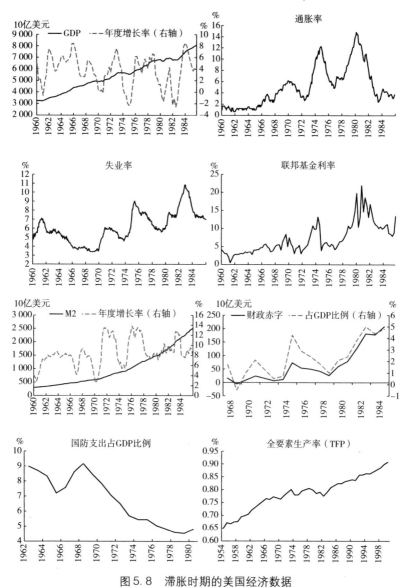

图 5.8　滞胀时期的美国经济数据

资料来源：Federal Reserve，National Bureau of Economic Research，CICC Research。

增速仍在 1978 年第四季度见顶后迅速下坠，让美国经济在 1980 年进入衰退。凯恩斯主义的财政主导政策已走进了死胡同。

回头来看，滞胀的核心原因是石油价格冲击引发的成本推动型通胀。这种基于成本的通胀因为工资—价格螺旋机制而被放大，物价上涨导致工人要求提高名义工资，起初是为恢复购买力，之后则包括对未来物价会继续上涨的预期。以单位工时产值测算的劳动生产率在 20 世纪 70 年代逐年下降，美国的全要素生产率在整个 70 年代止步不前。与此同时，随着日本和德国制造业生产率的提高，美国还面临全球竞争力下降的不利局势。

在里根政府上台后，美联储主席保罗·沃尔克开始实施严厉的货币紧缩。美国联邦基金利率在 1981 年提升至 22%，甚至超出长期利率的水平，通胀率则在 1983 年降至 2.5%，相应地使失业率提升至 10.8%。在通胀得到有效抑制后，利率水平下降，再加上里根政府的减税措施及相伴的财政赤字增加的影响（1983—1984 年），美国经济得以复苏。

20 世纪 70 年代后期的劳动生产率下滑趋势终于被逆转。信息技术突破、去监管改革以及全球化加速，共同开启了一个持续增长时期，生产率不断提高。如之前的图 5.4 所示，1981 年是美国经济政策主导模式的明显转折点，标志着延续 48 年之久的凯恩斯主义财政主导体制的结束（1933—1981 年），转向新的货币和银行主导体制，后者将持续约 30 年（1981—2010 年）。

5.5 全球金融危机时期（2008—2009 年）

明斯基（1986）预言的基本情形在 2008 年发生了，全球金融危机揭开序幕。此前属于漫长的大规模金融创新时期，最终演化为不受控制的投机性金融阶段，随着次级贷款支持的证券市场和影子银行体系崩溃，危机爆发，接下来又发展为严重的房地产和经济危机。

在全球金融危机爆发前，美联储采取宽松货币政策，于2001—2004年13次下调利率，把联邦基金利率从6.5%降至1%。极端的低利率环境促使大量资金涌入房地产部门和股市。2002年之后，美国的住房价格以每年超过10%的速度飙升，房地产抵押贷款的规模持续攀升。居民的借款能力增加进一步推高了房价。由于宽松的货币政策和金融监管环境，美国出现了巨大的贷款热潮（主要是在房地产领域），总债务与GDP的比率从2000年的267%提升至2008年的365%。

在通胀压力变成现实后，美联储改弦更张，在2004—2006年17次提高利率，把联邦基金利率从1%升至5.25%（见图5.9）。这一利率抬升导致美国次级贷款的拖欠率急剧增加以及房地产市场走向崩溃，最终触发了次贷危机，并很快引发一场全球金融海啸。

这一回，美联储对如何应对危机的蔓延并非毫无准备，因为大萧条及之后的多次金融风暴给危机管理留下了大量经验教训。当美国金融体系内爆的形势变得明朗以后，美联储迅速采取了行动。首先，它从2007年8月起10次下调联邦基金利率，直至0~0.25%的水平。其次，它通过各种创新信贷工具给金融机构提供了多种流动性支持，包括对储蓄金融机构的定期拍卖工具，对商业票据发行人的商业票据融资工具，以及对资产支持证券购买人的定期资产支持证券贷款工具等。最后，美联储通过购买国债和按揭抵押债券启动了量化宽松，从2008年11月到2010年3月，通过量化

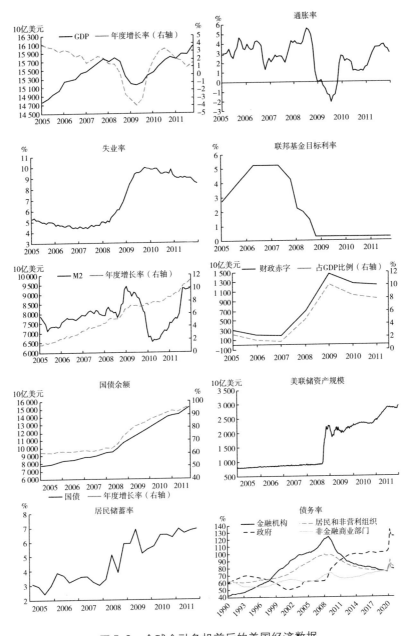

图 5.9　全球金融危机前后的美国经济数据

资料来源：Federal Reserve，National Bureau of Economic Research。

宽松向市场注入了 1.725 万亿美元，之后的 2010 年 10 月第二轮量化宽松注入资金 6 000 亿美元，2012 年的第三轮量化宽松又每月购入价值 400 亿美元的按揭抵押债券。

在财政刺激方面，美国政府也采取了前所未有的措施向金融机构注入资金，扩大公共开支以及减税：2008 年 2 月，小布什政府推出 1 680 亿美元的减税计划以刺激消费和投资；在雷曼兄弟破产危机期间，小布什政府授权财政部启动 7 000 亿美元的组合计划来救助金融机构。继任的奥巴马一上任就推出了 7 890 亿美元的大规模刺激计划，其中 35% 属于减税，65% 用于覆盖美国经济几乎所有方面的投资。由于这些财政刺激措施，美国的财政赤字显著增加，在 2009 年达到 GDP 的 10.1%。

为遏制危机蔓延，各国中央银行和政府都采取了极其宽松的货币政策与财政刺激措施。结果是，美国和全世界避免了陷入大萧条那样的困境。事实上，美国的衰退只持续了 6 个季度（从 2007 年 12 月到 2009 年 6 月），金融市场也呈现 V 形反弹。

根据我们的框架，2008 年全球金融危机是货币政策与财政政策都发挥了有效作用的范例，而且当时非常需要这两种政策的协同。在雷曼兄弟公司于 2008 年 9 月破产后，金融形势急剧恶化，市场流动性枯竭，发达国家的整个金融体系面临崩溃的风险。在此情形下，美国政府充分利用了货币政策和财政政策来恢复金融稳定，推动实体经济复苏。

5.6 新冠疫情时期（2020—2021 年）

美国和全球金融市场在新冠疫情于 2020 年暴发后受到沉重打

击，美国股市在很短时间内数次熔断。为应对经济封闭引发的金融危机，美联储采取了比 2008 年更为迅捷的行动。有了之前处理全球金融危机的经验，美联储很快推出了各种宽松货币工具。下调利率是第一项行动，美联储在 2020 年 3 月 3 日和 15 日分别降息 50 和 100 个基点，把联邦基金目标利率降至 0 ~ 0.25%。第二项行动是通过增加隔夜回购操作，直接向银行和非银行金融机构注入短期流动性。第三项行动是重新启动量化宽松措施，并且没有对购买美国国债和按揭抵押债券设定任何限制。第四项行动是再度动用美联储在全球金融危机期间曾实施的一系列流动性支持措施。

通过上述各种举措，美联储实施了自身历史上最宽松的货币政策，稳定金融市场的效果非常显著：美国的债券收益率被压低到创纪录的水平，10 年期国债收益率低至 0.5%；美国股市在 2020 年呈现强烈的 V 形反弹，指数到年底创历史新高（见图 5.10）。

与此同时，美国政府也实施了史无前例的财政扩张。2020 年，政府相继推出了六轮资金补贴行动，累计金额达 3.4 万亿美元。美国的财政赤字也不可避免地大幅增加：2020 年，联邦赤字比上年激增了 2.1 万亿美元，高达 3.1 万亿美元，赤字与 GDP 的比率达到 14.9%。此外，美国国债余额到 2020 年底达到 26.9 万亿美元的历史高度。

如此大规模的财政刺激措施保护了美国企业界在新冠疫情期间的资产负债表，破产率降到历史新低。同时，美国居民的储蓄率从 2019 年 12 月的 7% 提升至 2020 年 6 月的 26%。总体而言，财政与货币刺激措施的结合有效地保护了居民家庭和企业，促进了美国经济在封闭解除之后快速复苏。在危机响应的初期，货币政策扮演了更重要的角色。而随着金融市场逐渐稳定，利率达到历

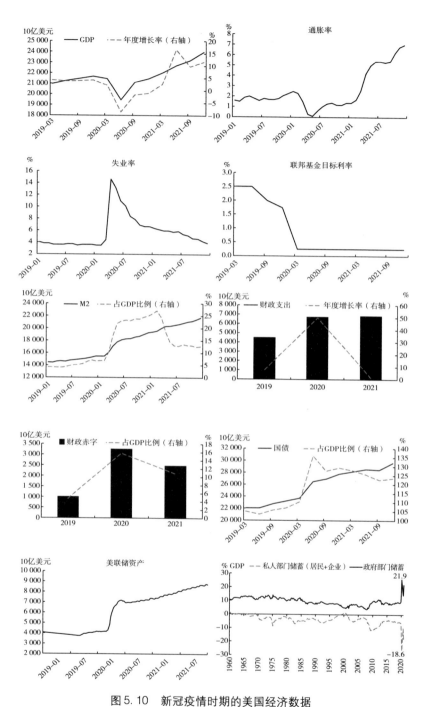

图 5.10　新冠疫情时期的美国经济数据

资料来源：Federal Reserve，National Bureau of Economic Research。

史新低，货币稀缺现象明显减少，货币政策的边际效果随之显著下降。财政政策在后疫情时期发挥了更具主导性的作用。

后疫情时期一个在很大程度上出乎意料的现象是通胀回归。美国的通胀率在2021年底急剧提升，接近30年来的最高点，迫使美联储收紧货币政策，首先是停止量化宽松（甚至开始逆向操作），其次是提高利率。通胀的重新出现可归因于若干因素的共同作用，其中较为突出的是供应链受到扰动，疫情延续导致劳动参与率意外下跌，能源和大宗商品价格快速抬高，以及政府采取异常宽松的财政和货币政策立场等。

从许多方面看，极为强劲的财政与货币刺激措施正是现代货币理论倡导者主张的做法。他们认为，在疫情之前历史罕见的低利率环境下，对政府债务和货币扩张实际上已没有上限约束。根据该理论，政府债务只不过是居民持有的一项资产，而极低的利率水平表明，他们有强烈的储蓄需求。

然而，从我们的理论框架会得出不同的观点。我们与现代货币理论的主要分歧在于：虽然从原则上讲，政府可以尽可能多地发行主权债务并将其货币化，但最终的经济效果还取决于借此开展的投资（和支出项目）。如果政府资金不是用于支持净现值为正的投资项目，赤字支出和货币供给的大幅增加最终将带来通胀。新创造资产的质量还会影响私人部门和居民的财富。若不能把资金投入净现值为正的项目，随着经济运行达到满负荷，将不可避免地产生通胀压力。

6. 对中国的案例研究

我们把关于中国财政政策与货币政策历史的讨论分为如下

几个阶段：（1）中央计划经济时期；（2）改革开放早期阶段；（3）亚洲金融危机；（4）全球金融危机；（5）全球金融危机之后的巩固时期。

6.1 中央计划经济的诞生（1952—1978年）

中华人民共和国于1949年成立时，国家刚经历了多年的战争。那时的中国是个极其贫穷的发展中农业国家，工业部门几乎不存在。部分源于同苏联的密切联系，部分源于经济的落后状态，中国很自然地借鉴了苏联的经济理念与中央计划经济管理制度，尤其是高度重视重工业的发展。

通过中央计划，全国的强制性储蓄资金被引向重工业。首先是在中央政府层面，由国家计委决定价格、生产方式、产品和投资项目。中央政府把资金划拨给国有企业，用于采购和生产。企业完全按照计划指示开展经营，产品也由政府收购和分配。整个中央计划体制是基于扭曲的价格信号，通过行政命令配置资源，没有给各家企业留下自主空间。

与20世纪30年代的苏联类似，计划经济体制促进了中国重工业的发展。中国的年均GDP增速达到6.9%（见图5.11），资本积累迅速（详见表5.1和表5.2）。然而，过分强调重工业发展也付出了沉重代价：尽管实物产能显著扩张，价值创造却很低。有研究指出（Chen，2013），工业化必须与基础设施发展和城市化相结合，才能创造价值，使城市土地得以升值，并通过收获由此创造的价值来支撑长期的可持续发展。可控的城市化还会通过把剩余劳动力从农业转向制造业和服务业来提高生产率。简而言之，这个时期的中国经济发展极不平衡。工业化扩大了钢铁、水泥和其他物质资料的产能，却没有带来就业岗位的大幅增加。农村地区依然非常贫穷，却还要通过强制储蓄向重工业发展提供资金。

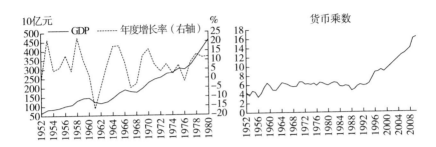

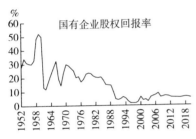

图 5.11　计划经济时期的中国经济数据

资料来源：国家统计局。

表 5.1　1978 年之前的资本积累率

时期	资本积累率
第一个五年计划（1953—1957 年）	24.2%
第二个五年计划（1958—1962 年）	30.8%
1963—1965 年	22.7%
第三个五年计划（1966—1970 年）	26.3%
第四个五年计划（1971—1975 年）	33.3%

资料来源：Lin（2018）。

表5.2　1978年之前的基本建设分类

时期	农业	轻工业	重工业	其他
第一个五年计划（1953—1957年）	7.1%	6.4%	36.2%	50.3%
第二个五年计划（1958—1962年）	11.3%	6.4%	54.0%	28.3%
1963—1965年	17.6%	3.9%	45.9%	32.6%
第三个五年计划（1966—1970年）	10.7%	4.4%	51.1%	33.8%
第四个五年计划（1971—1975年）	9.8%	5.8%	49.6%	34.8%

资料来源：Lin（2018）。

　　按照我们的框架，这个时期的特征是财政主导体制，财政转移支付的低信息敏感度加上私人信贷分配的高信息敏感度。当时的中国不存在金融体系，只有中国人民银行这一家银行，既充当中央银行，也通过遍布全国的分支机构发挥吸收存款的职能。结果使中国在结构上属于财政主导体制，所有重大项目都由计划当局控制和提供资金。这些项目并不使用净现值为正的标准进行评估，经常导致低回报率，需要更多的财政补贴以维持运营。由此形成了一种恶性循环，财政支出导致更多财政支出，最终给预算带来了极大的压力。直至改革开放之后，这一恶性循环才被打破。

6.2　改革开放早期阶段（1978—1994年）

　　中国在1978年调整发展路线，迎来了改革开放的新时代。经济发展思路的这一根本变革是中国历史上最重大的事件之一，引领中国走上了空前的经济繁荣之路，也在此过程中改变了世界经济的面貌。改革开放的早期阶段推出了为数众多的开创性举措，难以在本节逐一介绍。我们这里只聚焦于同财政政策和货币政策关系密切的制度性改革。

第一类改革涉及金融体制和中央银行转型。1979 年之前，中国人民银行扮演着国家银行的角色，与财政部保持密切联系，承担发行货币、支持经济活动的任务。人民银行既是管理国家资金的政府机构，又是开展综合性银行业务的国家银行。1979 年之后，人民银行逐渐转型为中央银行，把货币发行和金融监管功能同商业银行业务分开。1984 年，人民银行完全剥离商业银行职能，转向以执行货币政策与维护金融稳定为主要职能。

中国于 2001 年加入世界贸易组织，不久后，出口产业逐渐繁荣，收获了大量外汇储备（主要是美元）。到 2014 年巅峰期，中国的外汇储备达到 3.84 万亿美元。中国的资本账户没有完全开放，出口企业收到的美元要按照规定转移给人民银行，由后者兑换为人民币。这一操作导致人民银行的大部分基础货币来自 2013 年之前增长迅猛的外汇储备。接下来，人民银行发行的基础人民币支持了中国经济的快速成长，借助银行贷款渠道和金融市场的发展，支撑庞大的基础设施投资项目（有关介绍见本书第 4 章）。因此，外汇储备在 2013 年之前的中国货币创造过程中发挥了重要作用。

第二类改革自 1994 年启动，着眼于改造财政部门，使预算支出管理与新兴的市场经济相适应。财政改革拓宽了税基，重塑了财政支出管理体制。中国财政收入自 1995 年得以持续增长，到 2015 年，财政总收入占 GDP 的份额翻了一番，从 1994 年的 11% 提升至 2015 年的 22%。在此期间，以美元计算的中国财政收入从 614 亿美元增长至 2.3 万亿美元。作为参照，美国联邦和州政府在 2015 年的财政收入为 3.4 万亿美元（见图 5.12）。

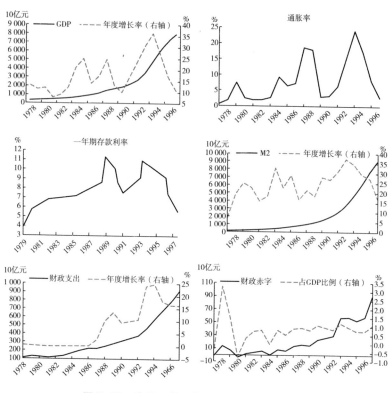

图5.12　改革开放早期阶段的中国经济数据
资料来源：国家统计局。

6.3　亚洲金融危机时期（1997 年）

虽然得益于资本管制，中国基本上避开了亚洲金融危机，但依然受到全球需求下降的负面冲击，并在之后的 1999—2001 年陷入衰退，表现为通缩。在危机爆发时，中国已经向外部世界打开了大门，经济高度依赖国际贸易，进出口总额与 GDP 之比超过 40%。此次衰退的另一个原因是，投资在资本支出加速增长期结束后放缓。在之前的 1993 年，固定资产投资比上年增长超过

60%，使 1994 年的 GDP 增速高达 36%，引发经济过热。中央政府采取了相应的宏观经济调节措施，在 1994—1997 年连续控制投资规模，造成了国内需求下降、对外依存度提高的结构性变化。

为应对危机，政府采取了若干措施（见图 5.13）。首先是在货币政策领域，中央银行软化了立场，提供更多货币和贷款，以减轻经济增长所受的冲击。中央银行下调了利率和银行准备金率，还取消了国有银行贷款规模上限，鼓励它们向经济活动提供更多贷款。

其次，在财政政策领域，中国政府转向更具扩张性的立场，把预算赤字从 1998 年的 922 亿元（约 112 亿美元）提升至 1999 年的 1 744 亿元（约 211 亿美元）。另外发行了 3 600 亿元（约 436 亿美元）的长期特别国债，以支持高速公路建设、城市基础设施建设、农村地区电网改造和灌溉建设等项目。最后还推出了更多税收优惠政策，以吸引外国直接投资进入中国。

自此之后，基础设施投资、房地产开发和城市化成为抵消经济下滑、刺激增长的重要政策工具。通过这些政策的综合运用，中国把经济引上了一条长期持续增长的轨道。

本书第 4 章已经提到，在这个时期，中国对银行体系开展了重大改革。亚洲金融危机揭示了银行体系大规模不良贷款的潜在危害性，促使 1997 年 11 月全国金融工作会议制定新的方案，要建立能够更好地适应社会主义市场经济的金融体系。

实际上，中国直至 2003 年才形成规范的银行体系。中国从 1984 年开始就把商业银行的职能从中央银行剥离，但新创建的商业银行于 20 世纪 90 年代深陷巨额不良贷款问题，事实上已资不抵债。不良贷款率在 2001 年达到 28.8% 的惊人水平，高于其他所

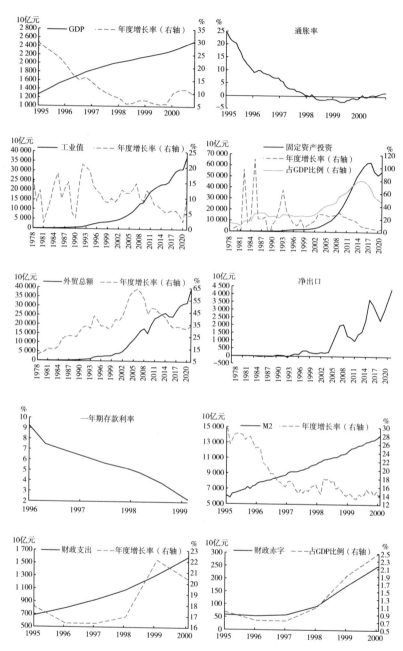

图 5.13 亚洲金融危机前后的中国经济数据

资料来源：国家统计局。

有主要经济体。中国此时着手改革银行体系，包括注入资本、引入外国战略投资者、剥离不良贷款、创立资产管理公司，以及对治理、业务管理和风险控制体系的系统改革。

与此同时，中国人民银行的资产负债表规模从 2002 年的 5.1 万亿元（约 6 167 亿美元）扩张至 2019 年的 37.1 万亿元（约 5.3 万亿美元），在 18 年间增长了 6.3 倍（以美元计算更是达到 7.6 倍）。就整个中国银行体系而言，2020 年底的贷款余额达 173 万亿元（约 25.4 万亿美元），比股票和债券市场规模之和还高得多。

总之，在朱镕基担任总理期间（1998—2003 年），中国成功经受住了亚洲金融危机与 1998 年大洪水这两次剧烈冲击，抓住了深化改革的机遇，建立起现代化的中央银行、商业银行体系、资本市场以及财政政策与货币政策框架。所有这些成果为中国加入世界贸易组织之后的进一步增长打好了基础。

6.4　全球金融危机时期（2008—2009 年）

2008 年全球金融危机是对中国的又一次严重外部冲击。但这次危机来临时，中国刚经历了较长期的金融稳定和经济增长，2000—2007 年的名义 GDP 年均增速达到 15.7%。此时，中国已确立了作为世界工厂的地位，拥有了巨大的制造业产能并维持了强劲的国际贸易增长势头。此外，中国还积累了可缓解任何金融冲击的庞大外汇储备。但在全球金融危机期间，世界市场需求急剧收缩，中国遭遇产能过剩的难题。

与大多数国家相比，中国在应对本轮危机时处于更有利的地位，拥有更大的空间来实施财政政策、货币政策和金融市场操作。

于是，中国采取了坚决措施，配合其他主要经济体，共同应对2008 年全球金融危机（见图 5.14）。尤其值得一提的是，全球各主要经济强国在本轮危机面前采取联合行动的方式，创立了 G20（二十国集团）机制。

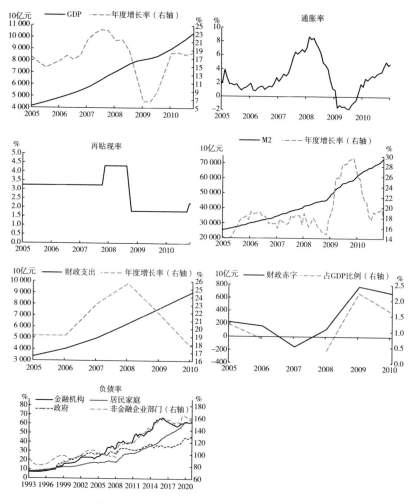

图 5.14　全球金融危机时期的中国经济数据
资料来源：国家统计局。

在货币政策领域，中国的存贷款基准利率和法定准备金率被多次下调，扭转了之前防止经济过热时的紧缩政策。例如在 2008 年 9—12 月，1 年期存款基准利率被连续 4 次下调，从 4.14% 降至 2.25%，大型金融机构的法定准备金率则从 17.5% 降至 15.5%。与此同时，取消了对商业银行贷款规模上限的管制。

在财政政策领域，政府支出显著增加，以提振总需求。中央政府于 2008 年 11 月推出了总额达 "4 万亿元"（约 6 000 亿美元）的投资组合，预算支出大增，另外还有结构性减税。这一刺激行动的规模令全世界瞩目。在铁路、高速公路、地铁、机场和水利等基础设施项目获得投资的同时，房地产部门和农村民生项目的投资也有所增加。另外，中国还实施了十大产业振兴规划。

在大规模刺激组合的作用下，中国经济迅速回升，工业化和城市化成为经济增长的两大关键发动机。在遭受冲击的全球主要经济体里，中国成为首个摆脱危机的国家。

刺激性财政政策与货币政策相得益彰，共同加速了经济复苏。但也留下了某些副作用，其中包括利用资金杠杆来促进增长，尤其是在地方政府层面，这在后来引发了债务可持续性问题。

6.5 去杠杆与中美贸易摩擦时期（2018—2019 年）

在 2018—2019 年，影响中国经济的两大重要事件是国内的金融去杠杆和国际上同美国的贸易摩擦。在 2008 年全球金融危机后中国各部门（政府、金融机构、居民和企业）的杠杆率都持续提高。其中金融部门的杠杆率翻了一番多，从 2008 年的 28% 增至 2017 年的 69%，金融风险显著上升。于是政府在 2018 年启动了去杠杆过程，以增强中国的金融韧性，改善资源配置效率。去杠杆过程加上清理影子银行体系的其他措施，成为监管当局工作的新关注点。

这一政策变化导致信贷供给明显收紧（见图5.15），总贷款增长率从2018年初的13.3%降至年底的10.2%，沉重打击了房地产部门，使城市化进程放缓。关键借款利率从2017年底到2018年第三季度末提高了0.39个百分点。正规银行体系以外的私人机构之间的借款利率从14.98%跃升至17.99%。还有，股票市场下跌导致股权融资更加困难，许多公司力图通过发行境外证券来满足资金需求。随着中美贸易摩擦的延续，资本外流压力使人民币暂

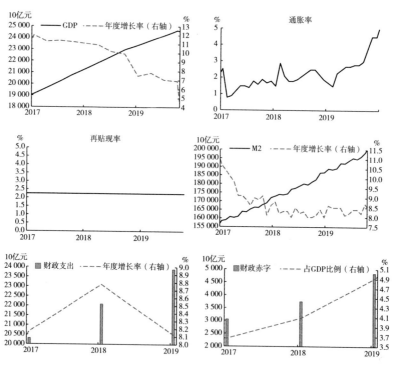

图5.15　去杠杆和中美贸易摩擦时期的中国经济数据
资料来源：国家统计局。

时贬值。

与金融去杠杆相伴，中国金融部门在 2019 年实施了重大供给侧改革。主要监管改革包括：（1）鼓励增加对小微企业、私人企业和制造业部门的贷款；（2）放宽私人资本参与创建中小银行的准入；（3）发展多层级金融市场，鼓励更多直接融资；（4）在科创板试点注册制上市；（5）实施新版《证券法》。

根据我们关于财政主导与货币和银行主导体制的一般理论框架，亚洲金融危机后开始的货币和银行主导体制在这些供给侧改革推出时达到了顶点。银行部门能够提供的总量刺激逐渐耗尽，2018 年出现越来越多财务困境和不良贷款。资金被更多用于投机交易，而更少创造新的资产，这是明斯基周期终结、明斯基时刻即将来临的典型标志。去杠杆行动与供给侧改革的目标就是让货币和银行体系以及资本市场在良好的风险管理原则下，回归为实体经济融资的主要职能。

7. 财政政策与货币政策保持协同的一条简单规则

我们在本章的分析表明，如果任其发展，政策主导阶段达到临界点时的转向会付出高昂代价。如果不及早采取更主动的措施，以纠正特定（财政或货币）政策主导长期延续导致的失衡，往往会造成重大经济或金融危机的突发。为避免陷入某种自我强化并最终导致重大经济和金融失衡的政策主导体制，我们可以做些什么呢？本小节将提出一个简单的政策规则，以实现财政—货币—监管的协同（FMRC）。

能在长时期里实现财政政策与货币政策协同的简单规则并不

容易界定。大多数国家目前遵循的规则——无论是只关注价格稳定的通胀目标规则，还是试图兼顾价格稳定和经济稳定的泰勒规则（Taylor rule）——都主要针对货币政策的实施，而非解决财政政策主导或货币政策主导引发的失衡。此外，这些规则没有考虑财政政策与货币政策之间通过货币和银行体系发生反馈作用的机制的复杂性。

借鉴明斯基（1965）的观点，我们认为把信贷创造纳入宏观经济分析的核心至关重要。用他的话讲，信贷体系必须成为舞台上的明星，而非配角。由于内部货币是由货币和银行体系内生创造的，针对信贷创造和金融稳定的监管就必须成为宏观经济政策协同规则不可或缺的组成部分。

因此，我们建议采用一条包含三个维度的简单规则，全面覆盖财政政策、货币政策与宏观审慎政策。每一类宏观政策工具都必须与其他两类保持协同，才能维持整个经济和金融体系的稳定。为更好地理解这条规则，可以参见图5.16，其中描述了包含三个维度的结构，货币政策维度为 r，财政政策维度为 F，宏观审慎政策维度为 P。每种政策工具的收紧或放松显示为对应轴线上的运动，在各自的上限和下限之间（上限和下限分别由带上划线和下划线的字母标识）。总体宏观政策立场则由外侧三角形轴线与内侧三角形顶点之间的几条连线来表示（以下简称为连线），内侧三角形被称为稳定核心。

这三个变量的同时调整会影响经济运行的整体宏观稳定。当三个变量都居于轴线中部时，三条连线都穿过外侧三角形与内侧三角形的中心点，会实现最稳定的政策立场。在这种情况下，两个三角形的中心点会重合。

图 5.16 以一种简明的方式来描述宏观经济政策协同问题。我们从中得到的一个基本发现是，有效的宏观经济政策建立在相互协同的财政政策、货币政策与审慎政策立场之上。当前许多国家的宏观经济政策框架则正好相反，货币政策的制定独立于财政政策和审慎政策，以通胀目标（平均而言约为2%）为中心。

最稳定的点是三个变量（r、F、P）都处在中间值的时候。当经济运行保持完美均衡时，这个点就能达到，而且未来对经济的冲击可能为正也可能为负。此时，宏观政策立场应该设定为最大化选择权价值，因此通胀率处在年度目标水平，财政保持收支平衡，银行体系的资本金充足。换句话说，当经济处在完美均衡状态时，政府机构将掌握最大的政策空间，可以应付不同方向的各种冲击。不管冲击是正面的还是负面的，政府都将有同样的响应能力。

在遭遇正面冲击时，财政、货币与审慎政策必须全部收紧，而在遭遇负面冲击时必须全部放松。这条简单的宏观经济政策协同规则反映在图 5.17 中。

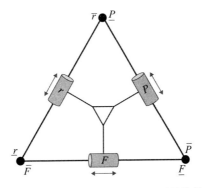

图 5.16　财政—货币—监管协同规则的简单模型

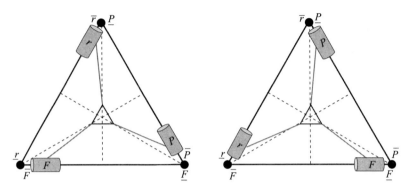

图5.17　政策协同：收紧财政、货币和审慎监管政策（左侧）；
放松财政、货币和审慎监管政策（右侧）

图5.17左侧展示的宏观经济协同立场是，在收紧货币政策的同时，也收紧财政政策和审慎监管政策。采取这一立场的情形是：经济过热、银行体系杠杆率过高、资产价格膨胀成为严重问题。政策目标是尽力防止经济过热或形成可能引发金融危机的资产价格泡沫。

图5.17右侧展示的是相反的宏观经济协同立场：货币政策、财政政策和审慎监管政策都放松。采取这一立场的情形是：经济走向衰退，或者金融体系爆发危机。政策目标是推动经济走出衰退或摆脱金融危机。

如图5.17所示，这种协同的政策组合不会影响稳定核心，因为内侧三角形的中心点依然同外侧三角形的中心点重合。无论是对正面冲击做出响应以防止经济过热，还是对负面冲击做出响应以摆脱经济衰退或金融危机，都需要协同的政策组合。

当三种政策朝同一方向运动时，会对冲击做出一致的宏观经济政策响应，这本身是更好地维护稳定的源头，陷入财政主导体制或货币和银行主导体制的风险将相应降低。

接下来，我们对图 5.17 和图 5.18 描述的宏观经济政策立场做个比较，后者描述的是缺乏协同的政策立场，其左侧是货币和银行主导体制，右侧是财政主导体制。每种主导体制都做出了政策响应，但缺乏相互协同会造成更大的压力。

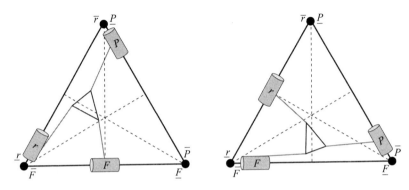

图 5.18　政策协同失败的情形：货币和银行主导体制（左侧）
　　　　　以及财政主导体制（右侧）

这些影响在图 5.18 中表现为，稳定核心（内侧三角形）的中心点与外侧三角形的中心点发生偏离，在货币和银行主导体制下偏向货币轴线，在财政主导体制下偏向财政轴线。财政、货币和审慎监管政策缺乏协同会给经济运行制造更多压力，增大爆发内生金融危机（遭遇正面冲击时）或者延长衰退或萧条时间（遭遇负面冲击时）的风险。

总之，宏观经济政策不能被简化为通胀目标规则，货币政策的制定也不能完全脱离财政政策或审慎监管政策。要想最大限度地发挥宏观经济政策和金融稳定措施的效力，这三类政策必须相互协调，保持同一方向。

8. 小结

货币政策的功能通常被解读为在正常时期维持价格稳定，在危机时期维护金融稳定。信贷的创造和配置是货币—银行体系的核心功能，因为它拥有制度和信息方面的优势，善于甄别不同项目的盈利前景。

财政当局则拥有不同的制度和信息优势，如辨识需要资金扶持的经济主体，为长期公共品的供给提供资金等。相机抉择型财政政策在逆周期宏观政策方面发挥着作用，但作用越来越小。

我们的理论框架提供了一个简单的办法来识别不同情况：哪些情况下财政当局的制度和信息优势最重要，应该采取财政措施；哪些情况下货币当局和商业银行的信息优势是关键，更适合采取货币措施。当然在实践中，针对变化的环境从一类政策措施转向另一类很少能那么轻松。在许多时候，最佳办法是财政政策与货币政策的组合。例如当财政措施效率最高时，实施一定数额的债务货币化经常也是最优选择。然而前文已经提到，有些自我强化的运行机制会把宏观经济政策推向一种或另一种主导体制。

当一种政策（财政政策或者货币政策）长时间占据主导地位后，往往会出现失衡，给经济运行造成不稳定。从这些分析中得出的主要启示是，政策制定者必须经常评估什么是适宜的财政政策与货币政策组合，以避免严重失衡的出现。

现代货币理论的一个核心观点是，主权债务同时是私人部门持有的资产，因此政府的负债能力也就是居民家庭（及其他投资人）吸收新金融资产的能力。但我们认为，只有在能够创造正的净现值时，才应该鼓励发行公共债务（以及将其货币化）。像凯恩斯（1936）所举的生动案例那样，出钱在地上挖坑又将其填平，或许能给缺钱的失业劳动者提供补贴，却不会创造任何价值。这样的公共支出或许有必要性，但如果是通过货币创造来支持，由于它们只增加总需求，并不增加总供给，可能会导致通胀。

对现代货币理论主张的另一个顾虑是，这样做或许会把政府推向财政主导体制的陷阱。与之类似的是，鼓励政府在低利率环境下发行更多债务，例如布兰查德（Blanchard，2019）的观点，也可能落入财政主导的陷阱。

政策制定者必须不停地在两类政策之间维持恰当的平衡。让一种政策主导体制固定下来持续运行，会让经济面临爆发危机的风险。财政主导体制会造成债务积压，引发债务可持续性危机；货币和银行主导体制则会催生投机泡沫和借款狂热，引发金融危机，把经济推入流动性陷阱。

我们描述了一种简单的财政—货币—监管协同规则，作为维持财政政策与货币政策平衡的宽泛建议，试图在通过创造内部货币和外部货币来支持能创造价值的投资与面向需求的财政政策之间寻求恰当的平衡。当每个宏观经济政策部门都有最大的选择余地来对不利经济冲击做出响应时，最佳平衡点就能达到。

第6章
货币与国家主权

在本章中，我们将探讨货币与国家主权的关系。我们将把第2章的单一国家开放经济理论框架扩展为包含多个国家的框架，发展出以货币主权为基础的最优货币区理论。

我们的分析将基于加入货币联盟的一项关键利弊权衡：好处是单一货币带来的货币约束，代价则是失去紧急情况下的货币化选择。我们将展示，货币联盟最好与财政联盟相结合，以便利用财政转移支付来帮助陷入危机的成员国应对偿债负担。我们的模型为分析最优货币区的发展历程提供了理论框架，从金本位制度的采纳到废除、布雷顿森林体系的诞生及崩溃、货币局制度，以及当前关于如何改革国际金融体系架构的讨论等。

萨提洛斯一世的儿子琉科于公元前389—349年统治着潘提卡彭。这位国王以政治和经济上的狡诈著称，在统治期间成功操纵古希腊的商业界，为自己的对外战争和内部治安支出提供补贴。事实上，琉科还成功地颠覆了正统经济学的法则，他通过增加货币供给来提供预算资金，却没有引发通胀。波利艾努斯曾在《战争策略》（*Stratagems of War*）一书中提到琉科："当国库空虚时，他发布了改用新型铸币的公告，要求所有人把自己的钱都带过来，兑换成用新铸币模子制作的相同价值的钱币。他铸造了一个新模子，让每一枚货币上面印的价值都比之前的数额翻番，然后所有人都拿回跟上缴货币相同面值的铸币，新创造出来的价值的一半则被他据为己有。"

——阿舍森（Ascherson，1995，第226页）

　　所有这些纸张都是带着莫大的庄严和权威而发行出来的，仿佛是由纯金或纯银制成……借助我描述的这些纸张，忽必烈可以用自己的账户来支付所有款项，并使这些纸张在他的各个王国、行省和领地，以及他的势力和主权所及之处畅通无阻地流转……的确每个人都愿意接受这些纸张，因为无论他去往大汗管辖领域的任何地方，都会看到它们的流通，并能够用这些纸张销售和购买各种物品，就像它们真是纯金的铸币一样。

——马可·波罗［1818（1300），第353—355页］

1. 引言

巴里·艾肯格林（1996）在转述国际货币基金组织首席经济学家迈克尔·穆萨（Michael Mussa）的一句诙谐评论时有一个重要发现。据说穆萨很喜欢讲，每次走进国际货币基金组织的自助餐厅，路过陈列着各成员国纸币的走廊时，他都会发现货币经济学中一条最稳定的规律，即国家与货币之间存在着一一对应的关系。也就是说，除少数特殊情形，每个国家只有一种货币，而每种货币代表一个国家。这个评论似乎在暗示，法定货币与国家主权之间有着一目了然的密切联系。

当然，这条规律在近年来有个重要的例外：自1999年起欧元成为欧盟大多数成员国的单一货币。恰恰是因为欧元切断了法定货币与国家主权之间的一一对应关系，许多分析人士和评论家从一开始就对其可持续性表示怀疑。的确，这个单一货币的存续在欧债危机中出现了疑问，2012年许多人呼吁希腊退出货币联盟（所谓的Grexit）。欧债危机揭示了国家主权与法定货币存在密切联系的一个重要原因。由于欧盟成员国发行的主权债务偿还的不确定性，单一货币的生存受到了质疑。欧洲中央银行是否会给希腊提供全力支持？如果发行货币的权力完全掌握在希腊银行手中，这个问题本不该出现。

另一个例外情形是，过去有多家私人银行发行的不同美元钞票在美国流通。事实上在南北战争之前，美国不存在由中央银行发行的单一法定货币。法定货币是由美国国会为南北战争提供资金而引入的，授予财政部发行"绿票子"美钞（联邦货币）的权力。这一历史先例表明，在一国内部法定货币与国家主权之间并无必然联系。然而私人发行的多种货币并存的局面并没有维持下去，由此提出了在国家不垄断法定货币发行时，以私人发行的多种货币为基础的货币体系是否存在根本缺陷的问题。这一根本问题随着加密货币的出现又重新凸显。与美国在内战之前面临的情形类似，自比特币在2009年问世以来，有数千种加密货币被创造出来。加密货币与稳定币的价值很快飙升至数万亿美元，带来了影响金融稳定的忧虑。在2022年春季加密货币暴跌后，这些忧虑在很大程度上被证实，尽管几家大型加密货币发行机构破产的影响基本上得到了控制。

加密资产的泡沫和崩盘引发了如下疑问：以私人机构发行的多种货币并存为基础的货币体系是否具有长期可行性。近期的崩溃已暴露了加密货币模式的一个根本缺陷，与美国南北战争之前以无协调和无监管方式发行货币的多家私人银行面临的情形大同小异。一言以蔽之，就是私人货币发行者不代表国家主权。于是，它将更难以确保其发行的货币的安全和稳定，尤其是因为这些货币的稳定性得不到强大后盾的支持。

有趣的是，发行法定货币是否应该与国家主权挂钩的问题在货币主义理论的主要支持者中存在严重的分歧。一边是哈耶克，他在伦敦经济学院的公开讲座中提出不应该垄断法定货币的发行（Hayek，1931）。①货币发行不应该是国家的排他性特权。与其他部门一样，对法定货币供给实行自由市场竞争会带来更高的效率。另一边是弗里德曼，他认为货币供给应该成为国家垄断的特权，否则，货币供给的竞争将导致货币供给过度。鉴于弗里德曼在其他问题上对自由市场和有限政府的强烈偏好，他关于货币供给的观点显得尤为突兀。在涉及货币时，他采取了强烈反对自由市场的立场。归根到底，货币主义者在这个问题上的站队取决于他们对政府的态度。认为政府是问题所在、政府干预的范围应该尽可能缩小的人，通常会站在哈耶克一边。相信只有得到强大的法律基础和监管框架支持，才能让自由市场有效运转的人，则通常赞同弗里德曼的观点。

在这个问题上，我们同样可以借鉴公司金融与股票发行的类比。这里涉及的理念是，同一家公司可以发行多种类型的股票，由来自不同部门的指定现金流作为支持。美国通用汽车公司是20世纪80年代首批这样做的企业之一，发行了由一家子公司的现金流支持的所谓追踪股（tracking stock）。有研究发现，大约20家美国上市公司在2000年发行过追踪股（Chemmanur and Paeglis，2001）。可是截至2014年，大多数追踪股已经消失（Davidson and Harper，2014）。发行这类股票的一个标准理由是，它可以给投资者提供更多信息。明确区分来自一家子公司的现金流，可以让投资者更好地利用追踪股对该子公司估值。然而投资者也应该很清楚这种分拆的缺陷，即无法保证来自指定子公司的现金流可以与

---

① 参见哈耶克（1976）以及黑尔维格（1985）对此的评论。

公司其他部门明确切割。由于不可能明确切割，投资者实际上会发现难以对不同类型股票以及公司整体进行估值，这是类似操作被放弃的明显原因。

蒙代尔（1961）最早提出了反对货币发行权扩散的经济学理由，他用贸易成本的概念来构建多种货币的问题。采用同一种货币的好处是能促进贸易，鉴于更多的国家参与更多的贸易会增加贸易带来的剩余，很自然会得出最优方案就是采用单一货币。但蒙代尔又指出，在不容易通过劳动力移民来降低失业的情况下，汇率调整或许有助于加快回归充分就业。他由此主张，单一货币应该主要扩展到生产要素能够自由流动的经济区域，"货币是一种便利工具，这限制了货币种类的最优数量……如果世界能够划分为多个区域，每个区域内部具有要素流动性，区域之间则很少或几乎没有，那么每个区域都应该有一种单独的货币，相对于其他各种货币而波动"（1961，第662—663页）。

追随蒙代尔研究思路的文献重点考察的问题是：汇率波动给贸易带来了多大的阻碍，以及货币联盟的成立给贸易带来了多大的促进。若干实证研究分析了汇率波动与贸易之间的联系，这些文献的总体结论是，即使汇率波动与贸易之间存在负相关，这种效应也很小，而且并不稳健（Clark et al.，2004）。有学者发现，随着欧洲货币联盟成立而被消除的汇率波动对贸易产生了较大的正面效应（Rose，2000），然而后续研究发现的效应要小得多。针对这一问题的多项研究得出的共同结论是，欧洲货币联盟对贸易的正面效应比较小（Baldwin，2006；Glick and Rose，2016）。

蒙代尔的分析并不涉及国家主权问题。虽然欧洲货币联盟很多时候被鼓吹为是实现欧盟单一市场目标的必要步骤，主权问题却并非完全没有纳入考量。的确，欧盟项目的大多数热心支持者把货币联盟视为走向政治联盟的一个中间环节，认为没有政治联盟的货币联盟是不稳定的制度安排，理由是既然迈向单一货币的行动几乎不可逆转，那么未来的欧元危机可能加速政治联盟的推进。由 2008 年全球金融危机引发的欧元区主权债务危机，则比任何人的预见都更深刻地揭示了货币联盟的政治基础的重要性。

在本章中，我们将把第 2 章采用的针对小型开放经济的理论框架拓展至包含多个国家和多种货币的情形，以讨论国内货币政策引发的国际反应以及货币联盟的成本收益问题。尽管这里的多数分析是针对"单一货币还是多种货币"的问题，我们也会利用该理论来探讨更广泛的内容，包括需要国家之间协调合作的国际货币体系和汇率管理等。为尽可能简化分析过程，我们将主要针对在经济上一体化却有各自货币与货币政策的两个国家的情形。我们要探讨的主要问题是：这些国家在什么情况下更适合采用单一货币和统一的货币政策？

在两个国家经济一体化却实行不同的货币政策时，一国的货币政策不可能只在境内产生作用。只有在纯理论的情形下，两国的汇率具有完全的灵活性，能对货币供给相对变化的任何影响即时做出调整，一国货币政策的影响才能完全局限在境内。我们把这种结果称作国际货币中性定理，并将它归功于哈耶克（1931），虽然他的表述与此有所不同。

然而，当汇率反应不足或反应过度时，一国货币供给变化的某些效应将外溢到另一国。例如，若 A 国增加基础货币，且 A 国与 B 国的货币之间的汇率反应过度，则 A 国的货币贬值幅度会超过与货币供给增加对应的合理幅度。于是对 B 国货币的持有者来说，A 国的产品将变得更为便宜，B 国对 A 国产品的需求将会增加。因此，A 国的货币供给增加带来的外部效应就是增加 A 国对 B 国的出口，以及减少来自 B 国的进口。简而言之，A 国的货币扩张加上汇率的过度调整，将导致 A 国的经常账户改善，而 B 国为此付出代价。当然，如果货币供给增加伴随着汇率反应不足，则会出现相反的结果，此时 A 国的货币扩张将导致自身的经常账户恶化。

为什么汇率调整会反应过度或不足？对汇率反应过度的一种主要解释是价格黏性（Dornbusch，1976），认为不伴随任何产出变化的货币扩张不会立刻引发价格上涨，因为价格调整的速度较慢。于是汇率将对货币供给的变化做出过度反应，最终在价格实现充分调整之后达到新的均衡。但由于这一过度反应假说的主要预测没有得到数据的支持，其影响力逐渐下降。正如罗高夫（Rogoff，2002，第 11 页）所言："如果说能从实证研究中得出什么共识的话，就是没有任何因素能系统性地解释浮动汇率制度下的主要货币之间的汇率。"

汇率可能反应不足的一个重要理由则是，它们事实上并非完全自由浮动。汇率可能是受管理的，也可能是联系汇率，甚至是固定汇率。欧盟各成员国货币之间的汇率在货币联盟成立前就属于这种情形，意大利里拉、法国法郎、德国马克之类的货币只被允许在较狭窄的范围内浮动。这样的安排有两个考虑：首先，当时认为欧盟单一市场只有在成员国货币的汇率稳定下来后才能实现；其次，给汇率波动设定狭窄区间是为了遏制通胀，意思是当某种货币的贬值逼近区间下限时，货币当局将被迫通过收紧货币政策来实施干预，起到控制通胀的作用。

然而结果表明，这种名义锚的作用并不强。这一欧洲货币体系（EMS）及之后的欧洲汇率机制（ERM）的部分成员国为解决失业问题实施扩张性宏观政策，由于汇率不能对货币刺激做出迅速调整，导致进口增加。它们没有为控制汇率区间而收紧货币政策、取消宏观经济刺激，而是时不时地放任汇率波动超出区间，从而进一步刺激国内经济活动。为解决由此引发的汇率危机，要么通过与其他成员国的谈判来重新确立波动区间，要么让相关国家永久性地退出汇率机制。英国在 1992 年 9 月 16 日就发生了后面这种情形，此事件被称作"黑色星期三"。

总之，欧洲货币体系导致了不稳定的结果，迫使欧盟考虑要么放弃任何形式的汇率锚，逆转走向单一市场的一体化进程，要么通过单一货币这种更彻底的货币联盟形式，为欧洲货币体系奠定尽可能坚实的基础。事实上，欧洲汇率机制在当时造成的局面是，成员国被卷入一场策略性的债务货币化博弈，有导致货币增速过高的风险。的确，在汇率反应不足时，一国可以通过增加货币供给来暂时增加相对于他国的购买力。增加的货币供给有一部分被用于购买他国的商品和服务，导致自身的经常账户赤字扩大。

如果增加基础货币不仅能阻止经济衰退，还可以提升购买力，这当然会激励各国增大货币供给。此时，陷入这种货币供给策略博弈的其他国家的最佳应对是扩大自身的货币供给，以抵消某个国家货币扩张的效应。事实上，由此导致的联盟整体的货币扩张或许正是最先面临衰退威胁的那个国家求之不得的结局，但这可能导致过度的货币扩张与通胀。

简单来说，欧洲汇率机制带来了不稳定局势，在各成员国中造成拉锯战，一边是试图控制通胀的德国等国，另一边是试图解决失业的意大利等国。欧盟最终走向全面的货币联盟，在很大程度上是为了抑制汇率机制下的通胀压力。

本章介绍的两国理论模型将描述上述紧张关系，辨析货币联盟的主要成本和收益。在货币联盟下，主要收益是降低通胀，主要成本则是债务脆弱性（以及爆发主权债务危机的风险）加剧，因为货币联盟将剥离各个成员国发行货币的主权，防止它们在必要时随意实施债务货币化。在我们的理论框架下，两个国家之间建立的货币联盟可以消除各国因策略性债务货币化激励引发的过度通胀。

我们首先考察具备欧洲货币联盟创立时主要制度特征的货币联盟。[2]与之对应的情形是，在单一货币制度下，货币政策被委托给一家独立的中央银行，宪法禁止它实施任何债务货币化操作。此外，货币联盟不涉及国家之间的财政转移支付。在这样的货币联盟制度下，把货币主权授予一家超国家的中央银行要付出代价，即失去在紧急时期把主权债务货币化的选择权。根据我们的模型，当某个成员国的经济处于不景气状态时，这样的货币联盟会导致严重的债务违约。在此情形下，该国将没有财政资源来充分偿付债务，所以不得不违约。在加入该货币联盟时，这个国家其实是用一种成本来替换另一种成本，也就是说，用债务违约的成本来替换过度货币化的成本。

当货币联盟与违约成本相关联时，加入这样的联盟是否有好处从事前看并不显而易见。利用两国模型，我们将展示，当货币

---

② 关于欧洲货币联盟的有关讨论和评述，可参见弗拉蒂尼等人的研究（Fratianni and von Hagen, 1992; Meade and Weale, 1995; James, 2012; Brunnermeier、James and Landau, 2016）。

主权下的均衡是有限的债务货币化时，保留货币主权优于加入货币联盟。只有当货币主权下的均衡导致某些国家最大限度地债务货币化，且货币联盟下的债务违约成本不是太高时，货币联盟才是更好的选择。

我们将进一步考察带有财政转移支付乃至部分债务货币化特征的货币联盟的可能情形，这更接近欧洲货币联盟在新冠疫情危机后的运转情形。我们将展示，财政转移支付让陷入糟糕经济状况的国家能依靠其他国家的财政资金来偿付部分债务，避免代价沉重的违约，从而改进货币联盟。事实上，财政转移支付是一种防范违约的共同保险政策。我们还将展示，货币联盟的最佳安排不仅带有财政转移支付，还将允许单一中央银行在两个成员国的经济都陷入不景气时实施债务货币化，以避免严重违约，正如2020—2021年新冠疫情期间的情形。根据我们的模型，这样的货币联盟始终优于货币主权的选项。

在允许财政转移支付与中央银行债务货币化的情况下，很自然会引发对各个国家过度发行债务的担忧。我们在分析中没有考察借款中的这一道德风险问题，但我们认为，此类问题的存在正是货币联盟与财政联盟相结合优于货币联盟与财政转移支付相结合的主要原因。它们之间的差别何在？在财政联盟下，会有超国家的财政主管当局来给每个国家设定债务限额与偿债义务，其目的就是避免借款中的道德风险问题。当然，各国对于财政收入如何具体使用依然可以保留主权（此类建议也见 Maskin，2016）。

对借款中道德风险的担忧，被当作欧洲货币联盟应该排除任何形式的债务货币化的主要理由（Weidmann，2012）。然而，货币联盟以及固定汇率实验的历史教训告诉我们，在紧急时期无法实施债务货币化操作往往是固定汇率制度崩溃的原因。另外，无论对此问题持何种立场，我们的分析得出的一个重要发现是，若有财政转移支付来帮助处于经济困境的成员国偿还债务，则货币化的压力会得到缓解。也就是说，财政联盟与货币联盟的结合会增强单一中央银行限制债务货币化的能力，从而提高货币联盟的效率。

我们的理论重点关注货币主权，而没有考虑汇率波动对贸易的任何负面效应。我们由此得出了与蒙代尔（1961）不同的支持货币联盟的理由：过度宽松货币政策的负外部性的内部化。我们的理论还指出了货币联盟的代价：丧失货币主权，这会在某个成员国面临经济危机时以主权债务危机的方式显现。所以，这些分析表明法定货币的国家主权属性是对货币三大传统属性不可忽略的补充。

与古德哈特（1996，1998）类似，我们的理论还指出了"政治团结"和"财政能力集中化"对维持货币联盟的重要意义。本章结尾部分将会强调，美国货币走向统一乃至布雷顿森林体系的兴衰均表明，没有强大联邦政治架构的货币联盟是脆弱的。

2. 包含两国的理论模型

我们把模型中的两个国家标记为 A 国和 B 国。延续第 2 章采用的简化开放经济框架，我们假设每个国家都包含两种类型的经济主体：储户和劳动者，他们将生存两个时期 $t = 0, 1$。在每个国家，这两类人群在时期 0 开始拥有给定的法定货币和劳动投入作为禀赋。每位劳动者都属于自雇性质，经营自己的企业。每个国家开始生产时，政府在时期 0 利用劳动投入，加上债务偿还承诺 b_i 生产出公共品 g_i，其中 $i = A$，B。在公共品生产出来后，企业利用剩余的劳动投入来生产一种私人消费品。在时期 1，产品得以完成并在竞争性市场上出售，而政府征收一种销售税，并偿还其债务。我们用 y_i 表示各国生产的最终产品，其中 $i = A$，B。

最终产品的价格 p_i（以单位产品所需的货币单位测算）将实现各国的产品市场出清。两个国家的储户和劳动者利用自己持有的现金购买最终消费品，我们假设两国的最终产品是完美的替代品。如果两国有各自的货币，我们假设只能够用本币购买各自国家的产品和劳动投入，以及用于纳税。不过，存在一个竞争性外汇市场，A 国的货币能按照汇率 e 兑换为 B 国的货币，反之亦然。

储户在时期 0 有数额为 $s_i > 0$ 的法定货币禀赋，劳动者则有劳动投入禀赋 $l_i > 0$ 和货币禀赋 $m_i > 0$。每个国家的储户和劳动者都是风险中性的，每个国家的相应群体有相同的效用函数，并由如下公式给定：

$$储户为：U(c_i) = c_i,$$

$$劳动者为：U(c_i, m_i^c) = c_i + \phi m_i^c / p_{i1}$$

其中，c_i 代表时期 1 的消费，m_i^c 代表劳动者出售其产品之后获得的存续货币余额。遗赠给下一代的存续货币余额 m_i^c 的实际价值为 m_i^c / p_{i1}，这些遗赠对于劳动者的价值为 $\phi m_i^c / p_{i1}$，其中 $1 > \phi > 0$。[③] 每个国家都有单位数量的储户和劳动者。

---

③ 当 $\phi \geqslant 1$ 时，无论价格水平如何，劳动者严格地愿意储存货币而非购买产品。储户则不能储存货币，必须支出 s。此时，市场出清的价格水平只与 s 有关，与 m 无关，导致不存在货币交换。

这一简化的两期模型可以被理解为无限期世代交叠场景下的两个时期，每一代人生活两个时期。在人生的第一个时期，经济主体是劳动者，在第二个时期是退休人员，消费自己的储蓄。与标准世代交叠场景的唯一区别在于，给下一代人的遗赠是在期中而非人生末端完成。也就是说，代表性劳动者在第一时期结束时把 m_i^c 划分为用于自己退休的 s_i 以及留给子女的 m_i。

每个国家的全部劳动者自有的企业都是一样的，且有如下生产函数：$y_i \equiv \theta_i l_i$，其中 θ_i 是生产率冲击，l_i 是企业可以得到的全部劳动投入。为简化起见，我们假设未来的消费不贴现。消费者必须用现金在时期 1 购买企业的产出，劳动者不允许消费自己企业的产出。我们假设 θ_i 可以取两个值 $\theta \in \{\theta_L, \theta_H\}$，有 $\theta_H > \theta_L > 0$，取值概率为 $\pi_i = Pr(\theta_i = \theta_H)$。

在每个国家，财政政策与货币政策由两个分设的政府机构决定：一家独立的中央银行负责制定货币政策，财政部负责制定财政政策。财政当局在时期 0 有外生的固定公共品支出 g_i，其资金来自发行债务 b_i。这笔债务在时期 1 通过税收收入 $\tau_i m_i$ 与中央银行的潜在债务货币化组合来偿还。④政府机构的共同目标是让储户和劳动者的效用之和最大化，但他们对各个人群的效用赋予的权重略有区别：在每个国家，劳动者的福利权重为 1，储户的福利权重为 $\kappa > 1$。这是模拟储户担忧财富在货币化中遭到稀释的一种简单

---

④ 需要注意的是，税收收入只是劳动者货币余额 m 的一个部分（τ）。无论税基是收入还是销售额，由于税收必须用法定货币缴纳，都会导致可支配的货币余额减少。就像亚历山大·汉密尔顿在 1787 年观察到的那样，当税收用法定货币缴纳时，货币余额与税收收入之间就存在显著联系："在很大程度上，一个国家的纳税能力必然总是与流通中的货币数量及其流通速度成正比。"

办法。另外在每个国家有最高所得税率 $1 > \bar{\tau}_i > 0$。

3. 一个国家的特殊情形

我们首先描述这一货币经济在单个国家的运行状况。而且为尽可能简化，我们首先假设经济是在没有政府的情况下运行。

3.1 没有政府时的均衡

储户在时期 1 的唯一决策是把多少财富用于消费。鉴于消费越多越好，储户会把储蓄的全部货币 s 花掉，将购买的全部物品用于消费：$c = s/p$。劳动者在时期 0 也面临一个简单的问题：尽可能多地通过劳动获得货币收入。于是，劳动者将把全部劳动投入 l 提供给自己的企业，让后者在时期 1 得到产出 θl。这些产出将按照市场出清价格 p_L 或 p_H 出售给其他劳动者和储户，使得：

$$p_L = \frac{l\theta_L}{s+m} \text{ 和 } p_H = \frac{l\theta_H}{s+m}$$

代入 p_L 和 p_H，我们将得到劳动者和储户各自的效用：

$$\left(\frac{m}{s+m}\right)l\theta \text{ 和 } \left(\frac{s}{s+m}\right)l\theta$$

加上每个国家都有单位数量的劳动者和储户，于是总福利水平，即劳动者与储户的效用加权总和将等于：

$$\left(\frac{\kappa s + m}{s+m}\right)l\theta$$

3.2 有政府提供公共品时的均衡

在有政府的情形下，劳动者面临的决策问题更为复杂。首先，我们需要确定政府债务权利 b 的交易条件，以换取劳动者为政府生产公共品的劳动投入 g。其次，我们需要确定政府依靠所得税收入 τm，能否在时期 1 偿付债务 b，如果不能，政府将在多大程度上通过扩张基础货币（δm）将债务货币化。再次，我们需要推导出储户和劳动者的税后预算约束。

我们让政府在时期 0 发行状态依存型名义债务 b_i，它将在状态性质被揭示的某个中间时期被部分偿还。很自然，状态 H 下的偿还金额将大于状态 L，因此政府的状态依存型偿债义务为（b_H, b_L），并有 $b_H < b_L$。在不失一般性的前提下，我们设定 $b_H = b/\theta_H$ 以及 $b_L = b/\theta_L$。如此设定是反映政府债务与 GDP 之比具有逆周期属性的一种简单办法。

为描述该经济的运行状况，我们按时间进行倒推。

时期 1 的解　首先考虑高产出状态 θ_H 的结果，此时政府能够完全用税收偿付债务，劳动者在时期 1 的预算约束为：

$$m(1 - \tau_H) + b_H \geqslant p_H x_H$$

其中 x_H 是劳动者在高产出状态下购买的产品数量。接下来，在时期 1 劳动者出售产品的收入将等于：

$$(l - g)p_H \theta_H$$

其中 $(l - g)\theta_H$ 是劳动者在高产出状态下的全部产出。这些收入在时期 1 结束时获得，要么遗赠给下一代，要么作为退休储蓄持有。换句话说，它们将成为下一个时期的储户和劳动者拥有的货币禀赋。在不失一般性的前提下，我们设定 $(l - g) = 1$。

接下来，储户在时期 1 的预算约束为 $s \geqslant p_H z_H$，其中 z_H 是储户在高产出状态下购买的产品数量。我们假设储户不需要纳税，或者说，这个经济体不对资本收入征税。这个假设并不太重要，但可以简化分析。另外请注意，如果政府给储户的福利赋予的权重高于劳动者，这个安排是有福利效率的。

财政当局将确定税率 $\tau \leqslant \bar{\tau}$，以便让政府预算约束实现平衡（$m\tau_H = b_H$）。代入劳动者预算约束中的 b_H，我们将得到 $m \geqslant p_H x_H$，于是在均衡状态下有：

$$x_H = \frac{m}{p_H} \text{ 和 } z_H = \frac{s}{p_H}$$

此外，从产品市场出清条件，我们能够得到：

$$\frac{s + m}{\theta_H} = p_H$$

于是有：

$$x_H = \left(\frac{m}{s + m}\right)\theta_H \text{ 和 } z_H = \left(\frac{s}{s + m}\right)\theta_H$$

下面考虑低产出状态 θ_L 下的结果，此时政府不能完全依靠最大税收收入 $\bar{\tau}m$ 来还清债务。我们假设政府把不能用税收偿还的那部分债务将做货币化处理，即发行货币 δm，并使 $\delta m = b_L - \bar{\tau}m$。

劳动者和储户在低产出状态 θ_L 下各自面临的预算约束为：

$$m(1 - \bar{\tau}) + b_L \geqslant p_L x_L，\text{ 以及 } s \geqslant p_L z_L$$

其中 x_L 和 z_L 是每名劳动者和每名储户在低产出状态 θ_L 下分别购买的产品数量。

代入劳动者预算约束中的 b_L，我们将得到：

$$(1 + \delta)m \geqslant p_L x_L$$

于是在均衡时，有：

$$x_L = \frac{(1+\delta)m}{p_L} \text{ 和 } z_L = \frac{s}{p_L}$$

另外，从产品市场出清的条件中，我们得到：

$$\frac{s + (1+\delta)m}{\theta_L} = p_L$$

于是有：

$$x_L = \left(\frac{(1+\delta)m}{s + (1+\delta)m}\right)\theta_L \text{ 和 } z_L = \left(\frac{s}{s + (1+\delta)m}\right)\theta_L$$

时期 0 的解 回到时期 0，单个劳动者对于提供劳动 g 而得到 b，或者不提供劳动 g，必然是无差异的。

在前一种选择下，劳动者的预期效用为：

$$\pi\left[\frac{m(1-\tau_H) + b/\theta_H}{p_H} + \varphi\theta_H\right] + (1-\pi)\left[\frac{M(1-\bar{\tau}) + b/\theta_L}{p_L} + \varphi\theta_L\right]$$

其中，π 代表状态 θ_H 在时期 1 实现的概率，而 $(1-\pi)$ 代表状态 θ_L 实现的概率。如果劳动者不提供劳动 g，假设该劳动者的数量可以忽略不计，而其他所有劳动者仍按自己的份额参与公共品生产，则该劳动者的预期效用为：

$$\pi\left[\frac{m(1-\tau_H)}{p_H} + \varphi(1+g)\theta_H\right] + (1-\pi)\left[\frac{m(1-\bar{\tau})}{p_L} + \varphi(1+g)\theta_L\right]$$

设定以上两个公式相等，我们可以得到劳动者愿意在时期 0 为公共品生产提供劳动的条件为：

$$b = \frac{\varphi g \bar{\theta}}{\dfrac{\pi}{p_H \theta_H} + \dfrac{1-\pi}{p_L \theta_L}}$$

其中，$\bar{\theta} = \pi\theta_H + (1-\pi)\theta_L$。

此时闭合模型，将得到劳动者在状态 θ_L 下的均衡消费：

$$x_L = \frac{(1 + \delta) m \theta_L}{s + (1 + \delta) m}$$

其中 $(1 + \delta) m = \dfrac{b}{\theta_L} + (1 - \overline{\tau}) m = \dfrac{\dfrac{\varphi g \overline{\theta}}{\theta_L}}{\dfrac{\pi}{p_H \theta_H} + \dfrac{1 - \pi}{p_L \theta_L}} + (1 - \overline{\tau}) m$

总之，一个国家情形下的结果是，政府在状态 θ_L 下将部分债务货币化，导致购买力从储户向劳动者转移。与政府总是能够用税收收入偿还债务的情形相比，货币化造成的福利净损失为[5]：

$$(\kappa - 1) \left[\underbrace{\left(\frac{s}{s + m}\right) \theta_L}_{\text{无货币化时的储户消费}} - \underbrace{\left(\frac{s}{s + (1 + \delta) m}\right) \theta_L}_{\text{货币化时的储户消费}} \right] =$$

$$(\kappa - 1) \underbrace{\left(\frac{\delta m}{s + m + \delta m}\right)}_{\text{货币稀释系数}} \underbrace{\left(\frac{s}{s + m}\right) \theta_L}_{\text{无货币化时的储户消费}}$$

请注意，这个福利损失函数对 δ 的一阶导数为正，即货币化带来的福利净损失总是随 δ 的增加而增加。由此表明，政府只有在必要的时候才会将债务货币化。由于政府给储户赋予的权重高于劳动者，最优方案是债务的部分货币化，而非完全货币化。

然而，部分货币化在状态 θ_L 下仍优于无货币化，这意味着我们假设对债务 b_L 违约造成的无谓损失 $\phi \left(\dfrac{\kappa s + m}{s + m}\right) \theta_L$ 高于货币化造

---

⑤ 请注意，这里与第 3 章所述不同。在第 3 章的模型中，政府债券和货币都被当作股票并可以自由交易，劳动者在时期 0 持有的政府债券初期禀赋类似于政府对劳动者的承诺，如国家养老金、医疗保险和其他社会福利等，而这些社会福利不可交易。因此在时期 0，储户只持有现金，劳动者则持有政府债券。这一便利假设做了两个重要的简化：其一是让储户和劳动者的预算约束在时期 1 脱钩，其二是让劳动者的税后和偿债后预算约束变得非常简单。

成的福利净损失：

$$\phi\left(\frac{\kappa s + m}{s + m}\right)\theta_L \geq (\kappa - 1)\theta_L\left(\frac{s}{s + m}\right)\left(\frac{\delta m}{s + (1 + \delta)m}\right)$$

或者

$$\phi > (\kappa - 1)\left(\frac{s}{\kappa s + m}\right)\left(\frac{\delta m}{s + (1 + \delta)m}\right)$$

代入 δm 和 $(1 + \delta)m$，我们将得到如下结论。

引理1 若满足以下条件，部分货币化而非债务违约将是最优选择：

$$\phi > (\kappa - 1)\left(\frac{s}{\kappa s + m}\right)\left(\frac{\overline{\theta}g - \overline{\tau}m}{\overline{\theta}g + (1 - \overline{\tau})m + s}\right) \tag{1}$$

总之，在上述一个国家的情形下，结论是政府在时期 0 向劳动者发行债务，以换取生产公共品所需的劳动投入。劳动者同时利用剩余的劳动时间生产私人产品。在时期 1，经济运行会出现低生产率或高生产率状态。当经济处于低生产率状态时，政府的税收收入不足以清偿债务。政府会把部分债务货币化，以全额偿付债务。这一货币化行动会导致财富从储户向劳动者转移。不过，这一转移导致的福利损失仍小于（1）式所示的违约造成的损失。该情形展示了货币主权的好处。在紧急情况下（经济处于低生产率状态），政府可以通过发行货币来弥补开支，履行还债承诺。如果政府没有货币主权，这一选项将变得不再可行，政府可能被迫选择代价高昂的违约。

4. 包含两个国家的模型

包含两个国家的模型框架将继承单个国家模型的全部特征。新增加的元素是，在最后阶段，消费者可以购买任意国家的产品，可能发生国际贸易。但为购买外国产品，消费者必须使用该国的货币。因此会出现外汇市场和汇率，汇率高低取决于每个国家的相对货币数量和相对产出水平。

与单个国家情形的差异则在于，两国的货币政策可能有外部效应，使两国的货币当局发生策略性互动，形成货币政策博弈。主要的策略性互动是，每个国家的政府都可以策略性地增加货币供给，目的是提升本国消费者对外国产品的购买力，而损害对方国家消费者的利益。当然，如果汇率能够立刻而充分地反映相对货币数量的变化，则一个国家通过增加货币供给来提升消费者购买力的意图可能自取其败。我们将首先通过第一条定理——国际金融中性定理——来描述这种结果，然后探讨在汇率存在黏性的情况下，每个国家均衡货币政策的特征。

4.1 外汇市场完美时的均衡

我们用 m_i 来代表各国的货币供给，其中 $i = A$，B。为简化描述，我们给模型设定某些对称性，假设 $s^A = s^B = s$，以及 $l^A = l^B = l$。给定 m_i，时期 1 的两国均衡将由最终产品价格 p_1^i 和汇率 e 来决定，使得每个国家的产品市场和外汇市场都出清。我们将推测并证明外汇市场不存在摩擦时一个可能的均衡状态：一个国家的产品完全被本国居民消费。或者说，经常账户在此均衡下保持平衡，在这种设定下没有严格的贸易收益。

从之前单个国家的分析中，我们可以推导出为实现这一均衡，产品价格必然使得：

$$p_1^i = \frac{s + m^i}{\theta^i} \qquad (2)$$

此外，汇率必然使得贸易条件等于 1，或者：

$$e = \left(\frac{s + m^A}{s + m^B}\right)\frac{\theta^B}{\theta_A} \equiv \left(\frac{s + m^A}{s + m^B}\right)\varGamma_{BA} \qquad (3)$$

为证明这点，请注意 A 国的居民既能以本国的名义价格 p_1^A 购买本国的一单位消费品，也能以本国货币表示的价格 $\hat{p}_1^A = ep_1^B$ 购买 B 国的一单位消费品。此时一价定律意味着：$p_1^A = ep_1^B$。

在（2）式中代入 p_1^i 并做整理，我们将得到（3）式，并立刻可以证明当汇率 e 满足（3）式、价格 p_1^i 满足（2）式时，产品市场和外汇市场都将出清。

如果汇率 e 能立即而充分地对货币供给的任何变化做出反应，或者采用如下的规范表达方式，则外汇市场不存在摩擦：

$$\frac{\partial e}{\partial m^A} = \left(\frac{1}{s + m^B}\right)\varGamma_{BA} \qquad (4)$$

以及

$$\frac{\partial e}{\partial m^B} = -\frac{s + m^A}{(s + m^B)^2}\varGamma_{BA} \qquad (5)$$

当外汇市场不存在摩擦时，我们将得到定理 1 的基本结果，我们将它归功于哈耶克（1931）的首创。

定理 1：（哈耶克）国际货币中性定理　在外汇市场没有摩擦的情况下，一个国家的货币供给变化不会在竞争性国际经济中影响另一个国家的产品均衡配置。

该结果源于，如果汇率 e 满足（4）式和（5）式，则当 m^A 或 m^B 发生变化时，均衡状态下产品的最终配置结果将保持不变。哈耶克（1931）在伦敦经济学院的公开讲座以及后来与弗里德曼关于货币供给是应该由政府垄断还是交给市场竞争力量的讨论中，规范地阐述了这一观点。[6]他认为，如果所有市场都不存在摩擦，则所有市场上的所有生产和消费决策对作为支付工具的所有货币形态都必然保持中性。与之相反，弗里德曼则指出货币供给应该由国家垄断，否则货币供给中的竞争力量将导致货币过度供给以及生产和消费决策的低效率。我们在下文将指出，弗里德曼的论证中隐含了外汇市场运行并不完美的前提。鉴于弗里德曼在其他问题上留在莫迪利亚尼与米勒描述的完美世界里，对自由市场和有限政府抱有压倒性的支持态度，他的这一观点显得尤其突兀。在涉及货币问题的时候，他竟然脱离了莫迪利亚尼与米勒的世界，提出了强烈反对自由市场的主张。

4.2 外汇市场不完美时的均衡

我们设想外汇市场存在如下摩擦，汇率对货币政策的变化反应不足（例如实行联系汇率制度的情形）：

$$\frac{\partial e}{\partial m^A} = \eta \left(\frac{1}{s + m^B} \right) \Gamma_{BA}$$

以及

$$\frac{\partial e}{\partial m^B} = - \eta \frac{s + m^A}{(s + m^B)^2} \Gamma_{BA}$$

其中，$0 \leqslant \eta < 1$。

当 $0 \leqslant \eta < 1$ 时，汇率反应不足，m^A 增加会带来外部效应，削弱 B 国居民的购买力，并相应增加 A 国居民的购买力。m^A 增加还

---

[6] 参见哈耶克（1976）以及黑尔维格（1985）对这一结论的评述。

会导致 A 国出现经常账户赤字，这正好被 B 国持有的外汇储备增加所抵消。

从我们目前的讨论看，汇率反应不足的情形非常符合欧盟各国在货币联盟成立前的货币和汇率运行状况。部分由于制度性因素的制约，二战以后，发达国家之间的汇率只会逐渐地对货币供给的相对变化做出调整。反过来，汇率反应过度的情形（$\eta > 1$）则可以很好地反映处于不同发展阶段的两个竞争性经济体的互动经历，例如日本同美国在 20 世纪 70—90 年代的关系。此时，m^A 相对增加带来的效应是让 A 国货币过度贬值，从而刺激其出口并增加经常账户盈余。

在以上两种情形下，每个国家都可能有动机发行更多货币，以获取对另一个国家的优势，无论是刺激本国的购买力（汇率反应不足的情形），还是刺激出口和增加经常账户盈余（汇率反应过度的情形）。虽然我们的模型框架能够兼容反应不足和反应过度，但这里的分析焦点是针对货币联盟的相关内容，即汇率反应不足（$0 \leqslant \eta < 1$）的情形。此外，在这里的大部分讨论中，我们假设汇率固定，即 $\eta = 0$，因为这样可以极大地简化分析。在固定汇率制度下，货币供给变化的效应将以极其突出的方式反映两个国家之间的基本策略博弈。事实上，导致布雷顿森林体系崩溃的主要就是此类策略考虑。

当 $\eta = 0$ 时，为实现产品市场出清，m^A 的增加必然导致产品价格 p_1^i 如下的变化：

$$\frac{\partial p_1^A}{\partial m^A} = e \frac{\partial p_1^B}{\partial m^A}$$

因此，一个国家在考虑货币供给决策时面临如下问题：是否通过策略性债务货币化来增加本国劳动者的福利，这一方面会导致本国储户的福利损失，另一方面也会损害另一个国家居民的福利。请注意，当一个国家决定以此方式提高本国劳动者的购买力时，它在我们的线性模型里希望把货币化做到最大。为得到一个确定解，我们对一个国家在给定时期能增加的货币供给数量设置了合理限制，即把全部债务货币化，于是有 $\delta \leqslant \bar{\delta}$，其中 $\bar{\delta} m = b$。

这一策略性债务货币化博弈的自然结果是子博弈完美纳什均衡，每个国家的最优债务货币化政策是对另一个国家的最优债务货币化政策的最优反应。我们的分析从描述每个国家在不同状态下的最优反应函数开始。鉴于两个国家都会遭受生产率冲击，这个世界的全部可能状态为：

$$(\theta^A, \theta^B) = \{(\theta^H, \theta^H), (\theta^L, \theta^H), (\theta^H, \theta^L), (\theta^L, \theta^L)\}$$

为进一步简化描述，令 $m^A = m^B = m$。首先考虑最高产出状态 (θ^H, θ^H)，如果没有哪个国家改变基础货币数量，则可以从之前的分析中推导出各国的最终消费配置都将完全复制一个国家情形下的配置结果。

对劳动者和储户，分别为：

$$x_H = \left(\frac{m}{2(s+m)}\right) 2\theta_H = \left(\frac{m}{s+m}\right)\theta_H$$

以及

$$z_H = \left(\frac{s}{2(s+m)}\right) 2\theta_H = \left(\frac{s}{s+m}\right)\theta_H$$

各国的总福利将等于：

$$\left(\frac{\kappa s + m}{2(s+m)}\right) 2\theta_H = \left(\frac{\kappa s + m}{s+m}\right)\theta_H$$

此外，可以很直接地证明如果 A 国通过债务货币化增加基础

货币 $\delta^A m$，B 国也实施债务货币化 $\delta^B m$，则两个国家的储户与劳动者的相应消费配置在状态（θ^H，θ^H）下将等于：

$$z_H^A = z_H^B = \left(\frac{2s}{2(s+m)+\delta^A m+\delta^B m}\right)\theta_H$$

$$x_H^A = \left(\frac{2(m+\delta^A m)}{2(s+m)+\delta^A m+\delta^B m}\right)\theta_H$$

以及

$$x_H^B = \left(\frac{2(m+\delta^B m)}{2(s+m)+\delta^A m+\delta^B m}\right)\theta_H$$

请注意，两个国家的全部债务货币化对应 $\delta^i m = b_H$，没有货币化对应 $\delta^i = 0$。

把以上关于 z_H^A、z_H^B、x_H^A 和 x_H^B 的最终消费配置公式合并，我们就能得到如下每个国家的福利目标函数：

$$\Pi^i(\delta^i, \delta^j) = x_H^i + \kappa z_H^i = \frac{2(\kappa s + m + \delta^i m)\theta_H}{2(s+m)+\delta^i m + \delta^j m}$$

每个国家（$i=A,B$）会针对另一个国家的最优债务货币化政策 $\delta^j m(j=A,B; j\neq i)$，选择自己的最优债务货币化政策 $\delta^i m$。把函数 $\Pi^i(\delta^i, \delta^i)$ 对 δ^i 求导，我们会发现，若满足以下条件，则国家 $i=A,B$ 的福利水平随 δ^i（货币扩张）而递增：

$$\kappa < \frac{2s+(1+\delta^j)m}{s}$$

接下来考虑状态 $(\theta^A, \theta^B)=(\theta^L, \theta^H)$ 的情况。如同单个国家的情形，我们关心对于低生产率状态（θ_L），部分债务货币化在什么时候优于债务违约。结论是在债务违约成本参数 ϕ 满足假设 A1 的条件时。

假设 A1 在状态（θ_L, θ_H）下部分债务货币化的效率

$$\phi > \left(\frac{\theta_H + \theta_L}{\theta_L}\right)(\kappa - 1)\left(\frac{s}{\kappa s + m}\right)\left(\frac{b_L - \bar{\tau}m}{2(s+m)+b_L-\bar{\tau}m}\right)$$

如果部分债务货币化是有效率的，则低生产率国家为了避免违约，总会实施至少部分债务货币化。但问题在于，低生产率国家实施最大程度的货币化是不是更好的策略选择。A 国和 B 国在状态 $(\theta^A, \theta^B) = (\theta^L, \theta^H)$ 下的回报函数为：

$$\prod{}^i(\delta^i, \delta^j) = \left(\frac{\kappa s + m + \delta^i m}{2(s+m) + \delta^i m + \delta^j m} \right)(\theta_L + \theta_H)$$

再度把函数 $\prod{}^i(\delta^i, \delta^j)$ 对 δ^i 求导，我们会发现若满足以下条件，则 A 国和 B 国的福利水平随 δ^i 增加而增加：

$$\kappa < \frac{2s + (1 + \delta^j)m}{s}$$

最后考虑状态 (θ^L, θ^L) 的情况。此时如果假设 A2 成立，每个国家都会倾向于实施部分债务货币化，而非债务违约。

假设 A2　在状态 (θ^L, θ^L) 下部分债务货币化的效率

$$\phi > (\kappa - 1)\left(\frac{s}{\kappa s + m} \right)\left(\frac{b_L - \bar{\tau}m}{s + m + b_L - \bar{\tau}m} \right)$$

A 国和 B 国在状态 (θ^L, θ^L) 下的回报函数为：

$$\prod{}^i(\delta^i, \delta^j) = \left(\frac{\kappa s + m + \delta^i m}{2(s+m) + \delta^i m + \delta^j m} \right)2\theta_L$$

于是，如果满足以下条件，则 A 国和 B 国在状态 (θ^L, θ^L) 下的福利水平随 δ^i 增加而增加：

$$\kappa < \frac{2s + (1 + \delta^j)m}{s}$$

把以上所有情形结合起来，我们可以得到两国策略性货币化博弈的所有可能结果的特征描述，如命题 1 所述。

命题 1　子博弈完美纳什均衡

（1）在状态 (θ_H, θ_H) 下，如果 $\frac{2s + m + b_H}{s} \geqslant \kappa \geqslant \frac{2s + m}{s}$，则两种

均衡同时存在，一种是无货币化均衡，一种是最大程度货币化均衡。如果 $k < \dfrac{2s+m}{s}$，则有唯一的最大程度货币化均衡。如果 $k > \dfrac{2s+m+b_H}{s}$，则有唯一的无货币化均衡。

（2）在状态 (θ_L, θ_H) 和 (θ_H, θ_L) 下，若 $\dfrac{2s+m+b_H}{s} \geqslant \kappa \geqslant \dfrac{2s+m+b_L-\bar{\tau}m}{s}$，则两种均衡同时存在。在一种均衡下，低生产率国家会把部分债务货币化，高生产率国家不实施债务货币化。在另一种均衡下，两个国家都实施最大程度的债务货币化。[⑦]若 $k > \dfrac{2s+m+b_H}{s}$，则有唯一的均衡，低生产率国家实施部分债务货币化，高生产率国家不实施货币化。若 $k < \dfrac{2s+m+b_L-\bar{\tau}m}{s}$，则有唯一的均衡，两个国家都实施最大程度的债务货币化。

（3）在状态 (θ_L, θ_L) 下，有唯一的均衡，若 $\kappa > \dfrac{2s+m+b_L}{s}$，则是部分货币化均衡；若 $\kappa \leqslant \dfrac{2s+m+b_L}{s}$，则是最大程度的货币化均衡。

与一个国家在封闭经济状态下面临的情形相比，命题 1 表明，当两个国家的经济活动一体化且汇率反应不足时，各国有更强烈的债务货币化动机。原因在于货币化除了避免违约的代价，还有更多的好处，会提高本国劳动者获取外国产品的购买力。在状态 (θ_L, θ_H) 下，可以在一体化经济中实现最大程度的货币化均衡，而在封闭经济中，一个国家不会选择实施债务货币化。类似的是，在状态 (θ_L, θ_H)、(θ_H, θ_L) 和 (θ_L, θ_L) 下，当低生产率国家只需要实施部分债务货币化就足以避免违约时，却可能实现最大程度的债

⑦　如果 $b_H > b_L - \bar{\tau}m$，就能得到这一区间的均衡。

务货币化均衡。我们把货币主权背景下的这些关于过度货币化的发现总结为如下命题2。

命题2 低效率的货币化

在满足如下条件时，国际货币均衡可能导致过度债务货币化：

$$\frac{2s + m + b_H}{s} > \kappa > \frac{2s + m}{s}$$

（1）在状态(θ_H, θ_H)下，最大程度的货币化均衡是缺乏效率的，如果$\kappa > \frac{2s + m}{s}$，则货币化既不必要，也不可取。

（2）在状态(θ_L, θ_H)和状态(θ_H, θ_L)下，只有低生产率国家的部分债务货币化是必要的，更多的货币化对两个国家都不可取。

（3）在状态(θ_L, θ_L)下，只要求每个国家的部分债务货币化，但在$k \leqslant \frac{2s + m + b_L}{s}$时，唯一的均衡是最大程度的货币化。

命题1和命题2用简明的方式指出，当汇率没有对相对货币供给的变化做出即时反应时，国际货币中性定理将失效。当存在汇率黏性时，各个国家的货币供给竞争通常会造成货币过度供给和通胀的无效率结果，这符合弗里德曼的预见，而与哈耶克的分析相背。也可以说，哈耶克与弗里德曼关于货币供给是采取自由竞争还是国家垄断的观点异同，取决于对外汇市场的看法。如果认为外汇市场有完美的弹性和效率，则哈耶克的预测将占据上风，但如果汇率调整存在黏性，弗里德曼对货币过度供给和通胀的担忧就可能变成现实。

上述发现对加密货币同样适用。如果不同加密货币之间或某种加密货币同法定货币之间的兑换率具有黏性（或反应过度），则我们可以预测加密货币的总供给将缺乏效率。围绕数字货币的稳定性及其作为（或不能作为）通胀对冲工具的价值，已涌现了很多讨论，但对于加密货币兑换市场的运行状况以及加密货币不同兑换率对加密货币相对供给变化的反应程度，目前仍知之甚少。在了解加密货币增长可能产生的影响方面，这是一个重要空白。

5. 货币联盟

在货币联盟里，有单一货币和单一中央银行，却有两个分设的财政当局，每个国家各有一个。与之前类似，财政当局的目标函数是使本国居民的福利最大化。我们认为，设立单一中央银行的目标是维持价格稳定以及避免债务货币化，这也是人们对欧洲中央银行使命的诠释，至少在欧元危机爆发前是如此。为简化阐述，我们假设两个国家具有对称性，它们承受的产出冲击的概率分布彼此独立。

5.1 货币联盟下的福利状况

在货币联盟（但不是财政联盟）中，每个国家都有权力发行以联盟单一货币计价的债务，没有超国家的财政机构来发行债务。还有，每个国家的债务只能由本国的税收收入来偿付。最后，不存在从一个国家向另一个国家的财政转移支付。

在时期 0 实现货币统一后，每个国家的储户和劳动者都分别拥有数额为 s_u 和 m_u 的初始共同货币（common currency）禀赋，其他情形与之前相同。每个国家都同时发行以共同货币计价的债务（b_u^H，b_u^L）来支持公共品 g_i 的生产，劳动者还要提供劳动（$l-g$）= 1，用于私人产品生产。在时期 1，每个国家的财政当局将对收入征税，以筹集偿还债务 b_u^i 的资金。然后，居民家庭用自己的税后名义收入购买最终产品。最终产品市场此时成为单一市场，价格为 p_u^j，其中 j 代表总产出的 4 种状态，即 LL，LH，HL，HH。在繁荣状态 HH 下，两个国家都拥有高生产率；在衰退状态 LL 下，两个国家都拥有低生产率。在状态 LH 和状态 HL 下，一个国家拥有高生产率，另一个国家拥有低生产率。

首先考虑货币联盟出现经济繁荣的状态，此时联盟的总产出为 $2\theta_H$，劳动者的预算约束为：

$$m_u(1-\tau_i) + b_u^H \geqslant p_{HH}x_{HH}^i$$

其中，p_{HH} 是消费品在货币联盟中的单一价格，x_{HH}^i 是 A 国和 B 国劳动者购买的产品数量。接下来，储户的预算约束为：$s_u \geqslant p_{HH}z_{HH}^i$，其中，$z_{HH}^i$ 是 A 国和 B 国储户购买的产品数量。

每个国家的财政当局确定税率 τ_i，使本国政府的预算维持平衡：$m_u\tau_i = b_u^H$。

将 b_u^H 代入劳动者的预算约束，我们将得到 $m_u \geqslant p_{HH}x_{HH}^i$，于是在均衡状态下有：

$$x_{HH}^i = \frac{m_u}{p_{HH}} \text{ 和 } z_{HH}^i = \frac{s_u}{p_{HH}}$$

为实现市场出清，要求 $\dfrac{2(m_u+s_u)}{2\theta_H} = p_{HH}$，于是有：

$$x_{HH}^i = \left(\frac{m_u}{m_u+s_u}\right)\theta_H \text{ 和 } z_{HH}^i = \left(\frac{s^u}{m_u+s_u}\right)\theta_H$$

总之，当货币联盟出现经济繁荣时，两个国家都能够偿付债务，没有发生债务危机的风险。

债务危机

接下来考虑状态 LH 的情形，此时 A 国的产出水平为 θ_L，政府无法用最高的税收收入 $\bar{\tau}m_u$ 来偿还债务。由于无法依靠联盟的中央银行对债务做货币化处理，该国政府没有其他选择，只能对债务违约。[⑧]这凸显了货币联盟的一个意料外的主要后果：事实上把各个成员国的主权债务从本币债务变成了外币债务。在货币联盟中，任何成员国都不拥有在必要时把债务货币化的选项。因此，货币联盟给每个国家都穿上了一套货币紧身衣，是确保不会有过度通胀的强大工具。

在出现违约的情况下，A 国将直接取消所有债务 b_u^A，并且不征收税收。由于取消全部债务，A 国将承受一笔无谓成本 $\phi\theta_L$。此时劳动者的预算约束将是 $m_u \geq p_{LH}x_{LH}^A$，其中 p_{LH} 是消费品在货币联盟中的单一价格，x_{LH}^A 是债务违约国劳动者购买的产品数量。接下来，债务违约国储户的预算约束为 $s_u \geq p_{LH}z_{LH}^A$。

B 国此时的生产率较高，因此有足够的税收来偿付债务，其财政当局设定税率 τ_B，使该国政府的预算保持平衡：$m_u\tau_B = b_u^H$。

同样，把 b_u^H 代入 B 国的劳动者预算约束，我们将得到 $m_u \geq p_{LH}x_{LH}^B$，于是最终消费配置为：

$$x_{LH}^A = \frac{m_u}{p_{LH}}, \ z_{LH}^A = \frac{s_u}{p_{LH}} \text{ 和 } x_{LH}^B = \frac{m_u}{p_{LH}}, \ z_{LH}^B = \frac{s_u}{p_{LH}}$$

---

⑧ 低产出状态还可被视为没有导致违约但造成了债务积压问题，相应成本为 $\phi\theta_L$。

最后，市场出清要求：

$$\frac{2(m_u + s_u)}{\theta_H + (1 - \phi)\theta_L} = p_{LH}$$

于是有：

$$x_{LH}^A = \frac{m_u[\theta_H + (1 - \phi)\theta_L]}{2(m_u + s_u)}, \quad z_{LH}^A = \frac{s_u[\theta_H + (1 - \phi)\theta_L]}{2(m_u + s_u)}$$

以及

$$x_{LH}^B = \frac{m_u[\theta_H + (1 - \phi)\theta_L]}{2(m_u + s_u)}, \quad z_{LH}^B = \frac{s_u[\theta_H + (1 - \phi)\theta_L]}{2(m_u + s_u)}$$

请注意，两个国家的消费配置是对称的，这部分是因为我们所做的简化假设。确实在我们的简化模型中，当 A 国债务违约时，它会同时停止征税，因此劳动者的税后收入不会减少。或者说，除非实行债务货币化，否则劳动者从政府债务偿还中得到的数额完全等同于政府通过税收从他们身上取走的数额。这基本上是属于人为设定，源于两个简化假设：除偿还债务政府没有其他支出项目，另外不对储户征税。这种设定看似不太自然，但从中能得出一个重要启示：部分（在我们的设定中是全部）政府债务是持有债权的劳动者自己欠自己的。

我们所做的简化设定还清晰地揭示了债务违约的真实后果：违约造成的扰动引发了产出损失。这一产出损失由货币联盟中的每个人根据各自拥有的货币余额按比例分担。由于 A 国劳动者的货币余额在债务违约后保持不变（因为不再被征税），A 国储户的货币余额也不受违约影响，所以 A 国消费者在购买力方面与 B 国消费者仍保持同等地位。债务违约的主要后果是产出减少，从而降低货币联盟的总消费，让所有消费者根据货币余额按比例分担。总之，货币联盟的效应之一是通过消费在成员国之间实施一种共同保险。状态 HL 是状态 LH 的对称版本，我们只需要调换 A 和 B 的标注位置，即可描述这种状态下的最终消费配置。

最后来讨论危机状态 LL，两个国家都有低生产率 θ_L，因此无法偿付债务。于是两国都会发生债务违约，导致无谓成本 $\phi\theta_L$。

此时，各国劳动者的预算约束为 $m_u \geqslant p_{LL} x^i_{LL}$，储户的预算约束为 $s_u \geqslant p_{LL} z^i_{LL}$，使得最终消费配置为：

$$x^i_{LL} = \frac{m_u}{p_{LL}}, \ z^i_{LL} = \frac{s_u}{p_{LL}}$$

市场出清要求：

$$\frac{2(m_u + s_u)}{2(1-\phi)\theta_L} = p_{LL}$$

于是有：

$$x^i_{LL} = \frac{m_u(1-\phi)\theta_L}{m_u + s_u}, \ z^i_{LL} = \frac{s_u(1-\phi)\theta_L}{m_u + s_u}$$

把每种状态下最终消费配置的公式结合起来，我们将得到描述货币联盟中各成员国福利状况的公式，即如下命题3。

命题3 货币联盟下的福利状况

根据我们对产出冲击所做的独立同分布假设，货币联盟中各成员国的总预期福利为：

$$\left(\frac{\kappa s_u + m_u}{s_u + m_u}\right)\{\pi_H^2\theta_H + \pi_H\pi_L[\theta_H + (1-\phi)\theta_L] + \pi_L^2(1-\phi)\theta_L\}$$

(6)

5.2　货币联盟在什么情况下是更好的选择?

我们先假设,其他条件在货币联盟下保持不变,于是有 $s_u = s$ 以及 $m_u = m$。从总福利的角度看,如果货币联盟下的总福利高于每个国家保持货币主权下的总福利,则货币联盟是更好的选择。

货币联盟的成本在于,它可能导致主权债务危机和代价沉重的违约。保持货币主权的成本在于,它可能导致过度的货币化和通胀。货币主权下会有多少债务货币化取决于我们模型的参数设定。如果政府很在乎维持储户的购买力(即 κ 的值很高),则在货币主权下实施的债务货币化会很少。只有在为避免代价沉重的违约而必须这样操作时,政府才会实施债务货币化。在此过程中,货币化数量或许会略微超出严格必需的水平,但在能够以税收收入偿付债务时,它们总体上会限制债务货币化操作。因此,如果 κ 的值较高,主权国家政府本就对货币发行有充分限制,货币联盟能带来的收益就很小。反之,如果 κ 的值较低,且债务违约的成本 ϕ 并不太高,则两个国家通过一家独立的共同中央银行来发行单一货币,或许能够改善自己的福利。简单地说,这就是货币主权与货币联盟之间的利弊取舍。

接下来,我们将详细阐述货币联盟优于货币主权的参数取值特征。这些参数取值将决定各国在货币主权下会实施多少数量的债务货币化。读者也可以考虑在初次浏览时跳过这些详细讨论,直接阅读下一小节。

货币主权下的最优可能结果由如下均衡给出:(1)在状态 HH 下,没有货币化;(2)在状态 LH、HL 和 LL 下,低生产率国家实施部分债务货币化。只有满足条件 $\kappa > \dfrac{2s + m + b_L}{s}$ 时,才能实现该均衡。否则，状态 *LL* 下的唯一均衡将是最大程度的货币化。

货币主权下的最优可能结果无法通过货币联盟来改进，因为根据假设 A1 和 A2，在状态 *LH*、*HL* 和 *LL* 下，部分货币化优于代价沉重的债务违约。因此货币主权下的结果是有效率的，而货币联盟下的结果可能导致政府过多发生代价沉重的债务违约。

下面考虑的情形是：

$$\frac{2s + m + b_L}{s} > \kappa > \frac{2s + m}{s} \tag{7}$$

在此情形下，状态 *LL* 下的唯一均衡包含最大程度的债务货币化。此外，假设 $\frac{2s + m + b_H}{s} \geqslant \kappa$，那么在状态 *LH* 和 *HL* 下会出现两种可能的均衡。在货币主权下的最优均衡将是：（1）在状态 *HH* 下没有货币化；（2）在状态 *LH* 和 *HL* 下，低生产率国家实施部分债务货币化；（3）在状态 *LL* 下实施最大程度的债务货币化。

根据上述均衡结果，货币主权下各国的总预期福利为：

$$\pi_H^2 \theta_H \left(\frac{\kappa s + m}{s + m} \right) + \pi_H \pi_L (\theta_L + \theta_H) \left(\frac{2(\kappa s + m) + b_L - \bar{\tau}m}{2(s + m) + b_L - \bar{\tau}m} \right) +$$

$$\pi_L^2 \theta_L \left(\frac{\kappa s + m + b_L}{s + m + b_L} \right) \tag{8}$$

从（6）式中减去（8）式，我们将发现如果在状态 *LH* 和 *HL* 下加入货币联盟的福利损失小于在状态 *LL* 下的福利收益，则货币联盟是更好的选择：

$$\phi < (\kappa - 1) \left(\frac{s}{\kappa s + m} \right) \left(\frac{\pi_H(\theta_H + \theta_L)}{\theta_L} \frac{b_L - \bar{\tau}m}{2(s + m) + b_L - \bar{\tau}m} + \frac{\pi_L b_L}{s + m + b_L} \right)$$

$$\tag{9}$$

如果满足以下条件，状态 *LL* 下的过度货币化会带来福利损失：

$$\phi < (\kappa - 1)\left(\frac{s}{\kappa s + m}\right)\frac{b_L}{s + m + b_L} \tag{10}$$

当 π_L 趋近于 1 时，（9）式会变成（10）式。一般来说，当（7）式和（10）式成立时，如果低生产率发生的概率 π_L 足够高（$\pi_L \geqslant \overline{\pi}_L$），则货币联盟优于货币主权，其中，$\overline{\pi}_L$ 是如下公式的解：

$$\phi = (\kappa - 1)\left(\frac{s}{\kappa s + m}\right)\left(\frac{\pi_H(\theta_H + \theta_L)}{\theta_L}\frac{b_L - \overline{\tau}m}{2(s + m) + b_L - \overline{\tau}m} + \frac{\overline{\pi}_L b_L}{s + m + b_L}\right) \tag{11}$$

因此，货币联盟是防止在状态 *LL* 下过度货币化的一种保证。

接下来，假设：

$$\frac{2s + m + b_L - \overline{\tau}m}{s} > \kappa > \frac{2s + m}{s} \tag{12}$$

此时，状态 *LH*、*HL* 和 *LL* 下的唯一均衡是最大程度的货币化，每个国家在货币主权下的总预期福利为：

$$\pi_H^2\theta_H\left(\frac{\kappa s + m}{s + m}\right) + \pi_H\pi_L(\theta_L + \theta_H)\left(\frac{2(\kappa s + m) + b_L + b_H}{2(s + m) + b_L + b_H}\right) +$$

$$\pi_L^2\theta_L\left(\frac{\kappa s + m + b_L}{s + m + b_L}\right) \tag{13}$$

同样，以（6）式减去（13）式，我们将看到如果满足以下条件，则货币联盟是更好的选择：

$$\phi < (\kappa - 1)\left(\frac{s}{\kappa s + m}\right)\left(\frac{\pi_H(\theta_H + \theta_L)}{\theta_L}\frac{b_L + b_H}{2(s + m) + b_L + b_H} + \frac{\pi_L b_L}{s + m + b_L}\right) \tag{14}$$

请注意，当 π_L 趋近于 1 时，（14）式会变成（10）式。还有，

（14）式弱于（10）式。

在状态 *LH*、*HL* 和 *LL* 下，货币联盟是防止过度货币化的一种保证。然而，货币联盟的不利一面是这些国家发生违约的成本。在（14）式中，违约成本小于过度货币化的成本。

最后，我们来考虑货币主权下最坏的可能均衡：在所有状态下都实施最大程度的货币化。此时，货币主权下各国的总预期福利为：

$$\pi_H^2 \theta_H \left(\frac{ks + m + b_H}{s + m + b_H} \right) + \pi_H \pi_L (\theta_L + \theta_H) \left(\frac{2(\kappa s + m) + b_L + b_H}{2(s + m) + b_L + b_H} \right) +$$

$$\pi_L^2 \theta_L \left(\frac{\kappa s + m + b_L}{s + m + b_L} \right)$$

可见，货币联盟成为更好选择的条件比（13）式更弱，因为相比（13）式在右侧增加了一项：

$$\phi < (\kappa - 1) \left(\frac{s}{\kappa s + m} \right)$$

$$\left[\frac{\pi_H^2 \theta_H}{\pi_L \theta_L} \frac{b_H}{s + m + b_H} + \frac{\pi_H (\theta_H + \theta_L)}{\theta_L} \frac{b_L + b_H}{2(s + m) + b_L + b_H} + \frac{\pi_L b_L}{s + m + b_L} \right]$$

这样，货币联盟成为防止在所有状态下过度货币化的一种保证。但货币联盟的不利一面依然是状态 *LH*、*HL* 和 *LL* 下的违约成本。

我们将以上讨论总结为命题4。

命题4　货币联盟成为更好的选择

没有债务货币化或财政转移支付的纯货币联盟不一定优于货币主权模式，只有在过度货币化造成的福利成本超过货币联盟下的违约成本时，货币联盟才是更好的选择。

（1）如果 $\kappa > \frac{2s + m + b_L}{s}$，货币主权将优于货币联盟，因为货

币主权下的均衡在状态 *HH* 下没有实施货币化，在状态 *LH*、*HL* 和 *LL* 下只有低生产率国家实施部分货币化。

（2）如果 $\dfrac{2s+m+b_H}{s} > \kappa > \dfrac{2s+m}{s}$，在满足如下条件 $\phi < (\kappa-1)$ $\left(\dfrac{s}{\kappa s+m}\right)\left(\dfrac{b_L}{s+m+b_L}\right)$，以及低生产率状态出现的概率足够高——即 $\pi_L \geqslant \bar{\pi}_L$，其中 $\bar{\pi}_L$ 是（11）式的解——的时候，货币联盟优于货币主权，此时货币联盟是防止在状态 *LL* 下过度货币化的一种保证。

（3）如果 $\dfrac{2s+m+b_L-\bar{\tau}m}{s} > \kappa > \dfrac{2s+m}{s}$，货币主权下状态 *LH*、*HL* 和 *LL* 的唯一均衡包含最大程度的货币化。此时若满足以下条件，则货币联盟是更好的选择：

$$\phi < (\kappa-1)\left(\frac{s}{\kappa s+m}\right)\left(\frac{\pi_H(\theta_H+\theta_L)}{\theta_L}\frac{b_L+b_H}{2(s+m)+b_L+b_H}+\frac{\pi_L b_L}{s+m+b_L}\right)$$

（4）最后，在货币主权下，如果所有状态都会得到最大程度的货币化均衡，则在满足以下条件时，货币联盟是更好的选择：

$$\phi < (\kappa-1)\left(\frac{s}{\kappa s+m}\right)$$

$$\left[\frac{\pi_H^2\theta_H}{\pi_L\theta_L}\frac{b_H}{s+m+b_H}+\frac{\pi_H(\theta_H+\theta_L)}{\theta_L}\frac{b_L+b_H}{2(s+m)+b_L+b_H}+\frac{\pi_L b_L}{s+m+b_L}\right]$$

建立纯货币联盟涉及的利弊权衡是，尽管货币联盟是防止过度货币化的一种保证，但也有不利的一面：在某些经济状态下，如果成员国没有能力用本国的税收收入来清偿债务，会导致债务违约成本。有人或许认为，如果每个国家都有充分的财政纪律约束，执行严格的债务限制，则可以避免债务违约成本。但这样的债务限制又可能伴随公共品投资不足的代价，货币联盟的不利之处只是换了一种表现形式而已。

本章接下来要回答的问题是，能否在必要时通过允许债务货币化（而非债务违约），或允许从高生产率国家向低生产率国家的财政转移支付，或两种手段兼具，来改进货币联盟。

6. 货币联盟中的债务货币化与财政转移支付

我们首先考虑如下制度安排，货币联盟的中央银行对受到低生产率冲击 θ_L 的成员国的债务实施部分货币化，以避免代价沉重的违约。

在这种安排下，各成员国的总预期福利为：

$$\pi_H^2 \theta_H \left(\frac{\kappa s + m}{s + m} \right) + \pi_H \pi_L (\theta_H + \theta_L) \left(\frac{2(\kappa s + m) + \delta m}{2(s + m) + \delta m} \right) +$$
$$\pi_L^2 \theta_L \left(\frac{\kappa s + m(1 + \delta)}{s + m(1 + \delta)} \right) \tag{15}$$

其中，$\delta m = b_L - \bar{\tau} m$。

由此可以直接证明，根据假设 A1 和 A2，允许部分债务货币化的货币联盟总是优于没有货币化（并发生违约）的货币联盟。该结果并不特别令人惊讶。如果部分货币化对于货币主权下的低生产率国家更有效率，则在货币联盟下肯定同样更有效率。

然而更令人惊讶的结果是在状态 LH 和 HL 下，财政转移支付优于债务货币化。为理解这点，我们设想在状态 LH 和 HL 下，高生产率国家有充足的税收能力来弥补债务 b_L 的税收缺口：$2m\bar{\tau} \geqslant b_L + b_H$。

在此情形下，低生产率国家的劳动者将得到税后收入 $(1 - \bar{\tau})$

$m + b_L$，接受财政转移支付 $(b_L - \overline{\tau}m)$，高生产率国家的劳动者将得到 $m(1 - \tau_{LH}) + b_H$，其中 $\tau_{LH}m = b_H + b_L - \overline{\tau}m$。于是，高生产率国家的劳动者将得到税后收入 $m - (b_L - \overline{\tau}m)$。

当生产率冲击是独立同分布性质时，货币联盟中的劳动者处于状态 LH 和 HL 的概率相同，因此每个国家的预期净财政转移支付为零，劳动者在状态 LH 和 HL 下的预期消费将等于$(\theta_H + \theta_L)\dfrac{m}{s + m}$。

这样，有财政转移支付但没有债务货币化的货币联盟会使各个国家的福利水平变为：

$$\left(\frac{\kappa s + m}{s + m}\right)\left[\pi_H^2 \theta_H + \pi_H \pi_L (\theta_H + \theta_L) + \pi_L^2 (1 - \phi)\theta_L\right] \quad (16)$$

比较（16）式与货币主权下的福利水平，即（8）式的均衡结果：在状态 LL 下实施最大程度的货币化，在状态 LH 和 HL 下实施部分货币化，我们会发现如果满足以下条件，则各国都会因为加入上述货币联盟而获益：

$$\phi < (\kappa - 1)\left(\frac{s}{\kappa s + m}\right)\left[\frac{\pi_H (\theta_H + \theta_L)}{\theta_L} \frac{b_L - \overline{\tau}m}{2(s + m) + b_L - \overline{\tau}m} + \frac{\pi_L b_L}{s + m + b_L}\right]$$

$$(17)$$

请注意，当 $\pi_H \to 1$ 时，（17）式始终成立。我们接下来考虑相反的情形，即 $\pi_H \to 0$（以及 $\pi_L \to 1$），此时，（17）式将变成：

$$(\kappa - 1)\left(\frac{s}{\kappa s + m}\right)\left(\frac{b_L}{s + m + b_L}\right) > \phi$$

我们将以上分析总结为命题 5。

命题 5　有财政转移支付但没有债务货币化的货币联盟

在满足如下条件时，有财政转移支付但没有债务货币化的货币联盟优于货币主权：

$$\frac{2s + m + b_L}{s} > \kappa > \frac{2s + m}{s}$$

以及

$$(\kappa - 1)\left(\frac{s}{\kappa s + m}\right)\left(\frac{b_L}{s + m + b_L}\right) > \phi$$

最后请注意，在状态 *LH* 和 *HL* 下没有债务货币化和违约，在状态 *LL* 下只实施部分债务货币化且有财政转移支付的货币联盟总是优于货币主权：

$$2\pi_H \pi_L (\theta_H + \theta_L)\left(\frac{\kappa s + m}{s + m} - \frac{2(\kappa s + m) + b_L - \overline{\tau}m}{2(s + m) + b_L - \overline{\tau}m}\right) > 0$$

为强调这点，我们将其总结为命题6。

命题6　有财政转移支付和债务货币化的货币联盟

把有财政转移支付的货币联盟与危机时期的部分债务货币化结合起来，总能得到比货币主权更高的效率。

总之，货币联盟是否可取最终取决于两方面的权衡：一方面是货币主权的过度货币化有多严重，另一方面是货币联盟的制度如何安排。不过，可能得到的最优安排始终是有财政转移支付以及有避免严重债务违约的货币化选项的货币联盟。

这个结论并不特别出人意料，因为我们没有在模型中引入任何政治或激励方面的因素，这些因素可能会使整个财政和货币联盟效率低下。有人或许担心，财政转移支付和债务货币化将导致主权债务方面的道德风险问题：如果债务总是会得到偿还，那为什么不多借一些，尤其是在偿债成本由各成员国分担的情况下？

这种借款道德风险问题的存在，或许正是财政联盟优于纯财政转移支付的理由。财政联盟会让负责转移支付的权威部门给每个成员国设定支出和借款限制，这个权威部门是一个超国家机构，最好是一个独立的财政部门，其任命过程与货币联盟的中央银行类似（Maskin，2016）。道德风险问题或许也是中央银行的一个主要担心，并可以解释为什么只有在极端和紧急情况下才会考虑债务货币化的干预行动。不过，这里一个重要的一般性发现是，如果可以利用财政转移支付来防止债务危机，那么货币化的压力将得到缓解。

7. 历史视角的分析

我们关于最优货币区以及放弃货币主权的成本收益分析理论，不仅受到史无前例的欧元创立的激发，也参考了美国货币统一进程、布雷顿森林体系在二战后的创建与崩溃，以及其他货币区的历史案例。下面将简单介绍这些历史案例给我们的模型带来的启示。

7.1 美国走向货币统一的漫长斗争

弗里德曼与施瓦茨（1963）对美国货币史的著名研究从南北战争结束后不久入手，即美国已基本完成货币统一的时候。与欧元的创建不同，美国的货币统一不是联邦各州自愿交出货币主权的结果，而是在南方邦联被击败之后，强制它使用美元。在内战期间，双方都发行了自己的货币，联邦各州是"绿票子"美钞，邦联各州是"灰票子"美钞。

尽管美国与欧洲货币统一的例子相去甚远，但两者都是冲突的产物。美国的货币统一始于独立战争时期，新独立的各州召开的大陆会议发行了纸币，名为"大陆币"（continentals），给战争提供融资。有趣的是，按照墨菲（Murphy，2017，第21页）的论述，发行法定货币被视为成本最低的战争融资方式，"由于美国人不能通过借款或直接征税来筹集足够资金，剩下的选项就是发行纸币，既作为向国民借款的一种办法，又是对他们征收的一种间接税"。

大陆币的发行以各州的税收收入作为基础，因为根据《邦联条例》（Articles of Confederation）的规定，联邦政府没有征税权。然而，各州不愿意把货币主权让渡给联邦政府，这对大陆币来说是致命的缺陷，导致它最终在1781年被国会贬值到相当于铸币的2.5美分。

作为货币统一的下一步，国会于1791年创建了美国第一银行。某些州对该银行的设立表示强烈反对，导致它只被授予20年期限的经营权。这些州实际上是反对给某个联邦实体创立（或向其移交）货币主权。尽管美国第一银行的运营取得了成功，反对势力依旧强大，使该机构在1811年特许经营权到期后遭废除（Gordon，1997；Murphy，2017）。

同样是为了应对战争筹款的挑战，引发了之后的联邦货币行动，促使美国第二银行于1816年成立。尽管这家银行的创建遇到的反对较少，但其20年特许经营权在1836年到期后仍没有被延长，除其他因素，更多是缘于对联邦特许银行侵犯各州主权的广泛不满情绪。另一个重要顾虑则是纸币的使用变得更加普遍，以及银行部分准备金制度带来的金融恐慌。

正如前文提到的，美国内战导致南北双方各自发行了法定货币。

在发行能作为支付工具被接受的纸币方面，南方邦联各州遇到的阻碍更大，因为如果战败，这些"灰票子"将变得一文不值。虽然南方发行的纸币数额有限，临近战争结束时仍爆发了恶性通胀：

> 到战争末期，物价已达到开战时的 92 倍，1860 年价值 1 美元的物品到 1865 年要价 92 美元。"灰票子"的贬值不仅是纸币发行过多的结果，也是市场在对战争的胜败做出响应。每当南方遭受重大军事挫折，例如 1862 年的安提塔姆战役或 1863 年的葛底斯堡战役，"灰票子"都会急剧贬值。安提纳姆战役后贬值 15%⋯⋯葛底斯堡战役后又贬值了 20%。相反，当邦联将军罗伯特·李于 1864 年 4 月在弗吉尼亚的里奇蒙德暂时阻止了北方军推进时，"灰票子"的市场行情得以稳定，南方经济直至当年夏末也几乎未发生通胀。（Murphy，2017，第 143 页）

对美国货币统一的这些极简介绍，依然可以给货币经济学和最优货币区理论提供若干重要启示。第一，法定货币有若干与公司股票类似的关键特征，这也是本书的一个基本主题。法定货币的价值涨落对应着发行者的实力。第二，在需要战争行动这样的大笔支出时，发行法定货币或许是最好的筹资方式，正如企业的重大资本支出最好通过发行股票来筹资。第三，最优货币区问题与货币主权议题密切相关。这里并不像蒙代尔（1961）主张的那样，主要涉及贸易和要素流动性，而更多关系到国家主权和政府管辖范围。第四，货币联盟可持续性的关键在于联盟的权力。如果联盟的财政和货币权力极其有限，则没有什么能够维持联盟的团结以及给统一货币提供支撑。

7.2 金本位的崩溃与竞争性贬值

按照蒙代尔的理论，实现最优货币区的另一种方法是把汇率同黄金挂钩。事实上在大萧条之前的漫长时期里，金本位的确经常是工业化国家的首选货币制度。除降低交易成本，金本位还被视为对低通胀的承诺。可是这一制度也有两个重大缺陷。首先，它给货币供给增长施加的严格限制可能严重束缚经济活动的增速。的确在金融危机之后，金本位往往会强化和延续通缩的压力。其次，战争行动等重大一次性支出在金本位下很难筹集资金，这正是美国一再退出该制度的缘由。金本位其实是一个在紧急情况下可以选择退出的最优货币区，把货币主权保留到至关重要的时候。

与 19 世纪 30 年代的金融恐慌类似，大萧条也导致了金本位的普遍崩溃：英国、德国和奥地利在 1931 年放弃金本位，美国在 1933 年放弃，最后法国在 1936 年放弃。此时的国际贸易已严重收缩。有研究指出，"直至 1938 年，尽管全球初级产品和制成品的生产已完全恢复，但国际贸易额仍只有 1929 年的 90%"（Eichen-green and Irwin，1995，第 2 页）。

人们普遍把这一时期的贸易大幅下挫归咎于货币战争，以及金本位崩溃释放出来的竞争性货币贬值（Nurkse，1944；Kindle-berger，1973）。此类观点背后的逻辑是，当某个国家的货币贬值时，由于以其他国家货币计算的生产成本降低，该国会获得竞争优势。于是货币贬值的国家将占据更多市场份额，增强自身的经济活动，并以牺牲他国为代价。但这种收益是短暂的，因为其他国家也可以用货币贬值作为回应［Keynes，2013（1923）］。总之，这种针锋相对的贬值行动据称最终会损害贸易和经济活动，只是具体过程并没有被说得很清楚。⑨

　　我们没有在自己的理论模型中引入竞争性货币贬值的可能性，因为这会增加分析的复杂性。要允许竞争性贬值，我们就必须加入名义工资黏性和失业的可能性。此时负面生产率冲击会导致失业，可以通过债务货币化和贬值来缓解。然而货币贬值会如何影响另一个国家，以及该国的最优应对是什么，并不特别清楚。在没有货币联盟时，是否必然出现以竞争性贬值为表现形式的货币化外部性，这点同样不明确。原因在于，货币贬值国家的失业减少带来的经济活动复苏实际上可能对另外一个国家有利。事实上，有学者早就借助完全不同的模型指出，竞争性货币贬值可能增加所有国家的产出（Eichengreen and Sachs，1986）。还有学者发现，没有证据显示金本位崩溃后的竞相贬值直接伤害了国际贸易（Eichengreen and Irwin，1995）。当然，人们对国际贸易在大萧条之后大幅下挫的感受因为竞争性货币贬值被强化了，这或许是二战中同盟国试图在战后通过布雷顿森林体系恢复固定汇率制度的原因之一。

7.3　布雷顿森林体系以及准金本位制度的回归

　　布雷顿森林体系是又一次建立某种形式的最优货币区的尝试。在某些方面，它的目标比单纯的金本位远大得多；在另一些方面，它带有更大的灵活性。布雷顿森林体系的宏伟志向是建立一个围绕固定汇率制度的世界金融新秩序，其中美元扮演储备货币的角色，并利用一种准金本位制度，让美国把黄金与美元的兑换值固

---

⑨　对此议题的深入分析可参阅普朗丹等人的研究（Plantin and Shin，2016）。

定在每盎司 35 美元的标准上。

布雷顿森林体系更具灵活性，是因为与金本位不同，其他国家的汇率可以通过调整来反映贸易失衡。此外，成员国在面临汇率危机时可实施资本管制。布雷顿森林体系还建立了国际货币基金组织，一个负责监督成员国经济政策（根据第 4 条的规定）的多边组织，以确保这些政策同固定汇率的一致性。国际货币基金组织还可以为应对外汇储备的临时性短缺提供资金。

从创立伊始，布雷顿森林体系谈判的参与者就必须面对货币主权的棘手议题。由凯恩斯策划的英国宏伟方案希望创立一种由世界中央银行发行的世界储备货币——班克尔（bancor）。在凯恩斯看来，这种货币在发行之后能够促进汇率调整，以纠正贸易失衡。但班克尔从未被设计为真正的法定货币，尤其是凯恩斯的计划中还排除了债务货币化的选项。

作为二战结束时的主要超级大国，美国自然不愿意把货币主权交给一个超国家货币机构。在美国支持并最终被采纳的体系中，国际货币基金组织的权限被显著缩减，美元作为世界储备货币的霸主地位得以确立（Eichengreen，1996）。

只要主要成员国美国的收益超过成本，布雷顿森林体系就能继续存在。美国在初期因为美元作为储备资产的地位而获得好处，也受益于这一新体系培育和支持的全球经济强劲复苏。可是当美元的总供给达到一定限度，每盎司黄金 35 美元的可持续性受到质疑时，美国坚持黄金锚定价值的代价就变得愈发突出。特里芬（Triffin，1960）最早提出了美国作为储备资产唯一供给者面临的基本难题：为了应对世界经济扩张时期对储备资产的需求增加，美国必须提供更多美元，并保持经常账户赤字；然而，美元供给增长和经常账户赤字又会损害美国维持黄金储备的能力。的确在1945—1973 年，美国在全球黄金储备中所占的份额已从 63% 大幅缩水至 23%。当固定黄金兑换比率施加的限制开始影响美国利用发行货币来支撑越南战争的能力之后，美国终于在 1971 年决定放弃金本位，由此导致布雷顿森林体系在 1973 年走到了尽头。

7.4 布雷顿森林体系崩溃后的国际货币体系

在布雷顿森林体系下，美元同黄金挂钩，其他国家货币的汇率基本上同美元固定，于是这个体系下的世界经济成为一个准共同货币区。

布雷顿森林体系避免了主要国家货币的竞争性贬值，为推动全球经济和贸易在二战后较长时间的恢复与繁荣，至少做出了部分贡献。首先，全球贸易重新开始稳定增长。1948 年全球出口额约为 514 亿美元，到 25 年后的 1973 年扩张至 5 210 亿美元，增幅达 9 倍，年均复合增长率达 9.3%。其次，全球经济增长也变得更加稳定，周期波动显著减少。在 1945—1973 年，美国的年均实际 GDP 增长率达到 3.7%，波动幅度为 3.5%，而在布雷顿森林体系之前的 1910—1944 年，其年均增长率为 4.1%，波动幅度达 7.9%。其他主要经济体也呈现类似的趋势，例如英国和日本等。

不过，这一体系也存在明显的缺陷。根据我们的分析框架，美元同黄金挂钩之后，在国家资产结构中变成了债务而非股票。如之前的分析所示，为满足世界经济扩张时期全球对美国储备资产的需求，美国必须提供更多美元并维持经常账户赤字，这导致美国的主权债务持续增加，最终引发美元危机。

事实上，美元面临着双重高估问题。第一重是，它难以维持每盎司黄金35美元的价格，对黄金存在高估；第二重是，二战之后，由于德国和日本经济增长极其迅猛，并拥有巨额贸易盈余（尤其是对美国），美元对布雷顿森林体系下的这些国家的货币存在高估。双重高估现象不可能持续，所以布雷顿森林体系的终结只是时间问题。

1971年，布雷顿森林体系开始瓦解，美国决定把美元同黄金脱钩。国际货币体系到1973年进入浮动汇率制度的新时代，汇率开始显著波动。美元在1971—1980年大幅贬值，美元指数从120降至85，贬值幅度近30%，部分纠正了之前的美元价值高估现象。

布雷顿森林体系崩溃后，一个主要的不稳定根源是欧洲美元市场的兴起和壮大。由于大多数国际贸易结算是以美元为基础的，国际上对美元资金的大量需求并不总能得到美国货币当局的满足。于是欧洲美元市场上出现了大量新创造的内部美元，它们位于美国境外，不受美联储的管辖。第一批欧洲美元是在1949年出现，由中国把美元资金存入苏联拥有的位于巴黎的一家银行——北欧商业银行。后来，英国的银行开始在创造欧洲美元存款中扮演了核心角色。

布雷顿森林体系的限制一经取消，这些存款的扩张就不再受到限制，甚至给美联储制造了在这些存款遭到挤兑时是否要发挥最后贷款人作用的问题。的确，全球范围的欧洲美元市场到2007年已变得如此巨大，导致美联储决定，通过提高与亚洲、欧洲、北美洲和拉丁美洲若干中央银行合作伙伴的货币互换额度，给欧洲美元存款提供支持，因为这些中央银行当时突然面临自己管辖的各金融机构的巨额美元流动性需求。具有系统重要性的欧洲美元市场如今依然是国际货币体系中的一个主要薄弱环节。

为维持一定程度的汇率平稳，主要经济体通过政策协商与合作，逐渐让美元同其他主要货币的汇率稳定下来。1985年，西方五国财政部长和央行行长在纽约广场酒店举行会议，达成《广场协议》，决定对外汇市场实施联合干预，引导美元对其他主要货币的有序贬值，以解决美国的巨额贸易赤字问题。到1987年，西方七国财政部长和央行行长又达成《卢浮宫协议》，确定采取联合行动以制止美元的过度贬值，维持汇率的基本稳定。这两项重大协议最终推动美元价值走向稳定，使美元汇率的波动性在整个20世纪90年代显著降低，国际货币体系亦得以恢复平衡。以围绕《广场协议》和《卢浮宫协议》的货币政策协调为基础的这一后布雷顿森林国际货币体系，可被称作"布雷顿森林体系2.0版"。

7.5 欧元问世

布雷顿森林体系崩溃给欧洲带来一个新的挑战：如何让汇率变化与单一市场的理念相协调。当然，如果像哈耶克推测的那样，汇率有完美的灵活性，单一市场与浮动汇率之间并没有什么冲突。但欧盟的成员国并不这么认为，它们将后布雷顿森林时代欧盟内部可能发生的更大汇率波动视为对单一市场生死存亡的威胁。

相应地，欧盟很快试图推行一种联合管理的汇率体制，起初是蛇形浮动区间，然后是欧洲汇率机制（James，2012）。蛇形浮动区间没有抵挡住1973年的石油冲击，未能防止意大利和法国的多次单边贬值行动，并且最终没有提供充分的汇率稳定性，于是该协议在1978年底被放弃。在面对重大宏观经济负面冲击时，意大利和法国事实上都行使了货币主权，用货币化来应对石油价格上涨的冲击。但这种策略性货币化导致它们的经常账户赤字跃升，并且损害了欧盟其他成员国的利益，还推高了危险的通胀预期。因此，为支持欧洲经济深入一体化，实现某种形式的汇率稳定依然是重要目标。

经过漫长的谈判后，一个更具抱负、更有约束力的汇率安排，即欧洲汇率机制，终于在 1979 年亮相。但与蛇形浮动一样，它也是一次短命的实验。事实上，苏联的崩溃以及德国在 1990 年统一加剧了欧盟内部的经济失衡，促使意大利率先在 1992 年退出这个机制，英国也紧随其后。

有些奇特的是，导致欧洲汇率机制终结的原因也在法国和德国创造了新的政治环境，使全面货币联盟在政治上具有了可行性。法国愿意放弃自己的货币主权，以遏制重新统一并崛起的德国，德国则愿意加入一个按照自己的货币信条塑造的货币联盟，并将欧洲中央银行的总部设在法兰克福。

值得注意的是，欧元区的边界并不像蒙代尔的理论预测的那样，由具备更大要素流动性的经济边界决定。那样的经济边界应该把英国、丹麦、瑞典和瑞士等纳入其中，然而这些国家却身处欧元区之外，因为它们并不打算放弃货币主权。

7.6　货币局制度以及其他形式的货币联盟

历史上还有过创建某种形式货币区的多种其他尝试，尤其是货币局制度。货币局制度是某个经济体做出的单方面承诺，把本国货币同某种国际储备货币或一篮子货币的汇率固定下来。采用货币局制度的经济体实际上让渡了自己的货币主权。我们将简要介绍两个采用该制度的实验，以及最近海湾六国（包括巴林、科威特、阿曼、卡塔尔、沙特与阿联酋）组建货币联盟的努力。

阿根廷在 1991 年引入货币局制度，明确把阿根廷比索的汇率同美元捆绑并承诺可以按照这一固定汇率把比索全部兑换为美元。货币局制度的公开目标是通过严格的名义锚定，为遏制通胀提供承诺。但阿根廷的实验在 2002 年的灾难性金融危机中失败，当时的形势表明，如果没有国际货币基金组织的持续资金扶持，该国将无法维持汇率和完全兑换。与过去其他放弃固定汇率制度的案例相似，主要原因是 1997 年亚洲金融危机和俄罗斯金融危机带来的负面贸易条件冲击，然后，通过某种宏观经济宽松措施来缓解这一冲击的经济成本面临过于强大的政治压力，以至于无法令人信服地维持货币局制度。随着阿根廷的外汇储备趋于枯竭，它向国际货币基金组织寻求援助，但后者在初期提供的资源只是将不可避免的结局推迟了一些时间而已。

香港在货币局制度方面做得更加成功，其信誉在亚洲金融危机期间经受了严峻考验，但得益于香港货币当局不同寻常的政策干预以及中国内地的支持，它抵挡住了对固定汇率的大规模攻击。[10]香港的货币局制度延续至今，并牢固树立了可持续的声誉。不过，这一制度并非没有成本。它对货币主权施加的严格限制约束了香港的经济扩张，这从该地区与新加坡（没有实行货币局制度）经济发展成就的对比中可见一斑。在亚洲金融危机期间及之后不久，香港明显遭遇了比新加坡更严重的通缩，经济复苏也更

---

[10] 对这一事件的深入讨论可参见古德哈特等人（Goodhart and Dai, 2003）。关于东亚美元标准制度的更一般讨论，可参见麦金农（McKinnon, 2000）。

为乏力。1996 年，香港的人均 GDP 约为新加坡的120%，但20年之后已经地位互换，新加坡的人均 GDP 达到香港的近120%。

最后值得一提的是，海湾六国在组建海湾阿拉伯国家合作委员会、实现 2009 年宣布的货币联盟进程中遇到了困难。不出意料的是，实现货币联盟遇到的主要症结是其中隐含的货币主权让渡问题，加上协议中包含的严格限制债务的内容。结果，由于担心过度放弃货币主权并强化沙特的主导地位，阿曼和阿联酋退出了货币联盟计划。

7.7　国际货币体系的近期发展

我们的分析更一般地指出，在各国竞相提高生活水平的一体化全球经济里，需要在货币政策执行中增强彼此的合作。如果没有任何合作，各个国家将有策略性动机去尽量利用货币政策为自身服务，但这样做最终会损害全球的福利。

我们的分析表明，在包含多种货币、汇率对货币政策变化反应不足的一体化全球经济中，各个国家会如何策略性地选择利用货币政策来获取经济优势，却最终破坏了全球的货币稳定。也就是说，在汇率自由浮动的放任状态下，未必能获得全球货币稳定的结果，因为一个国家货币政策变化的经济效应将外溢到其他国家。在没有凯恩斯设想的班克尔那样的全球储备货币（或者在一家全球中央银行管理的全球储备中，赋予各国特别提款权），没有为全体国家的最大化利益服务的全球统一货币政策的情况下，我们需要在货币政策领域开展国际合作，以避免各国自行其是的策略性货币政策导致货币不稳定。1985 年的《广场协议》和 1987 年的《卢浮宫协议》就展示了这种国际货币合作的好处。

在1985年，货币不稳定的根源是美国在20世纪80年代初期为抗击通胀而采取的极端财政政策与货币政策。这些政策导致美国利率水平急剧提升，引起美元对其他货币大幅升值。受美元快速升值影响的各国试图通过谈判实现美元的有序贬值，以维护全球金融稳定。这便是《广场协议》的由来，该协议促成了货币政策的协调，尤其是让日元和德国马克逐渐对美元和英镑升值。《广场协议》试图让美元对日元、马克和法国法郎的汇率有序地回归长期均值，安排美国和英国逐步下调利率，同时日本、德国和法国逐渐上调利率。对我们的理论而言，《广场协议》值得关注的一点在于，它是货币政策加强合作有助于全球经济的典型案例。到1987年，西方七国财政部长和央行行长又达成了《卢浮宫协议》，延续了《广场协议》采取的合作路线，但这次需要解决的问题刚好相反，是由美元在《广场协议》之后过度贬值所致。

这两份协议虽然没有走向新的布雷顿森林体系，但也成为全球经济开展货币政策合作的高峰。可是，这样的合作方式在随后数十年里被逆转，每个国家都在使用货币政策为自身利益服务，从而造成了不必要的全球货币动荡。虽然货币政策缺乏合作远不是唯一原因，但在三次重大世界金融危机中依然呈现了非常极端的货币和金融动荡现象：（1）1995年的拉丁美洲危机；（2）1997年的亚洲金融危机和俄罗斯危机；（3）2008年的全球金融危机。在全球金融危机过后，通过二十国集团与金融稳定理事会，货币和金融监管政策领域的必要国际合作有所加强及部分回归。我们从本章的分析中得到的主要教训则是，为维护全球金融和货币稳定，有必要永久性地开展国际合作。

每次国际货币和金融动荡事件后都出现了建立新国际金融秩序的呼声，例如布雷顿森林体系 3.0 版等。有些专家（如 Pozsar，2022）更为激进，认为当前以美元为基础的国际货币体系正在瓦解，最终必须由以黄金和大宗商品为基础的新型金本位取而代之。

但本书的主要观点认为，为全球货币体系寻找新锚必须基于我们对法定货币如何进入经济运行及其购买的物品有更深刻的理解。如果货币扩张是为促进经济活动或者为可持续投资提供资金，则从根本上说是合理的，且不会导致破坏性的通胀。法定货币的这一用途十分宝贵，不能被完全放弃。因此，大宗商品不应该成为全球货币体系的新锚。

回归有固定汇率的新布雷顿森林体系是实现全球货币与金融稳定的最佳途径，这种想法纯属幻觉。如果某个国家（或某一组国家）面临只能通过发行货币的终极手段来应对紧急情况，那样的体系将不可避免地导致破坏性的债务违约。然而，这并不等于我们应该选择无货币政策协同、无汇率管理的纯自由放任体系。《广场协议》与《卢浮宫协议》的案例表明，存在一个中间地带，在那里有浮动汇率和货币主权，但也在货币政策实施中开展国际合作。

7.8 数字货币与国家主权

我们的多种货币理论框架还可以解释新近出现的数字货币的兴衰。数字货币有怎样的功能？多种数字货币与法定货币并存的情形会给金融稳定和国家主权带来怎样的影响？数字货币与法定货币并存，似乎与蒙代尔关于（内部有要素流动性的）每个国家只有一种货币能实现最大的交易便利的观点相冲突。那为什么一个国家的经济需要多种数字货币？这在交易便利性上有何收益？我们认为答案与现行支付体系的效率不足有关。数字货币与改善支付体系的数字技术创新密不可分，它们降低了支付中的交易成本。然而如2020—2022年的加密货币泡沫所示，超过1.9万种新型加密货币的发行也是对全球金融市场泡沫化背景下投机需求的响应。[11]

根据哈耶克的货币理论，有人认为在真正的自由市场经济中，货币发行市场同样应该自由进出。这些说法经常带有自由意志主义的色彩，并以对政府的不信任为基础，尤其是不相信政府在垄断货币发行时能维持零通胀或者不对民众过度征税。我们的多种货币理论框架则凸显了放任数字货币泛滥的一个重大不稳定风险，即如果货币之间的兑换率不能即时和充分地对数字货币发行的变化做出调整（1.9万种数字货币之间的兑换率如何能做出即时调整，尤其是在泡沫化的背景下？），就会刺激过度发行、助长投机泡沫，如同火上浇油。

数字技术带来了众多创新，其中之一在很多数字支付体系中发挥了核心作用，即利用区块链技术实施分布式记账以及验证和认证支付的可能性。这种创新首次提出了不同支付体系架构的相对效率和弹性问题：集中式登记比分布式登记更有效率还是更缺乏效率。

我们对这方面的讨论还没有太多可补充的，只是想强调，这

---

[11] Arjun Kharpal, "After the Crypto Crash, Here's What Industry Experts Are Waiting for Next," CNBC, https://www.cnbc.com/2022/06/03/cryptocurrency-industry-focus-regulation-stablecoins-market-crash.html.

个议题不是专门针对法定货币或者货币的国家主权属性。唯一具有主权属性的数字货币是中央银行数字货币（CBDC），但围绕中央银行数字货币的主要议题不是关于国家主权，而是非银行金融机构能在多大程度上获得中央银行的有偿准备金。这是一个主要关系金融稳定和金融监管的较狭窄问题，也就是说，在保留银行特许权的同时，如何改善现有支付体系和金融稳定（Duffie、Mathieson and Pilav，2021）。

8. 小结

我们把本书第 2 章的单个国家模型框架拓展到两个国家，从而发展出一个以货币主权为基础的最优货币区理论。蒙代尔的经典理论为欧元区和欧洲中央银行在 1999 年的创建提供了思想基础，但主要是针对单一货币对国际贸易的好处，而未涉及货币主权问题。然而，2008 年全球金融危机引发的 2010—2012 年欧元区主权债务危机揭示了蒙代尔理论这一关键缺失的重要性。

我们指出，加入货币联盟面临一个重要的权衡取舍：好处是单一货币带来的货币发行纪律以及消除策略性货币扩张，坏处是失去国家货币主权包含的选择权价值。我们进一步揭示，货币联盟最好与财政联盟相结合，以便通过财政转移支付来帮助陷入危机的成员国应对偿债负担问题。此外，在所有成员国同时遭遇紧急情况或发生普遍经济危机的状态下，债务货币化对货币联盟依然是一个合理选择。我们的多种货币模型提供了逻辑一致的分析框架，可以帮助理解最优货币区的近期发展史，例如金本位的出现到崩溃、布雷顿森林体系的诞生和瓦解、现代货币局制度的案例，以及目前正在开展的关于欧元体系改革的讨论等。

为什么货币与国家主权的联系如此紧密？我们在第 2 章曾指出，公司发行新股的选择权价值同所有权价值密不可分，与之类似，货币主权的价值就是在经济或政治紧急状态下通过发行货币来支持政府行动的选择权价值。金本位与货币联盟一样，都相当于放弃货币主权。但正如美国货币走向统一的历史所揭示的那样，在金本位下，货币主权没有被彻底放弃。当美国面临重大战争行动或持续通缩的时候，它就直接放弃了金本位制度。

我们还指出，在多个国家经济一体化的背景下，货币主权有不利之处。欧盟在欧元创立之前的货币发展历史清楚地揭示了经济一体化的联盟内部有多种货币并存带来的问题：某个成员国可能试图通过增加货币发行来应对负面经济冲击，从而把冲击的影响部分转嫁给其他成员国。

法定货币的国家主权属性是对货币三个传统属性不容忽略的补充。用法定货币来缴纳税款是个特殊的要求，并与国家主权直接绑定。同样，如美国南北战争时期的货币史所示，法定货币的价值与借助它来履行纳税义务的需求直接挂钩。货币经济学家通常将这种做法理解为权宜之计，是在有限期限的竞争性经济中使货币产生价值的一种手段［由弗兰克·哈恩（Frank Hahn）1965年首先提出，并在 1982 年做了进一步分析］，其实是法定货币的一个决定性特征。用法定货币纳税的要求也是加密货币同法定货币的区别所在。加密货币或许能成为铸币的替代品，但无法替代法定货币。

国家主权与财产权利有关，但不同于经济学理论关于财产权利是外生赋予和执行的传统理解（Coase，1960；Grossman and Hart，1986），国家最终必须依靠自身来捍卫财产。国家主权的力量来自它在必要时为国防和其他公共品提供资金的能力，反之亦然，法定货币的价值与主权国家强制征税的能力密不可分。这一基本发现为考察恶性通胀提供了一个新角度。对恶性通胀的传统经济学解释是，它纯粹是一种货币现象，由货币供给的无限制增长所致（Cagan，1956；Sargent and Wallace，1973；Malmendier and Nagel，2016）。可是，在主权国家的统治濒于崩溃时，即便货币供给没有出现重大变化，也可能爆发恶性通胀，美国内战临近结束时南方发行的"灰票子"就是明证。

我们在本章的分析聚焦于汇率反应不足的情形，而汇率反应过度的情形同样有意思，即某个国家的货币供给增长导致其货币过度贬值，促进了出口，同时增加了进口其产品的外国居民的购买力。这可能导致我们熟悉的一个新兴经济体与一个发达经济体之间的贸易冲突，例如日本与美国在 20 世纪 70—90 年代的角力。

MONEY
CAPITAL

第7章
总结

本书探寻货币本质，重点探讨了货币资本创造经济繁荣、化解金融危机的政策功能，并探究最优货币供给、最优货币区设计、全球货币体系重构以及数字货币等前沿课题。

货币、银行和中央银行更完美地融于一体是本书的一个特点。我们的货币供给分析不同于现代货币理论；我们认为货币是股权，现代货币理论认为货币是政府债务。白芝浩规则是基于债权，中央银行扮演最后贷款人角色；我们提出的新规则是基于股权，中央银行扮演最后救助人角色。蒙代尔创立的最优货币区理论建立在交易成本学说之上，我们的新最优货币区理论可以理解为合约理论2.0版在国际金融中的应用。

自那次乘出租车路过拥堵的天安门广场的幸运之旅，迄今已过去十年光阴。与我们开始思考本书中的理念时相比，新冠疫情之后的世界在许多方面发生了根本变化。不过，我们这里阐述的货币原理并未过时，它对于引导我们理解货币和货币政策至关重要，无论是对疫情之前还是之后的世界。

针对为减缓疫情蔓延而采取的封闭措施，各国采取的最惊人的一项宏观经济政策是给赋闲的员工和企业提供收入补贴，同时中央银行通过大规模扩充资产负债表来扶持金融体系。这些干预行动导致全球公共债务与 GDP 的比率在 2020 年提升至 100%，在发达经济体更是达到 120%。

随着这些国家取消封闭措施，接种疫苗的民众比例快速上升，经济活动开始迅速恢复。由于发达经济体的 GDP 增速相当高，供给瓶颈很快显现，于是在十多年的极低通胀（乃至通缩）过后，2021 年夏季突然重新爆发了高通胀。

随着发达经济体恢复到充分就业，加上俄乌冲突引发了与 20 世纪 70 年代石油价格冲击类似的能源和大宗商品价格冲击，通胀率在 2022 年继续抬升。通胀率的意外提高不可避免地激发了关于货币政策的激烈讨论。许多经济分析师认为，通胀回归是由过度宽松的货币政策所致，这实际上是用传统货币主义观点来看待疫情后的新环境。在他们看来，新冠疫情封闭期间通过财政政策与货币政策实施的宏观经济刺激规模极大，使通胀不可避免。在经济体的产能接近充分利用时，货币供给的增加只能导致价格水平提高和通胀。他们很早就预言的通胀（源于 2008 年全球金融危机后将近十年的持续扩张性货币政策），此时终于高调回归，并被货币主义者视为辩护证据。但这是否真的表明货币主义是正确的，而我们在本书中对它的批评不得要领呢？

远非如此。货币主义理论的主要预测，即货币供给增加将导致价格水平提高，在特定情景下是成立的。如果经济处于满负荷运转，且货币通过收入补贴计划注入经济（例如新冠疫情期间的情形），那么把更多的货币收入用于购买供给数量固定的产品和服务，必然会推高价格。当然，封闭结束后出现的某些价格上涨确实是缘于被压抑的需求释放，疫情期间过于慷慨的收入补贴计划甚至让一些不需要补贴的家庭也获得了好处。

不过，这只是引发通胀的因素之一。大多数经济学家和中央银行未能预见 2021 年夏季高通胀的一个原因是，在经济重新走向开放时，供给中断和供应链瓶颈的规模之大远远超出了可以合理预测的程度。尽管有收入补贴计划，一些部门仍出现了大规模的就业收缩，让这些部门的劳动力人数恢复到疫情前的水平比预想的更困难。当发达经济体恢复开放时，世界经济中某些关键组成部分（尤其是中国）仍在实施封闭，这导致了半导体和芯片等重要部件供给的短缺。简单地说，通胀还源于封闭措施、与新冠相关的死亡人数和长期疾病患者人数增加共同导致的总产能下降。

我们在第 2 章的一个主要发现是，货币如何进入经济运行很重要，为判断货币政策的效果，我们需要追踪货币购买的对象。如果货币是通过能提高产能的资本支出进入经济的，且这些支出是用于净现值为正的项目，那么增加货币供给就不见得会引发通胀，反而会促进增长，正如中国在过去 40 多年里的经历（见第 4 章）。但如果货币是通过提高名义收入进入经济的，并不伴随任何产能提高，同时经济处于满负荷运转状态，则货币存量的增加确实会引发通胀，后新冠疫情时期就属于这种情形。

我们在第 2 章对货币主义的批评很大程度上是因为货币主义理论总是假设经济处于满负荷运转中，而货币总是通过无条件增加名义收入的方式进入经济（从直升机上撒钱），由此很可能抬升价格水平。然而这些假设通常来说并不成立。正如明斯基那令人信服的论述，发生金融泡沫和崩盘的前后就属于假设不成立的情形。在崩盘之后，经济陷入低迷，在远低于满负荷状态下运转。此时通过增加货币供给来支持资本性支出和去杠杆，将有助于经济运行恢复至潜在水平且不会造成通胀。

令经济预测人士感到惊讶的是，通胀到 2022 年依旧在走高。这次的原因是比之前更难预测的事件：当年 2 月俄罗斯和乌克兰的军事冲突，触发了全球石油和天然气价格飙升。这一通胀冲击可不是货币现象，而是能源价格飙升引发的成本推动型通胀，影响整个经济的生产成本。

由于通胀的加剧，货币主义理论在 20 世纪 70 年代占据了显赫地位，但它误判了当时通胀的原因。与 2022 年类似，70 年代的通胀主要是 1973 年和 1979 年的石油价格冲击造成的成本推动型通胀。20 世纪 80 年代早期，美联储主席保罗·沃尔克为控制通胀，通过大幅提高利率水平来削弱经济活动，继而减少了对油气的总需求，促使能源价格下跌。通胀因此得到了抑制，但也为利率急剧抬升付出了高昂代价——失业显著增加，另外还引发了拉丁美洲的金融危机。

2022 年另一个更容易预测的事件是加密货币泡沫崩溃。当我们开始构思本书的理论时，比特币还是新鲜事物，交易价格刚超过 13 美元。当时已发行的其他数字货币（如莱特币、姓名币、珀尔克币和狗狗币等）的种类还屈指可数。接下来几年则见证了各种新型数字货币以及 Binance、Coinbase 和 FTX 等加密货币交易平台的疯狂兴起和炒作。加密货币的狂热膨胀到极端水平，彭博社的乔安娜·奥辛格在 2021 年 11 月 8 日报道说，它们的总价值已达到 3 万亿美元。但在这个估值报道后不久，加密货币泡沫开始破灭，并导致炒作最厉害的交易平台 FTX 的破产。

根据我们的理论，"加密货币"其实是个误称，因为它并不具备法定货币的最基本属性，即国家主权。我们在本书中始终强调，货币与股票之间有很类似的方面，法定货币（或法定支付手段）是国家的股票。相反，加密货币只是对一家私人企业的权利，它不是法定支付手段，所以发行者在充当最后贷款人方面的能力有限。在快速破灭的加密货币市场上试图将其赎回的所有投资者，都切身体会到了这一限制的痛苦。

加密货币的鼓吹者始终对它们的内在价值含糊其词。这些货币快速增长的估值有何种收入流作为支撑？引入加密货币能够实现过去不能做到的哪些功能？从本质上说，加密货币提供了另一种支付体系，可以促进在线支付。因此，这些新的支付选择带来的增值应该与现有支付体系下的交易成本节省成比例。如果收益来自不需要通过维萨或万事达网络的信用卡或借记卡支付，那么增值就应该与这些公司收取的中介费成正比，数额或许很可观。但如果它们替代的是支付宝或微信支付，那么可能节约的交易成本基本为零，因为这些公司收取的中介费本来就接近于零。通过选择数字支付能够获取的大多数合法收益，在许多移动支付平台上已经实现，而这些支付平台并未采用任何分布式记账技术（区块链技术）。

我们的理论对加密货币泡沫的另一个启示是发行此类货币的动机。泡沫期间有数千种新型加密货币被发行出来，为什么种类如此之多？按理说，这应该是因为它们的估值过高，至少短期是如此，于是发行者能通过出售估值过高的数字代币而获利。

在本书第 6 章，我们分析了多种货币的情形，指出当汇率对相对货币供给变化反应不足时，一个国家有过度增加货币供给的动机。例如，通过发行货币来购买外币资产，也就是通过出售估值过高的本币而致富，至少在汇率调整充分反映相对货币供给变化之前是如此。

与之类似，加密货币发行者也可以通过增加货币供给来盈利，只要这种货币同其他加密货币的兑换率不会立刻对供给增加做出反应即可。由于投资者的注意力有限，加密货币的种类越是繁多，货币交易市场就越难瞬时调整不同货币之间的兑换率，以反映相对供给的变化，从而增加了货币供给者通过发行高估值货币来获利的可能性。

2022 年诺贝尔经济学奖被授予道格拉斯·戴蒙德与菲利普·

迪布维格，以表彰他们在 1983 年发表的针对流动性转化和银行挤兑的经典研究（并为现代银行理论奠定了基础）。根据他们的理论，银行创造价值的途径是共同分担个体储户的异质流动性风险，以更高回报发放长期贷款，以及为更重视随时提取存款选择权的储户提供活期存款账户。通过共同分担，总的储蓄外流变得更加平稳、更易预测，于是银行可以持有更低的现金储备来满足提款，把更大比例的存款投入回报更高的长期贷款。戴蒙德与迪布维格的关键发现是，通过流动性转化来创造价值的另一面就是银行商业模式的脆弱性所在。银行持有的流动性储备低于可能被随时提取的潜在总额度，使其面临自我实现的挤兑风险。如果银行的全体储户打算同时取出全部资金，银行的储备将不能满足提现需求。此时银行将被迫以甩卖价格把长期贷款变现，导致其破产。因此，如果所有储户都认为银行将会破产，这就会变成一个自我实现的预言，他们会竞相到银行提取资金。

关于金融脆弱性和银行危机的这一基本发现与明斯基的金融不稳定假说相辅相成，后者解释了金融市场缺乏稳定、容易爆发投机性泡沫和崩盘的原因。戴蒙德与迪布维格讨论的银行挤兑问题的一种解决方案是创立最后贷款人。中央银行可以给遭受挤兑的银行提供无限的流动性。的确，历史上中央银行创立的主要原因就是充当这样的最后贷款人。

不过，中央银行同时还负责货币供给和货币政策。有趣的是，法定货币在戴蒙德与迪布维格的理论中并未扮演任何角色，他们只考察实体经济，货币在其中并不发挥作用。老实说，货币在其理论中的缺位引发了中央银行从哪里得到数量无限的流动性，用以支持陷入系统性挤兑的银行体系的疑问。如本书第 3 章所述，中央银行只有在基于法定货币的货币经济里才能充分发挥最后贷款人职能。只有在这种情景下，中央银行才能把商业银行创造的内部货币权利兑换为自己发行的没有数量限制的外部货币，从而阻止银行挤兑。

这一发现的重要启示是，金融稳定与法定货币在经济中的作用密不可分。如果货币创造受到金本位的约束，中央银行作为最后贷款人提供支持的能力也将受限。这应该是白芝浩提出最后贷款人政策这一著名处方（只对有偿付能力的机构提供贷款，要求优质抵押品和高利率）的理由。在白芝浩提出这一规则的时候，英国实施的正是金本位制度，这意味着英格兰银行能提供的贷款数额受限于其黄金储备。如果它通过亏损的放贷来实施干预、避免恐慌，就会削弱自己在未来作为最后贷款人的干预能力。因此，英格兰银行必须对实施最后贷款人政策保持高度审慎。

白芝浩规则在今天依然被奉为圭臬，尽管大多数经济体已不再受金本位的束缚。然而，严格遵守这条规则会限制最后贷款人的威力，不利于金融稳定。如果在 2008 年全球金融危机期间严格遵守白芝浩规则，将会有雷曼兄弟之外的更多大机构破产，并可能难以避免整个金融体系的灾难性崩溃。如果马里奥·德拉吉没有做出著名的保证，即欧洲中央银行将"不惜一切代价来保卫欧元（请相信我，会投入足够多）"，欧元或许无法承受欧洲各银行的系统性挤兑。在德拉吉做出上述保证时，人们认为这是打破常规的行动，因为这完全背离了白芝浩规则。但通过采用这一不受限制的最后贷款人政策，也即最后救助人政策，他确实挽救了欧元。

尽管在全球金融危机和欧元危机期间的最后贷款人干预措施

引发了争议，但到新冠疫情于 2020 年 3 月暴发、引发新一轮对金融体系的系统性挤兑时，美联储和欧洲中央银行迅速采取的最后贷款人行动已被视为正常应对。然而，这些干预措施加上新冠疫情期间的收入补贴计划，也强化了现代货币理论支持者的信念：任何经济挑战都可以通过无限量的财政与货币支出的结合予以应对。

预算和财政约束越来越被视为通胀鹰派人士发明的人为限制。的确，2020—2021 年英国的巨额财政赤字和货币供给增长似乎对利率水平和通胀没有产生明显的影响。可是现实很快给出了教训，通胀率上升，并在英国政府于 2022 年 9 月公布"迷你预算"（包含减税、扩大支出、大幅增加公共债务的内容）之后发生市场崩溃。金融市场对该预算案的即时反应是市场利率急剧提高，英镑大幅贬值，最终迫使政府改弦易辙，以紧缩预算案取而代之，把财政责任放到优先于经济增长的地位。

如本书第 1 章所述，我们的理论与现代货币理论的区别在于，我们把法定货币视为股票，而现代货币理论把货币当作另一种政府债务。我们对货币与股票的类比，以及通胀成本与股权稀释成本的类比，能有效解释货币供给增长会在何种情况下、以何种方式导致通胀（例如，货币被用在净现值为负的投资项目上）。而在现代货币理论中，并不清楚通胀会在何时何地、以何种方式进入分析框架，以及是否会带来成本。

在本书中，我们尝试回答公司股权在国家层面有何对应物的问题，并探寻由此带来的启示。我们建议把法定货币理解为最贴近国家股权的东西。通过把货币发行当作某种股票发行，我们打开了看待货币与货币政策作用的新视角。这种类比让我们能够借鉴公司金融学的丰富内容，从不同角度去思考国家如何为经济增长筹集资金、实施货币政策与财政政策、维护金融稳定和发挥中央银行的最后贷款人作用，以及涉及国际金融合作与货币国家主权的价值等诸多问题。

致　谢

我们在这里向所有为本书的撰写提供协助、建议和思想的人士表示感谢。我们在知识上无限受益于弗兰克·哈恩，他是本书作者之一的老师，他关于货币经济学的开创性研究和对货币主义理论的早期批评对我们影响至深；马丁·黑尔维格，他于1994年在巴塞尔领导一个读书小组，探索货币在宏观经济学模型中的作用，他关于一般均衡中的货币、银行业、金融监管和货币政策领域的众多研究成果对我们极具启发；查尔斯·古德哈特，作为导师、合著者、同事与密友，他的身影在本书中随处可见；周小川，他与我们分享了对转型经济货币政策与金融改革的精辟洞见；最后同样重要的是陈元，他关于经济和金融发展以及货币作用的原创性思考给我们留下了深刻印象。我们非常有幸从各界人士的评论和支持中得到帮助，包括许多同事，金融学、货币经济学和国际金融学领域的顶尖学者、知名投资人和友人，尤其是：富兰克林·艾伦（Franklin Allen）、杰克·卡尔尼（Jake Carney）、马赛厄斯·德瓦特里庞、亚历克斯·艾德曼斯（Alex Edmans）、迈克·葛米诺（Mike

Germino）、杰弗里·戈登（Jefrey Gordon）、皮埃尔-奥利维尔·古林查斯（Pierre-Olivier Gourinchas）、米图·古拉蒂（Mitu Gulati）、黄毅、奥利维尔·吉恩（Olivier Jeanne）、贾斯汀·莱弗伦茨（Justin Leverenz）、李思蓉、李波、李晔、莫里斯·奥伯斯法尔德（Maurice Obstfeld）、马丁·奥梅克（Martin Oehmke）、马戈·帕尼扎（Ugo Panizza）、海伦娜·雷伊（Helene Rey）、霍华德·罗森塔尔（Howard Rosenthal）、艾尔萨·勒尔（Ailsa Röell）、热若尔·罗兰（Gerard Roland）、弗里德里克·萨马马（Frederic Samama）、塔诺·桑托斯（Tano Santos）、约瑟·沙因克曼（Jose Scheinkman）、大卫·斯基尔（David Skeel）、王能、姚洋、易纲和余永定等。李志勇、姚洛和石钟鸣也提供了很大的帮助。最后，我们要感谢编辑乔·杰克逊（Joe Jackson）从一开始对本书的信任、众多编辑的建议和坚定支持，并特别感谢韦斯切斯特出版服务公司（Westchester Publishing Services）的米歇尔·斯科特（Michelle Scott）对本书成稿细致的编辑更正。

参考文献

第 1 章

Bagehot, Walter (1873 [1978]) . *Lombard Street*. In Norman St. John-Stevas (ed.) , *The Collected Works of Walter Bagehot*, pp. 48 – 233. London: *The Economist*, 1968.

Bolton, Patrick, and Haizhou Huang(2018a) . "The Capital Structure of Nations. " *Review of Finance* 22 : 45 – 82.

Bolton, Patrick, and Haizhou Huang(2018b) . "Money, Sovereignty, and Optimal Currency Areas. " Working paper, Columbia Business School.

Bolton, Patrick, and Haizhou Huang(2018c) . "Optimal Payment Areas or Optimal Currency Areas?" *American Economic Review: Papers and Proceedings* 108 : 505 – 508.

Bolton, Patrick, and Haizhou Huang(2019) . "Money, Banking, and the Lender of Last Resort. " Working paper, Columbia Business School.

Eichengreen, Barry(1996) . "A More Perfect Union? The Logic of Economic Integration. " Princeton Studies in International Economics, International Economics Section, Department of Economics, Princeton University.

Friedman, Milton(1968) . "The Rule of Monetary Policy. " *American Economic Review* 58 : 1 – 17.

Friedman, Milton(1969) . "The Optimum Quantity of Money. " In Milton Friedman, *The Optimum Quantity of Money and Other Essays*. Chicago: Adline Publishing.

Friedman, Milton, and Anna J. Schwartz(1965) . "Money and Business Cycles. " *Review of Economics and Statistics* 45, no. 1(Suppl.) : 32 – 64.

Fu, Fangjian, and Cliford W. Smith(2021). "Strategic Financial Management: Lessons from Seasoned Equity Oferings." *Journal of Applied Corporate Finance* 33 : 22 – 35.

Hayek, Friedrich A. (1931). *Price and Production*. Public Lecture at the London School of Economics, London.

Hayek, Friedrich A. (1976). *The Denationalization of Money*. London: Institute of Economic Afairs.

Jeanne, Olivier(2007). "International Reserves in Emerging Market Countries: Too Much of a Good Thing?" In W. C. Brainard and G. L. Perry, *Brookings Papers on Economic Activity*, pp. 1 – 55. Washington, DC: Brookings Institution.

Lucas, Robert E. (1972). "Expectations and the Neutrality of Money." *Journal of Economic Theory* 4 : 103 – 124.

Marx, Karl (1976). "The Poverty of Philosophy." In *Marx-Engels Collected Works: Volume 6 : Marx and Engels, 1845 – 1848*. New York: International Publishers. Originally published in 1847.

Minsky, Hyman P. (1965). "Comment on Friedman and Schwartz." In *The State of Monetary Economics*, pp. 64 – 72. NBER.

Modigliani, Franco, and Merton Miller(1958). "The Cost of Capital, Corporate Finance, and the Theory of Investment." *American Economic Review* 48 : 261 – 297.

Mundell, Robert(1961). "The Theory of Optimal Currency Areas." *American Economic Review* 51 : 657 – 664.

Popper, Karl R. (1961). *The Poverty of Historicism*. London: Routledge & Kegan Paul.

Smith, Adam, and Edwin Cannan(2003). *The Wealth of Nations*. New York: Bantam Classic.

Wray, L. Randall(2012). *Modern Monetary Theory : A Primer on Macroeconomics for Sovereign Monetary Systems*. London: Palgrave McMillan.

Wray, L. Randall(2019). "Reexamining the Economic Costs of Debt." Hearing before the House Budget Committee, November 20, 2019. Available at https://www.govinfo.gov/content/pkg/CHRG-116hhrg40261/pdf/CHRG-116hhrg40261.pdf.

第 2 章

Admati, A. R. , P. M. DeMarzo, M. F. Hellwig, and P. C. Pfleiderer(2014) . "The Leverage Ratchet Efect. " *Journal of Finance* 73 : 145 – 198.

Aguiar, M. , M. Amador, E. Farhi, and G. Gopinath(2013) . "Crisis and Commitment: Inflation Credibility and the Vulnerability to Sovereign Debt Crises. " NBER Working Paper no. w19516.

Aizenman, Joshua, and Jaewoo Lee (2007) . "International Reserves: Precautionary Versus Mercantilist Views, Theory and Evidence. " *Open Economies Review* 18 : 191 – 214.

Araujo, A. , M. Leon, and R. Santos(2013) . "Welfare Analysis of Currency Regimes with Defaultable Debts. " *Journal of International Economics* 89 : 143 – 153.

Bacchetta, P. , E. Perrazi, and E. van Wincoop(2015) . *Self-fulfilling Debt Crises: Can Monetary Policy Really Help?* CEPR discussion paper no. DP10609.

Baker, M. (2009) . "Capital Market-Driven Corporate Finance. " *Annual Review of Financial Economics* 1 : 181 – 205.

Barro, R. (1974) . "Are Government Bonds Net Wealth?" *Journal of Political Economy* 82 : 1095 – 1117.

Bolton, P. (2003) . "Toward a Statutory Approach to Sovereign Debt Restructuring: Lessons from Corporate Bankruptcy Practice around the World. " *IMF Staff Papers* 50 : 41 – 71.

Bolton, P. , and H. Huang(2018) . "The Capital Structure of Nations. " *Review of Finance* 22 : 45 – 82.

Bolton, P. , and O. Jeanne(2007) . "Structuring and Restructuring Sovereign Debt: The Role of a Bankruptcy Regime. " *Journal of Political Economy* 115 : 901 – 924.

Bulow, J. , and K. Rogoff(1989) . "A Constant Recontracting Model of Sovereign Debt. " *Journal of Political Economy* 97 : 155 – 178.

Burnside, C. , M. Eichenbaum, and S. Rebelo(2001) . "Prospective Deficits and the Asian Currency Crisis. " *Journal of Political Economy* 109 : 1155 – 1198.

Calvo, G. (1988) . "Servicing the Public Debt: The Role of Expectations. " *American Economic Review* 78 : 647 – 661.

Chang, R. , and A. Velasco(2000) . "Liquidity Crises in Emerging Markets: Theory and Policy. " In Ben S. Bernanke and Julio Rotemberg(Eds.), *NBER Macroeco-nomics Annual 1999*, pp. 11 – 78. Cambridge, MA: MIT Press.

Cochrane, J. H. (2005). "Money as Stock. " *Journal of Monetary Economics* 52 : 501 – 528.

Cole, H. , and T. Kehoe(2000). "Self-fulfilling Debt Crises. " *Review of Economic Studies* 67 : 91 – 116.

Corsetti, G. , and L. Dedola(2014). *The Mystery of the Printing Press: Self-fulfil-ling Debt Crises and Monetary Sovereignty.* Discussion paper, University of Cambridge.

Dittmar, A. , and A. Thakor(2007). "Why Do Firms Issue Equity?" *Journal of Finance* 62 : 1 – 54.

Dooley, M. P. , D. Folkerts-Landau, and P. Garber(2004). "The Revived Bretton Woods System: The Efects of Periphery Intervention and Reserve Management on Inter-est Rates and Exchange Rates in Center Countries. " NBER Working Paper no. 10332.

Du, W. , and J. Schreger(2015). "Sovereign Risk, Currency Risk, and Corporate Balance Sheets. " Department of Economics working paper, Harvard University, Cam-bridge, MA.

Eaton, J. , and M. Gersovitz(1981). "Debt with Potential Repudiation: Theoreti-cal and Empirical Analysis. " *Review of Economic Studies* 48 : 289 – 309.

Eichengreen, B. , R. Hausmann, and U. Panizza(2003). "The Pain of Original Sin. " In B. Eichengreen and R. Hausmann(Eds.), *Other People's Money—Debt De-nomination and Financial Instability in Emerging Market Economies*, pp. 13 – 47. Chicago: University of Chicago Press.

Esty, B. C. , and M. M. Millet (1998) . *Petrolera Zuata , Petrozuata C. A.* HBS no. 299 – 012. Boston: Harvard Business School Publishing.

Friedman, M. (1969). "The Optimum Quantity of Money. " In *The Optimum Quantity of Money and Other Essays.* Chicago: Aldine Publishing.

Hahn, F. H. (1965). "On Some Problems of Proving the Existence of an Equilib-rium in a Monetary Economy. " In F. H. Hahn and F. P. R. Brechling(Eds.), *The The-ory of Interest Rates*, pp. 126 – 135. London: Macmillan.

Hahn, F. H. (1982). *Money and Inflation.* Oxford, UK: Basil Blackwell.

Harris, M. , and A. Raviv(1991). "The Theory of Capital Structure. " *Journal of*

Finance 46 : 297 – 355.

Hong, H. , J. Scheinkman, and W. Xiong(2006) . "Asset Float and Speculative Bubbles. " *Journal of Finance* 61 : 1073 – 1117.

Huang, H. , and D. Xie(2008) . "Fiscal Sustainability and Fiscal Soundness. " *Annals of Economics and Finance* 9 : 239 – 251.

Jeanne, O. (2003) . "Why Do Emerging Market Economics Borrow in Foreign Currency?" IIMF Working Paper 03/177.

Jeanne, O. (2007) . "International Reserves in Emerging Market Countries: Too Much of a Good Thing?" In W. C. Brainard and G. L. Perry(Eds.) , *Brookings Papers on Economic Activity*, pp. 1 – 55. Washington, DC: Brookings Institution.

Jeanne, O. (2009) . "Debt Maturity and the International Financial Architecture. " *American Economic Review* 99 : 2135 – 2148.

Jeanne, O. , and Wang, H. (2013) . "Fiscal Challenges to Monetary Dominance. " Working paper, Johns Hopkins University, Baltimore.

Jeanne, O. , and J. Zettelmeyer(2005) . "Original Sin, Balance-Sheet Crises, and the Roles of International Lending. " In B. Eichengreen and R. Hausmann(Eds.) , *Other People's Money: Debt Denomination and Financial Instability in Emerging Market Economies*, pp. 95 – 121. Chicago: University of Chicago Press.

Krugman, P. (1988) . "Financing vs. Forgiving a Debt Overhang. " *Journal of Development Economics* 29 : 253 – 268.

Leeper, E. (1991) . "Equilibria under ' Active' and ' Passive' Monetary and Fiscal Policies. " *Journal of Monetary Economics* 27 : 129 – 147.

Malmendier, U. , and Nagel, S. (2015) . "Learning from Inflation Experiences. " *Quarterly Journal of Economics* 131 : 53 – 87.

McKinnon, R. (2000) . "The East Asian Dollar Standard: Life After Death?" *Economic Notes* 29 : 31 – 82.

Modigliani, F. , and M. Miller(1958) . "The Cost of Capital, Corporate Finance, and the Theory of Investment. " *American Economic Review* 48 : 261 – 297.

Myers, S. C. (1977) . "The Determinants of Corporate Borrowing. " *Journal of Financial Economics* 5 : 147 – 175.

Myers, S. C. (1984) . "The Capital Structure Puzzle. " *Journal of Finance* 39 :

575 – 592.

Myers, S. C. , and Majluf, N. S. (1984) . "Corporate Financing and Investment Decisions When Firms Have Information That Investors Do Not Have. " *Journal of Financial Economics* 13 : 187 – 221.

Nuño, G. , and Thomas, C. (2015). "Monetary Policy and Sovereign Debt Vulnerability. " Banco de España working paper, Madrid.

Panizza, U. , F. Sturzenegger, and J. Zettelmeyer (2009) . "The Economics and Law of Sovereign Debt and Default. " *Journal of Economic Literature* 47 : 651 – 698.

Reis, R. (2017) . *Can the Central Bank Alleviate Fiscal Burdens?* CEPR discussion paper no. DP11736.

Sachs, J. (1984) . "Theoretical Issues in International Borrowing. " *Princeton Studies in International Finance*, no. 54.

Scheinkman, J. , and W. Xiong (2003) . "Overconfidence and Speculative Bubbles. " *Journal of Political Economy* 111 : 1183 – 1220.

Sims, C. A. (1994) . "A Simple Model for Study of the Determination of the Price Level and the Interaction of Monetary and Fiscal Policy. " *Economic Theory* 4 : 381 – 399.

Sims, C. A. (2001) . "Fiscal Consequences for Mexico of Adopting the Dollar. " *Journal of Money, Credit, and Banking* 33 : 597 – 616.

Woodford, M. (1995) . "Price Level Determinacy Without Control of a Monetary Aggregate. " *Carnegie-Rochester Conference Series on Public Policy* 43 : 1 – 46.

第 3 章

Allen, Franklin, Elena Carletti, and Douglas Gale(2014). "Money, Financial Stability and Efficiency. " *Journal of Economic Theory* 149, no. C: 100 – 127.

Bagehot, Walter(1873) . *Lombard Street : A Description of the Money Market.* New York: Scribner, Armstrong & Co.

Bernanke, Ben S. (2015). *The Courage to Act : A Memoir of a Crisis and Its Aftermath.* New York: W. W. Norton & Company.

Bolton, Patrick, and Haizhou Huang (2018a) . "The Capital Structure of Nations. " *Review of Finance* 22, no. 1: 45 – 82.

Bolton, Patrick, and Haizhou Huang(2018b). "Money, Sovereignty, and Optimal Currency Areas." Columbia Business School working paper, 18 – 66.

Bolton, Patrick, and Howard Rosenthal(2001). "The Political Economy of Debt Moratoriums, Bailouts, and Bankruptcy." In Marco Pagano(Ed.), *Defusing Default: Incentives and Institutions*, pp. 77 – 115. Baltimore: Johns Hopkins University Press.

Bolton, Patrick, and Howard Rosenthal(2002). "The Political Intervention in Debt Contracts." *Journal of Political Economy* 110, no. 5: 1103 – 1134.

Bolton, Patrick, M. Kacperczyk, H. G. Hong, and X. Vives(2021). "Resilience of the Financial System to Natural Disasters." The Centre for Economic Policy Research (CEPR) Press. Available at https://cepr. org/system/files/publication-files/60025-barcelona_3_resilience _of_the_financial_system_to_natural_disasters. pdf.

Bolton, Patrick, Stephen Cecchetti, Jean-Pierre Danthine, and Xavier Vives (2019). *Sound at Last? Assessing a Decade of Financial Regulation.* Banking Initiative, Centre for Economic Policy Research, London.

Bolton, Patrick, Tano Santos, and Jose A. Scheinkman(2009). "Market and Public Liquidity." *American Economic Review* 99, no. 2: 594 – 599.

Bolton, Patrick, Tano Santos, and Jose A. Scheinkman(2011). "Outside and Inside Liquidity." *Quarterly Journal of Economics* 126, no. 1: 259 – 321.

Diamond, Douglas W. , and Philip H. Dybvig(1983). "Bank Runs, Deposit Insurance, and Liquidity." *Journal of Political Economy* 91, no. 3: 401 – 419.

Diamond, Douglas W. , and Raghuram G. Rajan(2006). "Money in a Theory of Banking." *American Economic Review* 96, no. 1: 30 – 53.

European Central Bank(2015). "The Financial Risk Management of the Eurosystems Monetary Policy Operations." European Central Bank Paper, Frankfurt am Main, Germany.

Freixas, Xavier, Jean-Charles Rochet, and Bruno M. Parigi(2004). "The Lender of Last Resort: A Twenty-First-Century Approach." *Journal of the European Economic Association* 2, no. 6: 1085 – 1115.

Friedman, Milton, and Anna J. Schwartz(1965a). "Has Government Any Role in Money?" *Journal of Monetary Economics* 17, no. 1: 37 – 62.

Friedman, Milton, and Anna J. Schwartz(1965b). "Money and Business Cycles. "

Review of Economics and Statistics 45, no. 1(Suppl.) : 32 – 64.

Geithner, Timothy F. (2014) . *Stress Test : Reflections on Financial Crises.* New York: Crown.

Goodhart, Charles A. E. (1988) . *The Evolution of Central Banks.* Cambridge, MA: MIT Press.

Goodhart, Charles A. E. (1999). "Myths about the Lender of Last Resort. " *International Finance* 2, no. 3: 339 – 360.

Goodhart, Charles A. E. , and Haizhou Huang (2005) . "The Lender of Last Resort. " *Journal of Banking and Finance* 29, no 5: 1059 – 1082.

Gurley, Jhon G. , and Edward S. Shaw(1960) . *Money in a Theory of Finance.* Washington, DC: Brookings Institution.

Hayek, Friedrich A. (1976) . *Denationalization of Money.* London: Institute of Economic Afairs.

Hellwig, Martin F. (2014). "Financial Stability, Monetary Policy, Banking Supervision, and Central Banking. " Max Planck Institute(MPI) Collective Goods Preprint Number 2014/9, Max Planck Institute, Frankfurt.

Johnson, Harry G. (1969) . "Inside Money, Outside Money, Income, Wealth, and Welfare in Monetary Theory. " *Journal of Money, Credit and Banking* 1, no. 1: 30 – 45.

Kroszner, Randall S. (2003) . "Sovereign Debt Restructuring. " *American Economic Review* 93, no. 2: 75 – 79.

Li, Ye(2018) . "Procyclical Finance: The Moncy View. " Ohio State University working paper, Columbus.

Minsky, Hyman P. (1965). "Comment on Friedman and Schwartz. " In *The State of Monetary Economics*, pp. 64 – 72. NBER.

Porter, Richard D. , and Ruth A. Judson(1996). "The Location of US Currency: How Much Is Abroad. " *Federal Reserve Bulletin* 82: 883 – 903.

Rogoff, Kenneth(1998). "Blessing or Curse? Foreign and Underground Demand for Euro Notes. " *Economic Policy* 13, no. 26: 262 – 303.

Skeie, David R. (2008) . "Banking with Nominal Deposits and Inside Money. " *Journal of Financial Intermediation* 17, no. 4: 562 – 584.

Sorkin, Andrew Ross (2008) . "Paulson's Itchy Finger, on the Trigger of a

Bazooka. " New York Times, September 8.

Tobin, James (1963) . "Commercial Banks as Creators of ' Money' . " Cowles Foundation Discussion Papers, 159, Cowles Foundation for Research in Economics, Yale University, New Haven, CT.

Tucker, Paul(2014) . "The Lender of Last Resort and Modern Central Banking: Principles and Reconstruction. " BIS paper, 79(b) , Bank for International Settlements, Basel Switzerland. Available at https: //www. bis. org/publ/bppdf/bispap79b_rh. pdf.

第 4 章

Chen, Yuan(2012) . *Between the Government and the Market*. Beijing: China Citic Press.

Deng, Fangfang, Juan Chen, and Yahong Zhou(2016) . "International Comparison of Non-performing Loan Ratio in Banking Industry and Countermeasures of Commercial Banks in China. " *Modern Management Science*, no. 6, 30 – 32.

Friedman, Milton, and Anna J. Schwartz(1965) . "Money and Business Cycles. " *Review of Economics and Statistics* 45, no. 1(Suppl.) : 32 – 64.

Huang, Yasheng(2012) . "How Did China Take Off?" *Journal of Economic Perspectives* 26, no. 4: 147 – 170.

Jiang, Jianqing(2018) . *History of the Market Reform of China's Large Commercial Banks*, vol. 1. Beijing: China Financial Publishing House.

Kelton, Stephanie(2020) . *The Deficit Myth: Modern Monetary Theory and the Birth of the People's Economy*. New York: Public Afairs Books.

Lou, Jiwei(2017) . "Fiscal Reform and Share Reform of State-Owned Banks. " In Jianqing Jiang(Ed.) , *History of Share Reform of Large Commercial Banks in China*, vol. 2(pp. 1 – 15) . Beijing: China Financial Publishing House.

Lucas, Robert E. (1990) . "Why Doesn't Capital Flow from Rich to Poor Countries?" *American Economic Review* 80, no. 2: 92 – 96.

Maskin, Eric, Yingyi Qian, and Chenggang Xu(2000) . "Incentives, Information, and Organizational Form. " *Review of Economic Studies* 67, no. 2: 359 – 378.

Qian, Yingyi(2017) . *How Reform Worked in China: The Transition from Plan to Market*. Cambridge, MA: MIT Press.

Qian, Yingyi, and Chenggang Xu(1998). "Innovation and Bureaucracy under Soft and Hard Budget Constraints." *Review of Economic Studies* 65, no. 1: 151 – 164.

Qian, Yingyi, and Gerard Roland(1998). "Federalism and the Soft Budget Constraint." *American Economic Review* 88, no. 5: 1143 – 1162.

Roland, Gerard (2000). *Transition and Economics: Politics, Markets, and Firms*. Cambridge, MA: MIT Press.

Sachs, Jefrey, and Wing Thye Woo(1994). "Structural Factors in the Economic Reforms of China, Eastern Europe, and the Former Soviet Union." *Economic Policy* 9, no. 18: 101 – 145.

Shih, Victor(2004). "Dealing with Non-performing Loans: Political Constraints and Financial Policies in China." *China Quarterly* 180: 922 – 944.

Wary, Randall L. (2015). *Modern Money Theory: A Primer on Macroeconomics for Sovereign Monetary Systems*. 2nd ed. New York: Palgrave Macmillan.

Xiong, Wei(2019). "The Mandarin Model of Growth." Working paper, Princeton University.

Xu, Chenggang(2011). "The Fundamental Institutions of China's Reforms and Development." *Journal of Economic Literature* 49, no. 4: 1076 – 1151.

第5章

Barro, Robert J. (1974). "Are Government Bonds Net Wealth?" *Journal of Political Economy* 82, no. 6: 1095 – 1117.

Bernanke, Ben S. , and Alan S. Blinder(1992). "The Federal Funds Rate and the Channels of Monetary Transmission." *American Economic Review* 82: 901 – 921.

Blanchard, Olivier(2019). "Public Debt and Low Interest Rates." *American Economic Review* 109, no. 4: 1197 – 1229.

Blanchard, Olivier, and Nobuhiro Kiyotaki(1987). "Monopolistic Competition and the Efects of Aggregate Demand." *American Economic Review* 77, no. 4: 647 – 666.

Bolton, Patrick, and Haizhou Huang (2018a). "The Capital Structure of Nations." *Review of Finance* 22, no. 1: 45 – 82.

Bolton, Patrick, and Haizhou Huang(2018b). "Money, Sovereignty, and Optimal Currency Areas." Columbia Business School working paper.

Burgess, Robert, et al. (1961). *Historical Statistics of the United States, Colonial Times to 1957*. Washington, DC: U. S. Department of Commerce.

Chen, Yuan(2013). *Aligning State and Market*. Beijing: Foreign Language Press.

Cooper, Russell, and Andrew John(1988). "Coordinating Coordination Failures in Keynesian Models." *Quarterly Journal of Economics* 103, no. 3: 441 – 463.

Deng, Fangfang, Juan Chen, and Yahong Zhou(2016). "International Comparison of Non-performing Loan Ratio in Banking Industry and Countermeasures of Commercial Banks in China." *Modern Management Science* 6 : 30 – 32.

Eichengreen, Barry, Asmaa El-Ganainy, Rui Esteves, and Kris James Mitchener (2021). In *Defense of Public Debt*. New York: Oxford University Press.

Friedman, Milton, and Anna J. Schwartz(1965a). "Has Government Any Role in Money?" *Journal of Monetary Economics* 17, no. 1: 37 – 62.

Friedman, Milton, and Anna J. Schwartz(1965b). "Money and Business Cycles." In *The State of Monetary Economics*, pp. 32 – 78. NBER.

Friedman, Milton, and Anna J. Schwartz(1971). *A Monetary History of the United States, 1867 – 1960*. Princeton, NJ: Princeton University Press.

Gertler M. , and S. Gilchrist(1994). "Monetary Policy, Business Cycles and the Behavior of Small Manufacturing Firms." *Quarterly Journal of Economics* 109, no. 2: 309 – 340.

Greenspan, Alan, and Adrian Wooldridge(2018). *Capitalism in America:A History*. New York: Penguin Press.

Hart, Oliver (1982) . "A Model of Imperfect Competition with Keynesian Features." *Quarterly Journal of Economics* 97, no. 1: 109 – 138.

Herrendorf, Berthold, Richard Rogerson, and Akos Valentinyi(2014). "Growth and Structural Transformation." In *Handbook of Economic Growth*, vol 2. Elsevier.

Jiang, Jianqing, et al. (2019). *History of China's Large Commercial Banks' Share Reform*. Beijing: China Financial Publishing House.

Johnston, Louis, and Samuel H. Williamson(2020). *The Annual Real and Nominal GDP for the United States, 1790 – Present*. MeasuringWorth.

Keynes, John Maynard(1936). *The General Theory of Employment, Interest, and Money*. London: Macmillan and Co.

Kydland, Finn E. , and Edward C. Prescott(1977). "Rules Rather Than Discretions: The Inconsistency of Optimal Plans. " *Journal of Political Economy* 85, no. 3: 473 – 491.

Lebergott, Stanley(1957). "Annual Estimates of Unemployment in the United States, 1900 – 1954. " In *The Measurement and Behavior of Unemployment*, pp. 211 – 242. Princeton, NJ: Princeton University Press.

Lin, Justin Yifu(2018). *Demystifying the Chinese Economy*. Beijing: Peking University Press.

Liu, He, et al. (2013). *Comparative Study on the Two Global Crisis*. Beijing: China Economic Publishing House.

Lucas, Robert E. (2002). *Lectures on Economic Growth*. Cambridge, MA: Harvard University Press.

Minsky, Hyman P. (1965). "Comment on Friedman and Schwartz. " In *The State of Monetary Economics*, pp. 64 – 72. NBER.

Minsky, Hyman P. (1986). *Stabilizing an Unstable Economy*. New Haven, CT: Yale University Press.

Naughton, Barry(2018). *The Chinese Economy: Adaptation and Growth*, 2nd ed. Cambridge, MA: MIT Press.

Oliner, Stephen D. , and Glenn D. Rudebusch (1996). "Monetary Policy and Credit Conditions: Evidence from the Composition of External Finance: Comment. " *American Economic Review* 86 : 300 – 309

Rogoff, Kenneth(1998). "Blessing or Curse? Foreign and Underground Demand for Euro Notes. " *Economic Policy* 13, no. 26: 262 – 303.

Rothbard, Murray N. (2019). *America's Great Depression*, 5th ed. Auburn, AL: Ludwig von Mises Institute.

Sargent, Thomas J. , and Neil Wallace (1981). "Some Unpleasant Monetarist Arithmetic. " *Quarterly Review*, Fall: 1 – 17.

Shih, Victor(2004). "Dealing with Non-performing Loans: Political Constraints and Financial Policies in China. " *China Quarterly*, no. 180(December) : 922 – 944.

Weitzman, Martin(1982). "Increasing Returns and Foundations of Unemployment Theory. " *Economic Journal* 92, no. 368: 787 – 804.

Wu, Jinglian(2018). *China's Economic Reform Process.* Beijing: Encyclopedia of China Publishing House.

第 6 章

Ascherson, N. (1995). *Black Sea.* New York: Farrar, Straus and Giroux.

Baldwin, R. (2006). "The Euro's Trade Efects. " ECB Working Paper 594, European Central Bank, Frankfurt.

Bolton, Patrick, and Haizhou Huang(2018a). "The Capital Structure of Nations, " *Review of Finance* 22 : 45 – 82.

Bolton, Patrick, and Haizhou Huang(2018b). "Optimal Payment Areas or Optimal Currency Areas?" *American Economic Review:Papers and Proceedings* 108 : 505 – 508.

Brunnermeier, Markus K. , Harold James, and Jean-Pierre Landau(2016). *The Euro and the Battle of Ideas.* Princeton, NJ: Princeton University Press.

Cagan, Phillip(1956). "Monetary Dynamics of Hyperinflation. " In Milton Friedman(Ed.) , *Studies in the Quantity Theory of Money*, pp. 25 – 117. Chicago: University of Chicago Press.

Chemmanur, Thomas J. , and Imants Paeglis(2001). "Why Issue Tracking Stock? Insights from a Comparison with Spin-offs and Carve-outs. " *Journal of Applied Corporate Finance* 14, no. 2: 102 – 114.

Clark, P. , N. Tamirisa, S. Wei, A. Sadikov. , and L. Zeng(2004). *A New Look at Exchange Rate Volatility and Trade Flows.* IMF Occasional Paper 235, International Monetary Fund, Washington, DC.

Coase, Ronald H. (1960). "The Problem of Social Costs. " *Journal of Law and Economics* 3: 1 – 44.

Corsetti, G. , and L. Dedola(2014). "The Mystery of the Printing Press Self-fulfilling Debt Crises and Monetary Sovereignty". Discussion paper, University of Cambridge.

Davidson, Travis, and Joel Harper(2014). "Off-Track: The Disappearance of Tracking Stocks. " *Journal of Applied Corporate Finance* 26, no. 4: 98 – 105.

Dornbusch, Rudiger(1976). "Expectations and Exchange Rate Dynamics. " *Journal of Political Economy* 84, no. 6: 1161 – 1176.

Duffie, D. , K. Mathieson, and D. Pilav(2021). "Central Bank Digital Currency: Principles for Technical Implementation. " https://ssrn. com/abstract = 3837669.

Eichengreen, B. (1996). *Globalize Capital*. Princeton, NJ: Princeton University Press.

Eichengreen, B. , and D. Irwin(1995). "Trade Blocs, Currency Blocs, and the Reorientation of World Trade in the 1930s. " *Journal of International Economics* 38 : 1 – 24.

Eichengreen, B. , and J. Sachs(1986). "Competitive Devaluation and the Great Depression: A Theoretical Reassessment. " *Economic Letters* 22 : 67 – 71.

Friedman, M. , and A. Schwartz(1963). *A Monetary History of the United States, 1867 – 1960*. Princeton, NJ: Princeton University Press.

Fratianni, Michele, and Jürgen von Hagen(1992). *The European Monetary System and European Monetary Union*. Boulder, CO: Westview Press.

Glick, R. , and A. Rose(2016). "Currency Unions and Trade: A Post-EMU Reassessment. " *European Economic Review* 87 : 78 – 91.

Goodhart, Charles(1996). "European Monetary Integration. " *European Economic Review* 40 : 1083 – 1090.

Goodhart, Charles(1998). "The Two Concepts of Money: Implications for the Analysis of Optimal Currency Areas. " *European Journal of Political Economy* 14 : 407 – 432.

Goodhart, Charles, and Lu Dai(2003). *Intervention to Save Hong Kong: Counterspeculation in Financial Markets*. Oxford: Oxford University Press.

Gordon, James Steele(1997). *Hamilton's Blessing: The Extraordinary Life and Times of Our National Debt*. New York: Walker Books.

Gourinchas, P. O. , and H. Rey(2007). "From World Banker to World Venture Capitalist: The U. S. External Adjustment and the Exorbitant Privilege. " In Richard Clarida(Ed.), *G7-Current Account Imbalances: Sustainability and Adjustment*, pp. 11 – 66. Chicago: University of Chicago Press.

Grossman, Sanford J. , and Oliver D. Hart(1986). "The Costs and Benefits of Ownership: A Theory of Vertical and Lateral Integration. " *Journal of Political Economy* 94, no. 4: 691 – 719.

Hahn, F. H. (1965). "On Some Problems of Proving the Existence of an Equilib-rium in a Monetary Economy. " In F. H. Hahn and F. P. R. Brechling(Eds.) , *The Theory of Interest Rates*. London: Macmillan.

Hahn, F. H. (1982). *Money and Inflation*. Oxford, UK: Basil Blackwell.

Hamilton, Alexander(1787). "Federalist No. 12: The Utility of the Union in Respect to Revenue. " Available at https://guides. loc. gov/federalist-papers/text-11-20 #s-lg-box-wrapper-25493283.

Hayek, Friedrich(1931) . *Prices and Production*. Public Lectures at the London School of Economics.

Hayek, Friedrich(1976). *Choice in Currency:A Way to Stop Inflation*. Institute of Economic Afairs Occasional Paper 48, London.

Hellwig, Martin (1985) . "What Do We Know about Currency Competition?" *Zeitschrift für Wirtschafts und Sozialwissenschaften* 105, no. 5: 565 – 588.

James, H. (2012). *Making the European Monetary Union*. Cambridge, MA: Harvard University Press.

Keynes, John Maynard[2013(orig. 1923)]. *A Tract on Monetary Reform*. Reprint ed. New York: Cambridge University Press.

Kindleberger, C. (1973) . *The World in Depression, 1929 – 1939*. Berkeley: University of California Press.

Malmendier, U. , and S. Nagel(2016) . "Learning from Inflation Experiences. " *Quarterly Journal of Economics* 131, no. 1: 53 – 87.

Maskin, E. (2016). "Should Fiscal Policy Be Set by Politicians?" Jean Monnet Lecture, European Central Bank, Frankfurt, Germany.

McKinnon, R. (2000). "The East Asian Dollar Standard, Life after Death?" *Economic Notes by Banca Monte dei Paschi di Siena* 29 : 31 – 82.

Meade, James, and Martin Weale(1995). "Monetary Union and the Assignment Problem. " *Scandinavia Journal of Economics* 97, no. 2: 201 – 222.

Mundell, Robert(1961) . "The Theory of Optimum Currency Areas. " *American Economic Review* 51, 657 – 664.

Mundell, Robert(1973) . "Uncommon Arguments for Common Currencies. " In Harry Johnson and Alexander Swoboda(Eds.) , *The Economics of Common Currencies*, pp. 114 – 132. London: Routledge.

Mundell, Robert(2002). "Monetary Unions and the Problem of Sovereignty." *Annals of the American Academy of Political and Social Science* 579 : 123 – 152.

Murphy, Sharon Ann(2017). *Other People's Money: How Banking Worked in the Early American Republic*. Baltimore: Johns Hopkins University Press.

Nurkse, R. (1944). *International Currency Experience*. Geneva, Switzerland: League of Nations.

Pinto, L. (2018). *Sustaining the GCC Currency Pegs: The Need for Collaboration*. Brooking Report, https://www. brookings. edu/research/sustaining-the-gcc-currency-pegs-the-need-for-collaboration/.

Plantin, Guillaume, and Hyun Song Shin(2016). "Exchange Rates and Monetary Spillovers. " BIS Working Paper 537, Bank for International Settlements, Basel, Switzerland.

Polo, Marco(1818). *The Travels of Marco Polo, a Venetian, in the Thirteenth Century: Being a Description, by that Early Traveller, of Remarkable Places and Things, in the Eastern Parts of the World*. London: Printed for the author, by Cox and Baylis.

Pozsar, Zoltan (2022). *Bretton Woods III*. Credit Suisse Economics report, March 7.

Rogoff, Kenneth(2002). "Dornbusch's Overshooting Model after Twenty-Five Years. " Working Paper WP/02/39, International Monetary Fund, Washington, DC.

Rose, A. (2000). "One Money, One Market: Estimating the Effect of Common Currencies on Trade. " *Economic Policy* 30, no. 15: 8 – 45.

Sargent, Thomas J. , and Neil Wallace(1973). "Rational Expectations and the Dynamics of Hyperinflation, " *International Economic Review* 14, no. 2: 328 – 350.

Triffin, R. (1960). *Gold and the Dollar Crisis*. New Haven, CT: Yale University Press.

Weidmann, J. (2012). "Money Creation and Responsibility. " Speech at the 18th Colloquium of the Institute for Bank-Historical Research in Frankfurt, September 18.